税收实务专题与案例

雷良海　主编

中国财经出版传媒集团
中国财政经济出版社
北京

图书在版编目（CIP）数据

税收实务专题与案例／雷良海主编．--北京：中国财政经济出版社，2024.3

ISBN 978-7-5223-2912-3

Ⅰ.①税… Ⅱ.①雷… Ⅲ.①税收管理-案例-中国 Ⅳ.①F812.423

中国国家版本馆CIP数据核字（2024）第050517号

责任编辑：吕小军　　责任校对：张　凡

封面设计：思梵星尚　　责任印制：张　健

税收实务专题与案例

SHUISHOU SHIWU ZHUANTI YU ANLI

中国财政经济出版社 出版

URL：http：//www.cfeph.cn

E-mail：cfeph@cfeph.cn

社址：北京市海淀区阜成路甲28号　邮政编码：100142

营销中心电话：010-88191522

天猫网店：中国财政经济出版社旗舰店

网址：https：//zgczjjcbs.tmall.com

中煤（北京）印务有限公司印刷　各地新华书店经销

成品尺寸：170mm×240mm　16开　16.25印张　231 000字

2024年3月第1版　2024年3月北京第1次印刷

定价：56.00元

ISBN 978-7-5223-2912-3

（图书出现印装问题，本社负责调换，电话：010-88190548）

本社质量投诉电话：010-88190744

打击盗版举报热线：010-88191661　QQ：2242791300

本书出版获得上海高校税务专业硕士学位点培优专项、上海理工大学研究生教学建设项目资助

前言

税收专业是集理论性、政策性和实践性于一身的应用型专业，税收专业人才的培养需要根植于我国的税务实践。但在教学过程中，我们深感相关案例开发的不足。为了提高税务硕士人才培养质量，充实税务案例教学内容，在上海高校税务专业硕士学位培优建设项目的支持下，我们组织部分专业教师在专题研究和案例研究的基础上，撰写了这本《税收实务专题与案例》。

《税收实务专题与案例》以相关的经济活动和案例为对象，通过分析该经济活动和案例所涉及的征税原理、征税原则，梳理相关的征税政策的演进变化，结合案例讲解税收实务，可以更好地让学生了解并掌握这一经济活动所涉及的税收问题。有的以专题的形式呈现，有的以案例的形式呈现。全书共有10个专题和案例，内容涉及：股权激励的税收问题、数字企业税收治理、股权代持的税务处理、私募股权基金的税务处理、跨境资本流动的涉税问题、资管产品的增值税征收问题、企业纳税风险评估、企业纳税风险管控、房地产公司的税收筹划、企业并购的所得税筹划等。希望能对提高税务人才培养质量有所助益。

2024年2月

前　言

目　录

案例一　股权激励的个人所得税纳税政策与实务

——以上海 YW 通信技术股份有限公司限制性股票激励为例

雷良海

[内容摘要] 股权激励已成为众多企业激励高管团队和员工的主要手段，而获得股权激励的公司员工该不该缴纳个人所得税？该如何缴纳个人所得税？现行政策都有哪些规定？本专题通过对股权激励征税原理的分析探讨，对我国目前有关股权激励已有税收法规的全面梳理，对上市公司和非上市公司股权激励的纳税问题，包括股权激励税务处理的一般原则、股权激励个人所得税的优惠计税方法、股权激励个人所得税递延纳税优惠、股权激励税收征管要求等问题进行了较为全面的分析，最后，选取上海 YW 通信技术股份有限公司的限制性股票激励计划的设置及个人所得税纳税情况作为案例进行分析。

当前，股权激励已成为企业激励高管团队和员工的主要手段，根据易董大数据统计，截至 2022 年 12 月 31 日，我国已有 2 936 家 A 股上市公司（不含已退市公司）实施过股权激励/员工持股计划，占统计日 A 股上市公司总数的 57.94%。其中，有 1 521 家上市公司已实施过多次股权激励/员工持股计划，占统计日 A 股上市公司总数的 30.02%，有 1 415

家上市公司实施过一次股权激励/员工持股计划，占统计日A股上市公司总数的27.93%。对于获得股权激励的公司员工该不该缴纳个人所得税？该如何缴纳个人所得税？现行政策都有哪些规定？这是本文所要探讨的问题。

1. 股权激励税收的理论分析

1.1 什么是股权激励?

为了进一步促进上市公司对其董事、高级管理人员及其他员工进行的长期性激励，建立健全激励与约束机制，中国证券监督委员会依据《中华人民共和国公司法》（以下简称《公司法》）、《中华人民共和国证券法》（以下简称《证券法》）及其他法律、行政法规的规定，于2016年7月13日制定并颁布了《上市公司股权激励管理办法》，即证监会令第126号，又于2018年8月15日进行了修订，即证监会令第148号。该办法所称“股权激励”，是指上市公司以本公司股票为标的，对其董事、高级管理人员及其他员工进行的长期性激励。主要包括股票（权）期权、限制性股票和股权奖励。

1.2 股权激励的常见形式

股权激励常见的形式主要有：

1.2.1 直接持股激励

直接赠予或以低价售予员工公司股权（或关联公司股权），使其直接持股。

直接持股激励主要包括两个环节：授予和出售。在授予环节，公司直接授予员工股权/股票，员工可能无偿取得，或者需要支付一定的对价。在出售环节，员工持有股权/股票一段时间后（或约定的条件成就后），可以对外转让股权/股票。因此，直接持股激励，实际上在授予环节，员工已经取得了股份的权利，成为股份的所有权人。

1.2.2 期权激励

授予员工在未来时间内以某一特定价格（或零对价）购买公司（或关联公司）一定数量的股权的权利，如期权计划等。

期权激励包括三个环节：授予、行权、出售。授予时公司将期权授予员工并确定员工可行权的价格和条件，但此时员工并未取得相应股份的股东权利。当满足一定条件后，相关授予的股权会进入一个可行权状态，员工可以选择行权，员工行权之后，就取得了相应股权的股份成为相应股权的股东，相应股份也会过户给员工。未来员工可以选择出售该股份。

1.2.3 虚拟股权激励

以公司股权价值或其他财务数据作为指标，以该指标的增长为依据，授予被激励个人一定的收益（通常为现金收益），如股权增值权。

虚拟股权并不会实际涉及股份的所有权变更的问题，股份更多是一个衡量员工取得激励金额的标准，主要有两个环节：授予和兑现。授予环节实际上是给予员工未来取得现金收益的一种权利，并不会给予股份。在兑现的环节，即在员工满足相应的条件下，会按照所约定的计算方法，计算出员工应取得的收益，即现金兑现。

1.2.4 限制性股票

授予员工一定数量本公司的股票，仅当满足特定条件时员工可出售该部分股票，否则公司可回购该部分股票。

限制性股票包括三个环节：授予、解禁和出售。在授予环节，公司授予员工股票，但需要在中国证券登记结算公司（境外为证券登记托管机构）进行股票登记。在解禁条件满足后，员工可以对外出售股票。限制性股票与期权有些类似，在授予环节其股票会登记在自身名下，但并不是实际成为股权的所有权人，只有在所有的解禁条件满足之后，员工才成为该股权的所有权人，之后才能出售。

1.3 股权激励的征税原理

股权激励是否会产生纳税义务？事实上，股权激励主要产生个人所得税纳税义务。为什么会产生个人所得税纳税义务呢？《中华人民共和国个人所得税法》（以下简称《个人所得税法》）规定，在个人所得税征收原理中，对个人所得的定义包括“现金、实物、有价证券和其他形式的经济利益”。而关于工资、薪金所得是指“个人因任职或受雇取得的工资、薪金、奖金、年终加薪、劳动分红、津贴、补贴以及与任职或者受雇有关的其他所得”。

国家税务总局所得税司发布的《股权激励和技术入股个人所得税政策口径》规定，“与奖金、福利等现金激励类似，股权激励是企业以股权形式对员工的一种激励”。企业通过低于市场价或无偿授予员工股权，对员工此前的工作业绩予以奖励，并进一步激发其工作热情，与企业共同发展。股权激励中，员工往往低价或无偿取得企业股权。对于这部分折价，实质上是企业给员工发放的非现金形式的补贴或奖金，应在员工取得时计算纳税，这也是国际上的通行做法。

从税务角度而言，股权激励强调的是一种激励，如果员工按照股权的公允价值购买股权，则不属于股权激励的范畴。因此，股权激励个人所得税主要是指企业以低于公允价值或无偿的形式授予员工股权或其他股权激励（例如期权、限制性股票）涉及的个人所得税问题。

2. 相关税收法规梳理

2.1 《财政部　国家税务总局关于个人股票期权所得征收个人所得税问题的通知》（财税〔2005〕35号）

2.1.1 关于员工股票期权所得征税问题

实施股票期权计划企业授予该企业员工的股票期权所得，应按《个人所得税法》及其实施条例有关规定征收个人所得税。

企业员工股票期权（以下简称“股票期权”）是指上市公司按照规定的程序授予本公司及其控股企业员工的一项权利，该权利允许被授权员工在未来时间内以某一特定价格购买本公司一定数量的股票。

上述“某一特定价格”被称为“授予价”或“施权价”，即根据股票期权计划可以购买股票的价格，一般为股票期权授予日的市场价格或该价格的折扣价格，也可以是按照事先设定的计算方法约定的价格；“授予日”，也称“授权日”，是指公司授予员工上述权利的日期；“行权”，也称“执行”，是指员工根据股票期权计划选择购买股票的过程；员工行使上述权利的当日为“行权日”，也称“购买日”。

2.1.2 关于股票期权所得性质的确认及其具体征税规定

（1）员工接受实施股票期权计划企业授予的股票期权时，除另有规定外，一般不作为应税所得征税。

（2）员工行权时，其从企业取得股票的实际购买价（施权价）低于购买日公平市场价（指该股票当日的收盘价，下同）的差额，是因员工在企业的表现和业绩情况而取得的与任职、受雇有关的所得，应按“工资、薪金所得”适用的规定计算缴纳个人所得税。

对因特殊情况，员工在行权日之前将股票期权转让的，以股票期权的转让净收入，作为工资薪金所得征收个人所得税。

员工行权日所在期间的工资薪金所得，应按下列公式计算工资薪金应纳税所得额：

股票期权形式的工资薪金应纳税所得额 =（行权股票的每股市场价 - 员工取得该股票期权支付的每股施权价）×股票数量

（3）员工将行权后的股票再转让时获得的高于购买日公平市场价的差额，是因个人在证券二级市场上转让股票等有价证券而获得的所得，应按照“财产转让所得”适用的征免规定计算缴纳个人所得税。

（4）员工因拥有股权而参与企业税后利润分配取得的所得，应按照“利息、股息、红利所得”适用的规定计算缴纳个人所得税。

2.1.3 关于应纳税款的计算

（1）转让股票（销售）取得所得的税款计算。对于员工转让股票等有价证券取得的所得，应按现行税法和政策规定征免个人所得税。即：个人将行权后的境内上市公司股票再行转让而取得的所得，暂不征收个人所得税；个人转让境外上市公司的股票而取得的所得，应按税法的规定计算应纳税所得额和应纳税额，依法缴纳税款。

（2）参与税后利润分配取得所得的税款计算。员工因拥有股权参与税后利润分配而取得的股息、红利所得，除依照有关规定可以免税或减税的外，应全额按规定税率计算纳税。

2.2 《国家税务总局关于个人股票期权所得缴纳个人所得税有关问题的补充通知》（国税函〔2006〕902号）

国税函〔2006〕902号文件主要就财税〔2005〕35号文件有关执行问题作出补充。国税函〔2006〕902号文件再一次明确，员工接受雇主（含上市公司和非上市公司）授予的股票期权，凡该股票期权指定的股票为上市公司（含境内、外上市公司）股票的，均应按照财税〔2005〕35号文件进行税务处理。但对股票期权转让收入的纳税问题进行了补充规定。

（1）财税〔2005〕35 号文件第二条第（二）项所述“股票期权的转让净收入”，一般是指股票期权转让收入。如果员工以折价购入方式取得股票期权的，可以股票期权转让收入扣除折价购入股票期权时实际支付的价款后的余额，作为股票期权的转让净收入。

（2）财税〔2005〕35 号文件第二条第（二）项公式中所述“员工取得该股票期权支付的每股施权价”，一般是指员工行使股票期权购买股票实际支付的每股价格。如果员工以折价购入方式取得股票期权的，上述施权价可包括员工折价购入股票期权时实际支付的价格。

（3）凡取得股票期权的员工在行权日不实际买卖股票，而按行权日股票期权所指定股票的市场价与施权价之间的差额，直接从授权企业取得价差收益的，该项价差收益应作为员工取得的股票期权形式的工资薪金所得，按照财税〔2005〕35 号文件的有关规定计算缴纳个人所得税。

（4）部分股票期权在授权时即约定可以转让，且在境内或境外存在公开市场及挂牌价格（以下称可公开交易的股票期权）。员工接受该可公开交易的股票期权时，应作为财税〔2005〕35 号文件第二条第（一）项所述的另有规定情形，按以下规定进行税务处理：

①员工取得可公开交易的股票期权，属于员工已实际取得有确定价值的财产，应按授权日股票期权的市场价格，作为员工授权日所在月份的工资薪金所得，并按财税〔2005〕35 号文件第四条第（一）项规定计算缴纳个人所得税。如果员工以折价购入方式取得股票期权的，可以授权日股票期权的市场价格扣除折价购入股票期权时实际支付的价款后的余额，作为授权日所在月份的工资薪金所得。

②员工取得上述可公开交易的股票期权后，转让该股票期权所取得的所得，属于财产转让所得，按财税〔2005〕35 号文件第四条第（二）项规定进行税务处理。

③员工取得上述第四条中所述可公开交易的股票期权后，实际行使该股票期权购买股票时，不再计算缴纳个人所得税。

2.3 《财政部 国家税务总局关于股票增值权所得和限制性股票所得征收个人所得税有关问题的通知》（财税〔2009〕5号）

财税〔2009〕5号文件主要是关于股票增值权所得和限制性股票所得征收个人所得税规定。所谓股票增值权，是指上市公司授予公司员工在未来一定时期和约定条件下，获得规定数量的股票价格上升所带来收益的权利。被授权人在约定条件下行权，上市公司按照行权日与授权日二级市场股票差价乘以授权股票数量，发放给被授权人现金。所谓限制性股票，是指上市公司按照股权激励计划约定的条件，授予公司员工一定数量本公司的股票。

财税〔2009〕5号文件明确规定，对于个人从上市公司（含境内、外上市公司，下同）取得的股票增值权所得和限制性股票所得，比照《财政部 国家税务总局关于个人股票期权所得征收个人所得税问题的通知》（财税〔2005〕35号）、《国家税务总局关于个人股票期权所得缴纳个人所得税有关问题的补充通知》（国税函〔2006〕902号）的有关规定，计算征收个人所得税。

2.4 《国家税务总局关于股权激励有关个人所得税有关问题的通知》（国税函〔2009〕461号）

国税函〔2009〕461号文件主要是在财税〔2005〕35号和财税〔2009〕5号等文件的基础上，就执行上述文件有关事项作了进一步明确，主要是：

2.4.1 关于股权激励所得项目和计税方法

根据《个人所得税法》及其实施条例和财税〔2009〕5号文件等规定，个人因任职、受雇从上市公司取得的股票增值权所得和限制性股票所得，由上市公司或其境内机构按照“工资、薪金所得”项目和股票期权所得个人所得税计税方法，依法扣缴其个人所得税。

2.4.2　关于股票增值权应纳税所得额的确定

股票增值权被授权人获取的收益，是由上市公司根据授权日与行权日股票差价乘以被授权股数，直接向被授权人支付的现金。上市公司应于向股票增值权被授权人兑现时依法扣缴其个人所得税。被授权人股票增值权应纳税所得额计算公式为：

股票增值权某次行权应纳税所得额 =（行权日股票价格 - 授权日股票价格）×行权股票份数

2.4.3　关于限制性股票应纳税所得额的确定

按照《个人所得税法》及其实施条例等有关规定，原则上应在限制性股票所有权归属于被激励对象时确认其限制性股票所得的应纳税所得额。即上市公司实施限制性股票计划时，应以被激励对象限制性股票在中国证券登记结算公司（境外为证券登记托管机构）进行股票登记日期的股票市价（指当日收盘价，下同）和本批次解禁股票当日市价（指当日收盘价，下同）的平均价格乘以本批次解禁股票份数，减去被激励对象本批次解禁股份数所对应的为获取限制性股票实际支付资金数额，其差额为应纳税所得额。被激励对象限制性股票应纳税所得额计算公式为：

应纳税所得额 =（股票登记日股票市价 + 本批次解禁股票当日市价）÷2×本批次解禁股票份数 - 被激励对象实际支付的资金总额×（本批次解禁股票份数÷被激励对象获取的限制性股票总份数）

2.4.4　关于股权激励所得应纳税额的计算

（1）个人在纳税年度内第一次取得股票期权、股票增值权所得和限制性股票所得的，上市公司应按照财税〔2005〕35 号文件第四条第一项所列公式计算扣缴其个人所得税。

（2）个人在纳税年度内两次以上（含两次）取得股票期权、股票增值权和限制性股票等所得，包括两次以上（含两次）取得同一种股权激励形式所得或者同时兼有不同股权激励形式所得的，上市公司应将其纳税年度内各次股权激励所得合并，按照《国家税务总局关于个人股票期权所得缴纳个人所得税有关问题的补充通知》（国税函〔2006〕902号）第七条、第八条所列公式计算扣缴个人所得税。

2.5 《财政部 国家税务总局关于完善股权激励和技术入股有关所得税政策的通知》（财税〔2016〕101号）

2016年9月22日，财政部、国家税务总局联合下发《关于完善股权激励和技术入股有关所得税政策的通知》（财税〔2016〕101号），号称“史上最给力股权激励所得税政策”出台。该政策有不少新的亮点。其中：

要点之一：就是对符合条件的非上市公司股票期权、股权期权、限制性股票和股权奖励实行递延纳税。所谓“符合条件”，是指非上市公司股权激励递延纳税要符合七大条件，这七大条件分别是：

（1）属于境内居民企业的股权激励计划。

（2）股权激励计划经公司董事会、股东（大）会审议通过。未设股东（大）会的国有单位，经上级主管部门审核批准。

（3）激励标的应为境内居民企业的本公司股权。股权奖励的标的可以是技术成果投资入股到其他境内居民企业所取得的股权。激励标的股票（权）包括通过增发、大股东直接让渡以及法律法规允许的其他合理方式授予激励对象的股票（权）。

（4）激励对象应为公司董事会或股东（大）会决定的技术骨干和高级管理人员，激励对象人数累计不得超过本公司最近6个月在职职工平均人数的30%。

（5）股票（权）期权自授予日起应持有满3年，且自行权日起持有满1年；限制性股票自授予日起应持有满3年，且解禁后持有满1年；股权奖励自获得奖励之日起应持有满3年。上述时间条件须在股权激励计划中列明。

（6）股票（权）期权自授予日至行权日的时间不得超过10年。

（7）实施股权奖励的公司及其奖励股权标的公司所属行业均不属于

《股权奖励税收优惠政策限制性行业目录》范围。借鉴国际通行做法，采取反列举办法，通过负面清单方式，对一些明显不属于科技类的行业企业，限制其享受股权奖励税收优惠政策。公司所属行业按公司上一纳税年度主营业务收入占比最高的行业确定。

要点之二：上市公司股权奖励纳税期限延长。具体内容就是上市公司授予个人的股票期权、限制性股票和股权奖励，经向主管税务机关备案，个人可自股票期权行权、限制性股票解禁或取得股权奖励之日起，在不超过 12 个月的期限内缴纳个人所得税。

此前，《财政部　国家税务总局关于上市公司高管人员股票期权所得缴纳个人所得税有关问题的通知》（财税〔2009〕40 号）明确，对上市公司高管人员取得股票期权在行权时，纳税确有困难的，经主管税务机关审核，可自其股票期权行权之日起，在不超过 6 个月的期限内分期缴纳个人所得税。

另外，还对技术成果投资入股的税收政策、配套管理措施等进行了政策调整。

这一次政策调整有效降低了股权激励的税收负担，主要表现在：一是对非上市公司符合条件的股票（权）期权、限制性股票、股权奖励，由分别按“工资薪金所得”和“财产转让所得”两个环节征税，合并为只在一个环节征税，即纳税人在股票（权）期权行权、限制性股票解禁以及获得股权奖励时暂不征税，待今后该股权转让时一次性征税，以解决在行权等环节纳税现金流不足问题。二是在转让环节的一次性征税统一适用 20% 的税率，比原来税负降低 10—20 个百分点，有效降低纳税人税收负担。三是对全国中小企业股份转让系统（俗称“新三板”）挂牌公司，考虑其属于非上市公司，且股票变现能力较弱，因此按照非上市公司股权激励递延纳税政策执行。四是对上市公司股权激励对象缴税在时间方面的困难，此次政策调整进一步延长了上市公司股权激励的纳税期限，由现行政策规定的 6 个月延长至 12 个月。

除了以上政策之外，国家税务总局和财政部所公布的以下三个文件也与股权激励的税收问题有关，一是《国家税务总局关于股权激励和技术入股所得税征管问题的公告》（国家税务总局公告 2016 年第 62 号）；二是《关于个人所得税法修改后有关优惠政策衔接问题的通知》（财税〔2018〕164 号）；三是《关于进一步深化税务领域“放管服”改革 培育和激发市场主体活力若干措施的通知》（税总征科发〔2021〕69 号）。

从上面的有关文件梳理我们可以发现，在国税函〔2009〕461 号文件发布以前，对于上市公司股权激励有关税收政策，实际上已经比较系统完善了，但对于非上市公司股权激励，直到财税〔2016〕101 号文件发布，才开始做出一些具体的细化的规定，尽管在以前已经讨论了有关的原则，但是具体的规定大部分是在该文发布之后才形成。

3. 上市公司股权激励纳税问题

3.1 上市公司股权激励税务处理的一般原则

要了解上市公司股权激励的纳税问题，首先要看一下上市公司股权激励税务处理的一般原则。上市公司股权激励税务处理主要遵从的是“实现所得”的概念。如何看待员工是否已经实现所得，是判断员工是否具有纳税义务的关键点。

①参与者在参与股权激励计划但并未取得所得时，不产生个人所得税的纳税义务。

②当参与者根据股权激励计划的安排实现所得时，应按其所取得的收益确认为“工资、薪金所得”，适用 3%—45% 的累进税率。

对于上市公司，由于其有明确的股票价格，在计算各阶段应纳税所得额时，税法明确规定的应适用的市场价格更为明确。而非上市公司则不同。

另外，现行税法中对于上市公司与非上市公司可适用的股权激励相关税收优惠政策及其具体程序和实施要求存在不同。

③参与者未来再转让其所得的股票时，按照“财产转让所得”税目就其转让所得适用20%的税率（转让境内上市公司股票有机会享受免税待遇）。

首先看上市公司的情况。上市公司股权激励计划包括：股票期权、股票增值权、限制性股票。上市公司（包括上市公司子公司）的员工都有可能参与股权激励计划，上市公司股权激励有一个比较典型的特征，就是员工参与股权激励的平台是上市公司本身，就是员工最终所拿到的股份一般都是上市公司所发行的股份，所以它的结构往往比较直接。对于上市公司来说情况就相对简单。

3.1.1 股票期权

股票期权授予时，员工并未实现所得，因此，通常不产生个人所得税纳税义务；而未来满足行权条件，到了行权（或解禁）时，员工取得上市公司的股票，这个时候就要看员工为取得上市公司股票所支付的价格是低于还是高于该股票的公允价值，上市公司股票的公允价值是比较好确定的，主要是根据上市公司在公开市场上的价格来判断它的公允价值。如果说员工是以低于它的市场公允价值取得了股票，就应该就这个差额去确认他的工资、薪金所得，按照3%—45%的累进所得税税率缴纳个人所得税。这个个人所得税应该由员工所在的公司（上市公司或子公司）为员工代扣代缴。

所得额 = 行权时的股票市场价格 - 员工为取得相应股权的实际购买价格

未来转让股票时，按照财产所得20%的税率缴纳财产税。转让境内上市公司股票有机会适用免征个人所得税和增值税的规定。

3.1.2 限制性股票

限制性股票授予时，员工并未实现所得，因此，通常不产生个人所得税纳税义务；而到了解禁日，确认工资、薪金所得，按照3%—45%的累进所得税税率缴纳个人所得税。

所得额 = （股票登记日股票市价 + 本批次解禁股票当日市价） ÷ 2 × 本批次解禁股票份数 - 被激励对象实际支付的资金总额 × （本批次解禁股

票份数 ÷ 被激励对象获取的限制性股票总份数)

未来转让股票时，按照财产所得 20% 的税率缴纳财产税。转让境内上市公司股票有机会适用免征个人所得税和增值税的规定。

3.1.3 股票增值权

股票增值权授予时，员工并未实现所得，因此，通常不产生个人所得税纳税义务；兑现时，确认工资、薪金所得，按照 3%—45% 的累进所得税税率缴纳个人所得税。

应纳税所得额 = (行权日股票价格 - 授权日股票价格) × 行权股票份数

3.2 上市公司股权激励个人所得税的优惠计税方法

关于股权激励个人所得税的优惠计税问题，政策规定主要反映在 2021 年 12 月 31 日之前与之后的区别上。

(1) 在 2021 年 12 月 31 日之前，不并入当年综合所得，全额单独适用综合所得税率计算纳税。不并入当年综合所得，单独按照 3%—45% 的综合所得税率计税，在很多情况下，是可以适用一个相对较低的税率的，从而降低整体的税负，我们也称之为所得税优惠。

①应纳税额 = 股权激励收入 × 适用税率 - 速算扣除数

②如果一个年度内取得两次（含两次）股权激励的，合并按以上计税方法计算。

(2) 2022 年 1 月 1 日起，居民个人取得股权激励所得，原则上应该并入当年综合所得，一并适用综合所得税率计算纳税。

3.3 上市公司股权激励个人所得税递延纳税优惠

考虑到员工取得股份时有可能产生纳税义务，但还没有取得现金收益，并且有可能相应的纳税义务会给员工带来一定的资金困难，目前的税收政策也给了一个在不超过 12 个月内分期缴纳的递延优惠政策，但要履行相应的备案程序。上市公司授予个人的股票期权、限制性股票和股权奖励，经向主管税务机关备案，个人可自股票期权行权、限制性股票解禁或取得股票奖励之日起，在不超过 12 个月的期限内缴纳个人所得税。

3.4　上市公司股权激励税收征管要求

在征管方面，对上市公司股权激励提出了明确的税收征管要求，特别是如果上市公司希望能够适用前面讲的优惠计税方法就必须满足相应要求。这包括在计划实施之前，要报送股权激励计划或实施方案及其他相关材料，对于限制性股票而言，为履行限制性股票登记、公示后的 15 日内报送上述材料。员工股票期权或股票增值权行权之前，要报送股票期权行权通知书和行权调整通知书等材料。

在股权行权后或解禁后，员工股票期权或股票增值权行权或限制性股票解禁后，在税法规定的纳税期限内，要报送个人接受或转让的股票期权以及认购的股票情况等。

4. 非上市公司股权激励纳税问题

4.1　非上市公司股权激励常见结构

4.1.1　境内股权激励常见结构

境内公司往往会通过搭建持股平台来开展股权激励，这种持股平台常见的是有限合伙的形式，由公司的创始人或创始人控股公司作为普通合伙人，即 GP；由参与股权激励的公司员工作为有限合伙人，即 LP。相当于，员工参与股权激励未来取得公司股份的方式是通过取得持有公司股份的有限合伙企业（即持股平台）的合伙份额间接地取得了公司的股份。

4.1.2 境外股权激励常见结构

对于拟境外上市企业的股权激励结构，比如拟去美股或港股上市的公司，搭建股权激励持股平台的时候，此时拟上市的主体往往在境外，一般在开曼，所有的股东是在开曼公司层面体现他的持股结构，在开曼公司上面搭建一层境外股权持股平台，在境内的股权激励参与者通过在境内搭建有限合伙企业，然后通过境外投资的程序成为这个持股平台（合伙企业）的股东，从而通过跨境股权平台的搭建完成境内员工股权激励平台搭建。

4.2 拟境内上市公司的股权激励的税收问题

对于拟境内上市公司的股权激励的税收问题，我们分不同形式的股权激励来讨论员工纳税义务。

4.2.1 直接股权激励征税一般原则与纳税节点

直接股权激励是公司直接将公司的股份或者合伙平台的份额授予员工，员工已经成为公司的股东，员工可能无偿取得也可能需要支付一定对价，在这个环节已经涉及了员工是否实现个人所得的问题，如果员工个人所支付的对价低于他所取得的股份份额的公允价值或者公平市场价格，就已经产生了员工的个人所得，应该缴纳个人所得税。此时个人所得税按照工资、薪金所得3%—45%税率缴纳个人所得税。未来员工再去出售他持有的股份的时候，还要按照财产转让所得再缴纳20%的个人所得税。

这里要注意一点的是，如果未来退出的方式是合伙平台转让拟上市主体的股份，这个时候是有可能要按照合伙企业经营所得，按照5%—35%的累进税率缴纳个人所得税的。所以未来员工的退出方式也是股权激励安排中需要重点考虑的一个税务因素。

4.2.2 期权激励征税一般原则与纳税节点

期权激励授予时，公司只是给予员工一种在未来取得公司股权的权利，此时只是确定了员工行权的价格和条件，但在授予时，员工还没有实际成为公司的股东，所以在授予时员工并未取得所得，通常不会产生个人所得税纳税义务。当员工行权时，员工将以低价取得公司的股份，在这个环节会产生员工个人所得税的纳税义务，适用3%—45%的累进税率。未来员工出售股份时，员工将要按照财产所得依照20%比例缴纳个人所得税，或者如果通过合伙企业转让，则还可能涉及5%—35%的经营所得税。

4.2.3　虚拟股权激励征税一般原则与纳税节点

在虚拟股权激励情况下，员工并不会取得股份，只是会取得现金所得。因此，在虚拟股权激励的情况下，判断员工纳税义务相对比较简单，就是看员工什么时候会取得现金所得。授予时，公司授予员工获得股票价格上涨收益或分红等权利，但不直接授予股权，因此员工并未取得所得，通常不会产生个人所得税纳税义务。兑现时，被授权人在约定条件下行权，公司依约发放现金兑现，此时员工获得所得，产生个人所得税纳税义务，适用3%—45%的累进税率。

4.3　非上市公司股权激励税收政策

2016年出台的《财政部　国家税务总局关于完善股权激励和技术入股有关所得税政策的通知》（财税〔2016〕101号）首次明确规定了非上市公司股权激励税收政策。

财税〔2016〕101号文件出台之前，基于税法原则，非上市公司实施股权激励也应该申报纳税，但缺乏明确的政策指引。由于没有明确规定，使得大量非上市公司股权激励没有如实如期去履行合规纳税。财税〔2016〕101号文件的出台，规定了针对非上市公司股权激励的递延纳税政策；也规定了非上市公司股权激励可参照适用针对上市公司的财税〔2005〕35号文的有关规定，计算缴纳有关个人所得税。至此，对于非上市公司股权激励纳税政策在一定程度上得以明确。财税〔2016〕101号文件发布之后，又出台了国家税务总局公告2016年第62号，以及财税

〔2018〕164 号文件等，这些文件对于股权激励税收政策在已有文件的基础上进行了进一步的细化或更新，实际上是对财税〔2016〕101 号文件的补充，对于不明确的进一步明确，如公平市场价格确认标准、计税方式等。接着，就是税总征科发〔2021〕69 号文件，提出了更高的资料报送的要求，其实也是对非上市公司实施股权激励提出了更高的合规要求。

4.4 非上市公司股权激励税收政策要点

非上市公司股权激励税收政策的一个重要的点是税收递延政策。这里的税收递延究竟是一种什么样的递延方式呢？以股权奖励为例，正常的情况下，在股权奖励授予的环节，员工已经取得了股份，成为股权的所有权人，如果说他所取得股权的对价支付的价格是明显低于所取得的股权的价值，甚至是零对价的，就说明员工已经取得了非现金形式的所得，应该计算缴纳 3%—45% 的个人所得税。但是，根据财税〔2016〕101 号文件的要求，如果说员工的股权激励相关安排，能够符合相关条件，取得关于纳税递延的备案，可以享受纳税递延政策，那么在授予环节是可以不按照“工资、薪金所得”去缴税的，在这一环节是暂时无须缴纳个人所得税。那么，要在什么时间点缴纳呢？其实就是递延到员工出售股份的时候去缴纳个人所得税，而且，是不需要按照 3%—45% 的累进税率去完税的，只需要按照 20% 的财产转让所得去缴纳个人所得税。

因此，这个递延所得税政策使得员工在取得股权时暂无须缴纳个人所得税，在转让时缴纳个人所得税，而且是按照财产转让所得 20% 的税率缴纳个人所得税。

也就是说，如果取得纳税递延的备案，可以享受纳税递延政策，即员工在取得股权激励时暂不按“工资、薪金所得”缴纳个人所得税；未来股权转让时，按照股权转让收入减除取得股权相应成本及合理税费后的差额，适用“财产转让所得”20% 的税率计算缴纳个人所得税。

如果没有取得纳税递延的备案，不可以享受纳税递延政策的话，员工在获得股票（股权）时（即期权行权或限制性股票解禁时），对实际出资额低于公平市场价格的差额，按照“工资、薪金所得”项目计算缴纳个人所得税；未来股权转让时，按照股权转让收入减除行权或解禁时用于计税的“公平市场价格”及合理税费后的差额，适用“财产转让所得”20%的税率计算缴纳个人所得税；如果员工通过持股平台处理公司股权取得收益，还有可能需要适用5%—35%经营所得税率。

这里有几个问题需要注意：（1）什么样的股权激励安排是可以适用递延纳税政策的？（2）如果不适用递延所得税政策，员工就要按低于公平市场价格的差额去缴税，那如何确定这个差额？即如何确定公平市场价格？因为非上市公司不同于上市公司。（3）如果说不适用递延纳税政策，计税方式是怎样的？

财税〔2016〕101号文件对非上市公司股权激励享受递延纳税政策提出了四个需同时满足的基本条件：

（1）属于境内居民企业的股权激励计划（股权激励实施主体）。

（2）股权激励计划经公司董事会、股东（大）会审议通过。未设股东（大）会的国有单位，经上级主管部门审核批准。股权激励计划应列明激励目的、对象、标的、有效期、各类价格的确定方法、激励对象获取权益的条件、程序等（审核标准）。

（3）激励标的应为境内居民企业的本公司股权。股权奖励的标的可以是技术成果投资入股到其他境内居民企业所取得的股权。激励标的股票（权）包括通过增发、大股东直接让渡以及法律法规允许的其他合理方式授予激励对象的股票（权）（激励标的）。

这一条在实践中有非常多不同的理解，关键是如何看待激励的标的是本公司股权这一问题。前面我们在谈到过非上市公司股权激励的常见结构中，往往是通过一个单独设立的有限合伙来开展股权激励，员工取得的并不是本公司的直接股权，而是有限合伙的合伙份额，在这种情况下能不能被认可为激励标的是本公司股权呢？这个的确在目前的实践中有不同的理解和认知，也的确存在有的税务机关不认可，也有的税务机关认为它属于财税〔2016〕101号文件所指的其他法律允许的其他合理方式授予的股权的形式，因此，在享受递延纳税时还是要咨询一下当地税务部门。

（4）激励对象应为公司董事会或股东（大）会决定的技术骨干和高级管理人员，激励对象人数累计不得超过本公司最近6个月在职职工平均人数的30%（激励对象）。

这里人数是有要求的，即不得超过本公司最近6个月在职职工平均人数的30%。有一种股权激励叫作全员持股计划，这就不符合递延纳税政策了。

对股权激励或技术成果投资入股选择适用递延纳税政策的，企业应在规定期限内到主管税务机关办理备案手续。未办理备案手续的，不得享受《财政部 国家税务总局关于完善股权激励和技术入股有关所得税政策的通知》（财税〔2016〕101号）规定的递延纳税优惠政策。

另外，针对不同形式的股权激励还有一些额外的条件：针对股票期权，要求股票（权）期权自授予日起应持有满3年，且自行权日起持有满1年；股票（权）期权自授予日至行权日的时间不得超过10年。针对限制性股票，要求限制性股票自授予日起应持有满3年，且解禁后持有满1年。针对股权奖励，要求股权奖励自获得奖励之日起应持有满3年。上述时间条件须在股权激励计划中列明。

此外，对实施股权奖励的公司及其奖励股权标的公司所属行业也有要求，应均不属于《股权奖励税收优惠政策限制性行业目录》范围。公司所属行业按公司上一纳税年度主营业务收入占比最高的行业确定。有一些行业是很常见的行业，如批发和零售业，交通运输、仓储和邮政业，住宿和餐饮业，房地产业等，这一些行业如果实施股权激励，是没法享受递延纳税政策的。

4.5 对于不适用递延纳税的非上市公司股权激励

对于不适用递延纳税的非上市公司股权激励，股权的“公平市场价格”的确定依如下规定：

（1）员工股权激励的“工资、薪金所得”，应按照实际出资额低于公平市场价格的差额确定。

（2）根据国家税务总局公告2016年第62号公告等规定，非上市公司股权的“公平市场价格”，依次按照净资产法、类比法和其他合理方法确定。

（3）净资产法按照取得股票（权）的上年末净资产确定。

这里要注意的是，尽管目前净资产法在实践中运用是比较多的，大多数情况下，税务机关对采用净资产法确定的公平市场价格是认可的，但也有可能如果税务机关认为不合适，可以要求采用类比法或其他合理的方法确定。

4.6　对于不适用递延纳税政策的股权激励所得的计税方式

（1）财税〔2016〕101号文件规定，个人从任职受雇企业以低于公平市场价格取得股票（权）的，凡不符合递延纳税条件，应在获得股票（权）时，对实际出资额低于公平市场价格的差额，按照“工资、薪金所得”项目，参照《财政部　国家税务总局关于个人股票期权所得征收个人所得税问题的通知》（财税〔2005〕35号）有关规定计算缴纳个人所得税。

（2）财税〔2005〕35号文件规定：员工因参加股票期权计划，从中国境内取得的所得，按本通知规定应按工资薪金所得计算纳税的，对该股票期权形式的工资薪金所得可区别于所在月份的其他工资薪金所得，单独计算当月应纳税款。

（3）财税〔2018〕164号文件规定，居民个人取得股权激励符合特定条件的，不并入当年综合所得，全额单独适用综合所得税率表的对应税率，计算纳税。

计算公式为：应纳税额＝股权激励收入×适用税率－速算扣除数

4.7　2021年12月31日以后股权激励个人所得税优惠政策的延续

《关于个人所得税法修改后有关优惠政策衔接问题的通知》（财税〔2018〕164号）中关于股权激励个人所得税的优惠计税截止日期是2021

年12月31日。对于2021年12月31日以后股权激励个人所得税征收如何执行？财政部、税务总局于2021年12月发布了《关于延续实施全年一次性奖金等个人所得税优惠政策的公告》（财政部 税务总局公告2021年第42号），将有关个人所得税优惠政策，即财税〔2018〕164号文件规定的全年一次性奖金单独计税优惠政策，执行期限延长至2023年12月31日；上市公司股权激励单独计税优惠政策，执行期限延长至2022年12月31日。此后，为支持我国企业创新发展和资本市场对外开放，财政部、税务总局又于2023年1月发布了《关于延续实施有关个人所得税优惠政策的公告》（财政部 税务总局公告2023年第2号），明确财政部、税务总局公告2021年第42号文件中规定的上市公司股权激励单独计税优惠政策，自2023年1月1日起至2023年12月31日止继续执行。2023年8月，财政部、税务总局又发布了《关于延续实施上市公司股权激励有关个人所得税政策的公告》（财政部 税务总局公告2023年第25号），将上市公司股权激励有关个人所得税政策延续执行至2027年12月31日。因此，有关股权激励的个人所得税优惠政策，包括居民个人取得股票期权、股票增值权、限制性股票、股权奖励等股权激励，可以一直执行至2027年12月31日。

5. 案例分析

下面我们选取上海YW通信技术股份有限公司的限制性股票激励计划的设置及个人所得税纳税情况作为案例进行分析。

5.1 上海YW通信技术股份有限公司限制性股票激励计划的设置

上海YW通信技术股份有限公司成立于2009年6月11日，于2017年1月11日在深圳证券交易所（以下简称深交所）上市。公司是业界领先的无线物联网设备和解决方案提供商。公司属于物联网中的无线 M2M 行业，当前主营业务为嵌入式无线 M2M 终端设备研发、销售业务，主要产品分为：车载追踪通信产品、物品追踪通信产品、个人追踪通信产品、动物追踪溯源产品，公司的 M2M 终端设备可以应用于车辆管理、移动物品管理、个人追踪通信三大领域。作为中国 M2M（机器与机器通信）设备的主要出口供应商之一，公司系列产品获得了 CE、FCC 及 PTCRB 等认证，远销北美、南美、欧亚等世界各地。公司产品质量稳定可靠，可根据客户需求提供定制化服务，针对客户的需求、售后问题，迅速反馈、解决，已经在欧美地区建立良好的品牌效应。公司拥有较强的核心研发团队，获得多项发明专利、实用新型专利和软件著作权。

为了进一步建立、健全公司长效激励机制，吸引和留住优秀人才，充分调动在公司任职的高级管理人员、中层管理人员及核心技术（业务）人员的积极性，有效地将股东利益、公司利益和核心团队个人利益结合在一起，使各方共同关注公司的长远发展，在充分保障股东利益的前提下，公司按照收益与贡献对等的原则，根据《中华人民共和国公司法》（以下简称《公司法》）、《中华人民共和国证券法》（以下简称《证券法》）、《上市公司股权激励管理办法》等有关法律、法规和规范性文件以及《公司章程》的规定，分别于 2018 年和 2021 年实施了两次股权激励计划，2018 年实施的是限制性股票激励计划，2021 年实施的是限制性股票与股票期权激励计划。下面我们以该公司 2018 年限制性股票激励计划的设置及其纳税问题作为案例进行分析。

5.1.1　激励对象

本激励计划授予的激励对象总人数为 82 人，包括公司公告本激励计划时在公司任职的高级管理人员、中层管理人员及核心技术（业务）人员。参与本激励计划的激励对象不包括独立董事、监事及单独或合计持有公司 5% 以上股份的股东或实际控制人及其配偶、父母、子女。

5.1.2　激励工具及其来源、数量和分配

本激励计划采取的激励工具为限制性股票。股票来源为公司向激励对

象定向发行的上海 YW 通信技术股份有限公司（以下简称公司或本公司）A 股普通股。

本激励计划拟向激励对象授予的限制性股票数量为 162.00 万股，涉及的标的股票种类为人民币 A 股普通股，占本激励计划公告时公司股本总额 16 000.00 万股的 1.01%。公司全部在有效期内的股权激励计划所涉及的标的股票总数累计未超过本激励计划公告时公司股本总额的 10%。本激励计划中任何一名激励对象通过全部在有效期内的股权激励计划获授的本公司股票累计未超过本激励计划公告时公司股本总额的 1%。

在本激励计划公告当日至激励对象完成限制性股票登记期间，若公司发生资本公积转增股本、派发股票红利、股份拆细或缩股、配股等事宜，限制性股票的授予数量将根据本激励计划的规定予以相应调整。

本激励计划限制性股票的授予价格为 11.66 元/股。在本激励计划公告当日至激励对象完成限制性股票登记期间，若公司发生资本公积转增股本、派发股票红利、股份拆细或缩股、配股、派息等事宜，限制性股票的授予价格将根据本激励计划的规定予以相应的调整。

本激励计划的授予日为 2018 年 9 月 27 日，计划授予 162 万股，实际授予股数 149 万股。

5.1.3 有效期、授予日、限售期、解除限售安排和禁售期

（1）有效期。本激励计划有效期自限制性股票授予登记完成之日起至激励对象获授的限制性股票全部解除限售或回购注销之日止，最长不超过 48 个月。

（2）授予日。自公司股东大会审议通过本激励计划之日起 60 日内，公司将按相关规定召开董事会对激励对象进行授予，并完成公告、登记等相关程序。公司未能在 60 日内完成上述工作的，应当及时披露未完成的原因，并宣告终止实施本激励计划，未授予的限制性股票失效。

（3）限售期。本激励计划授予的限制性股票限售期分别为自限制性股票授予登记完成之日起 12 个月、24 个月、36 个月。激励对象根据本激励计划获授的限制性股票在解除限售前不得转让、用于担保或偿还债务。

（4）解除限售安排。限售期满后，公司为满足解除限售条件的激励对象办理解除限售事宜，未满足解除限售条件的激励对象持有的限制性股票由公司按本激励计划的原则回购注销。

本激励计划授予的限制性股票的解除限售期及各期解除限售时间安排如表1所示。

表1　YW公司本次激励计划授予的限制性股票解除限售期时间安排

解除限售期	解除限售时间	解除限售比例（%）
第一个解除限售期	自授予登记完成之日起12个月后的首个交易日起至授予登记完成之日起24个月内的最后一个交易日当日止	40.00
第二个解除限售期	自授予登记完成之日起24个月后的首个交易日起至授予登记完成之日起36个月内的最后一个交易日当日止	30.00
第三个解除限售期	自授予登记完成之日起36个月后的首个交易日起至授予登记完成之日起48个月内的最后一个交易日当日止	30.00

在上述约定期间内未申请解除限售的限制性股票或因未达到解除限售条件而不能申请解除限售的该期限制性股票，公司将按本计划规定的价格回购并注销激励对象相应尚未解除限售的限制性股票。

激励对象获授的限制性股票由于资本公积金转增股本、股票红利、股票拆细而取得的股份同时限售，不得在二级市场出售或以其他方式转让，该等股份的解除限售期与限制性股票解除限售期相同。若公司对尚未解除限售的限制性股票进行回购，该等股票将一并回购。

（5）禁售期。本激励计划的禁售期规定按照《公司法》《证券法》等相关法律、法规、规范性文件和《公司章程》执行，具体规定如下：

①激励对象为公司董事和高级管理人员的，其在任职期间每年转让的股份不得超过其所持有本公司股份总数的25%；在离职后半年内，不得转让其所持有的本公司股份。

②激励对象为公司董事和高级管理人员的，将其持有的本公司股票在

买入后6个月内卖出，或者在卖出后6个月内又买入，由此所得收益归本公司所有，本公司董事会将收回其所得收益。

③在本计划有效期内，如果《公司法》《证券法》等相关法律、法规、规范性文件和《公司章程》中对董事和高级管理人员持有股份转让的有关规定发生了变化，则这部分激励对象转让其所持有的公司股票应当在转让时符合修改后的《公司法》《证券法》等相关法律、法规、规范性文件和《公司章程》的规定。

5.1.4 限制性股票的授予价格

本激励计划限制性股票的授予价格为每股11.66元，即满足授予条件后，激励对象可以每股11.66元的价格购买公司向激励对象增发的公司限制性股票。

5.1.5 限制性股票的解禁

（1）公司层面业绩考核要求。公司拟在2018—2020年三个会计年度中，分年度对公司净利润增长率进行考核。净利润增长数值均以公司该会计年度审计报告所载数据为准，净利润指标均以经审计的归属于上市公司股东的净利润作为计算依据，各年度业绩考核目标如表2所示。

表2 公司各年度业绩考核目标表

解除限售期	业绩考核目标
第一个解除限售期	以2017年净利润为基数，2018年净利润增长率不低于20.00%
第二个解除限售期	以2017年净利润为基数，2019年净利润增长率不低于35.00%
第三个解除限售期	以2017年净利润为基数，2020年净利润增长率不低于50.00%

注：上述净利润指经审计的归属于上市公司股东的净利润。

只有公司满足各年度业绩考核目标，所有激励对象对应考核年度的限制性股票方可解除限售。公司如未满足当年度业绩考核目标的，所有激励对象对应考核年度的限制性股票均不得解除限售，由公司按授予价格加上银行同期存款利息之和回购注销。

（2）个人层面绩效考核要求。激励对象的个人层面绩效考核按照公司现行薪酬与考核的相关规定组织实施，并依照激励对象的考核结果确定其解除限售比例。激励对象的绩效评价结果划分为A、B、C、D四个档次，考核评价表适用于考核对象。届时根据表3确定激励对象可解除限售的比例。

表3　各考核等次公司确定激励对象可解除限售的比例

考评结果	A	B	C	D
标准系数	100%		80%	0

激励对象上一年度考核达标后才具备限制性股票当年度的解除限售资格：

个人当年实际解除限售额度 = 标准系数 × 个人当年计划解除限售额度

激励对象考核当年不能解除限售的限制性股票，由公司按授予价格加上银行同期存款利息之和回购注销。

5.2　限制性股票限售期解除个人所得额、所得税计算方法及其个人所得税额

根据我国现行对于上市公司限制性股票限售期解除后个人所得额及个人所得税计算的有关规定，分别采用以下方法进行计算：

个人所得额计算方法 = （股票登记日市价 + 解禁日市价）/2 × 本批次解禁数 - 实际出资总额 × （本批次解禁数/认购股数）

个人所得税计算方法 = 应纳税所得额 × 税率 - 速算扣除数

第一次解除限售期解除限售比例40%、股数59.6万股，确认的所得额为9 232 040元，个人所得税数额为961 825.84元，采用了个人所得税递延纳税优惠。

第二次解除限售期解除限售比例30%、股数44.7万股，扣除离职人员未解禁股数，实际解禁44.1万股，确认的所得额为7 161 840元，个人所得税数额为649 550.4元，采用了个人所得税递延纳税优惠。

第三次解除限售期由于利润条件未达到，股份未解锁。

6. 案例总结

通过前面的政策分析与案例分析，我们可以将股权激励个人所得税税收政策要点简单归纳如表 4 所示。

表 4 股权激励个人所得税税收政策要点

<table>
<tr><th></th><th>授予时</th><th>行权时/解禁时</th><th>转让时</th></tr>
<tr><td>直接持股</td><td>直接授予股权奖励的，应于授予时计算被授予人的“工资、薪金所得”，扣缴 3%—45% 的个人所得税</td><td>不适用</td><td rowspan="3">1. 转让境内上市公司股票的，有机会免征个人所得税及增值税。
2. 如非上市公司适用递延纳税政策，员工转让公司股权时，按照股权转让收入减除取得股权相应成本及合理税费后的差额，适用“财产转让所得”，按 20% 的税率计算缴纳个人所得税。
3. 如非上市公司不适用递延纳税政策，员工转让公司股权时，按照股权转让收入减除行权/解禁时的“公平市场价格”及合理税费后的差额，适用“财产转让所得”，按 20% 的税率计算缴纳个人所得税；如果员工通过持股平台处置公司股权取得收益，还有可能需要缴纳 5%—35% 的生产经营所得税</td></tr>
<tr><td>期权</td><td>不产生纳税义务</td><td rowspan="2">上市公司或不适用递延纳税政策的非上市公司，需在期权行权或限制性股票解禁时，按照相关规定计算被授予人的“工资、薪金所得”，扣缴 3%—45% 个人所得税</td></tr>
<tr><td>限制性股票</td><td>不产生纳税义务</td></tr>
<tr><td>虚拟股权激励（股票增值权）</td><td>不产生纳税义务</td><td>在向被授予人兑现收益时依法扣缴“工资、薪金所得” 3%—45% 个人所得税</td><td>不适用</td></tr>
</table>

参考文献

［1］张英明，徐晨．关于完善上市公司股权激励税收政策的思考［J］．财政科学，2021（03）：44－54.

［2］孙彤，王维维．非上市公司股权激励个人所得税政策解析［J］．中国税务，2020（10）：38－39.

［3］樊轶侠，郝晓婧．股权激励个人所得税政策优化：国际比较的视角［J］．财政科学，2022（07）：97－105.

［4］刘丽，夏宏伟．股权激励税收政策研析［J］．税务研究，2015（10）：35－39.

［5］郑金珠．企业实施股权激励的主要内容及其涉税分析——以福州A公司为例［J］．中小企业管理与科技，2023（04）：98－100.

［6］王哲兵，韩立岩．股票期权激励税收处理的国际比较与政策启示［J］．税务研究，2008（02）：89－92.

［7］付伟胜．股权激励的个人所得如何纳税［J］．注册税务师，2020（09）：42－46.

［8］赵立新，方重．优化上市公司股权激励税收政策的建议［J］．税务研究，2013（12）：86.

主要参考的税收政策

［1］《财政部　国家税务总局关于个人股票期权所得征收个人所得税问题的通知》（财税〔2005〕35号）

［2］《国家税务总局关于个人股票期权所得缴纳个人所得税有关问题的补充通知》（国税函〔2006〕902号）

［3］《财政部　国家税务总局关于股票增值权所得和限制性股票所得征收个人所得税有关问题的通知》（财税〔2009〕5号文）

［4］《国家税务总局关于股权激励有关个人所得税有关问题的通知》

(国税函〔2009〕461号)

[5]《财政部　国家税务总局关于完善股权激励和技术入股有关所得税政策的通知》(财税〔2016〕101号)

[6]《财政部　国家税务总局关于个人所得税法修改后有关优惠政策衔接问题的通知》(财税〔2018〕164号)

[7]《财政部　国家税务总局关于延续实施全年一次性奖金等个人所得税优惠政策的公告》(财政部　税务总局公告2021年第42号)

[8]《财政部　国家税务总局关于延续实施有关个人所得税优惠政策的公告》(财政部　税务总局公告2023年第2号)

[9]《财政部　国家税务总局关于延续实施全年一次性奖金等个人所得税优惠政策的公告》(财政部　税务总局公告2021年第42号)

[10]《财政部　国家税务总局关于延续实施上市公司股权激励有关个人所得税政策的公告》(财政部　税务总局公告2023年第25号)

思考题

1. 什么是股权激励？常见的股权激励形式主要有哪几种？
2. 股权激励为什么会产生个人所得税纳税义务？
3. 上市公司股权激励税务处理的一般原则？
4. 简述上市公司股权激励个人所得税的优惠计税方法。
5. 简述非上市公司股权激励税收政策要点。

案例二　数字经济企业的税收治理

——以 MT 为例①

田　发

[内容摘要] 数字经济的发展对现行税收体系产生冲击，如何进行数字经济企业的税收治理值得关注。本文在构建数字经济企业的税收治理框架及梳理相关政策的基础上，以 MT 为案例，立足于国际税收新规则、征税机关、企业自身三个视角来分析数字经济企业的税收治理情况，研究发现："双支柱"方案实施会使 MT 面临跨境税务风险；征税机关对 MT 予以有效税收征管；MT 2019 年、2020 年的企业所得税筹划效果较好。基于此，应寻求在政府、征税机关、数字企业多方合力下提升数字经济企业的税收治理水平。

1. 问题的提出

数字经济已成为世界经济发展的重要引擎，而数字经济发展给基于实体经济设计的税收体系带来了前所未有的挑战，由此引发的数字经济企业

① 基金项目：上海市哲学社科项目“数字经济企业的税收治理效果评估与优化策略研究”（2023BJB005）。

的税收治理问题受到广泛关注。

国际层面上，OECD/G20（经济合作与发展组织/二十国集团）于2015年发布税基侵蚀和利润转移（BEPS）第一项行动计划《应对数字经济的税收挑战》[1]，开启了数字经济背景下国际税收新规则的探索。各国主要采用了常设机构修订/替代规则、预提所得税、流转税和大型企业特殊税制四类应对数字经济的课税提案（Cockfield，2020）[2]。具体来看，英国提出征收数字服务税（Brsch 等，2017）[3]。European Commission（欧洲委员会，2018）提出《数字服务税统一规则》提案，调整对大型互联网企业的征税规则，以对欧盟境内数字经济活动公平课税[4]。OECD（2021）提出数字经济的“双支柱”方案，有望成为解决全球共同问题的税收范例[5]。具体而言，支柱一指重新分配大型跨国企业全球利润的征税权，以平衡经济数字化的国际税收权益分配格局；支柱二指通过实施全球最低税，抑制跨国企业逃避税行为，为各国税收竞争划定底线。

国内层面上，数字经济企业发展对国内税收治理产生冲击。对税收制度的冲击体现在税制要素本身的影响，并且反映到具体税种如所得税（郭心洁等，2015）[6]、增值税（樊勇和邵琪，2021）[7]，基本观点是数字经济改变价值创造模式，引发税收争议；经营主体较为分散，增加纳税主体界定难度；新业态新模式层出不穷，导致课税对象复杂；交易多以远程化形式出现，难以确定纳税地点。对税收征管的冲击体现在如传统代扣代缴制度难以适用（李香菊等，2020）[8]、税收基础信息管理方法落后、税源监管略显粗放等（邵凌云和张紫璇，2020）[9]。对此，马洪范等（2021）提出规范数字经济活动的税制要素[10]；邢丽等（2022）建议健全数字经济领域的增值税、所得税制度，并探讨数字资产开征数据资源税的可能性[11]；王敏和彭敏娇（2020）提出完善税收征管顶层设计、加强征管技术创新、强化税务机关与数字经济平台的合作。[12]

现有研究主要集中于探讨数字经济发展引发税收治理共性问题，多数给出方向性的政策建议。数字经济发展的原生动力在于数字企业的发展，而针对数字经济企业如何进行有效税收治理明显关注不够，特别是缺乏数字经济企业典型案例分析。本文之所以选择 MT 为研究对象，其缘由在于：

一是 MT 是数字经济领域头部企业，具有行业代表性；二是 MT 在上海设立总部，其税收治理问题对于数字经济活跃的长三角等发达区域具有地区代表性；三是 MT 作为跨境数字电商企业，其纳税行为受到“双支柱”方案下国际税收新规则的影响。

有鉴于此，本文在构建数字经济企业的税收治理理论框架及梳理相关政策的基础上，立于国际税收新规则、征税机关、企业自身三重视角，来分析数字经济企业 MT 的税收治理情况，可为政府、征税机关、数字企业多元治理主体提升数字经济企业的税收治理水平提供参考，也可作为数字经济企业税收治理议题的教学案例。

2. 数字经济企业的税收治理理论框架构建

数字经济企业与税收治理的内在逻辑呈现双向关系，即数字经济企业对税收治理的影响机制，以及税收治理对数字经济企业的反馈机制，如图 1 所示。

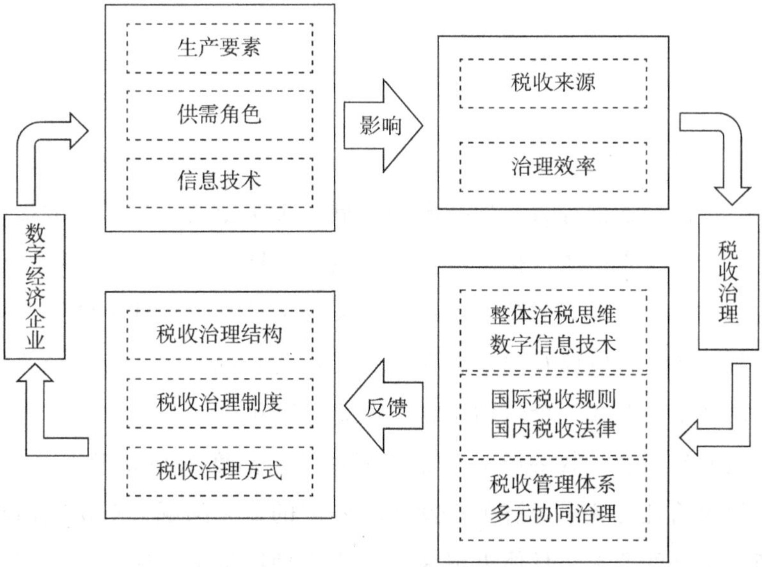

图 1　数字经济企业与税收治理的运行机理

2.1 数字经济企业对税收治理的影响机制

从正面作用看，一是数据要素的价值创造。数字经济企业与传统工业经济企业的区分点在于，产出依赖的要素不局限于劳动力、资本、土地、技术和管理才能等，数据与前述要素齐肩并逐步居于引领地位。数据作为数字经济企业的核心要素，具备庞大的价值创造潜力，驱动数字经济企业的蓬勃发展。数据要素价值引发数字经济企业巨大的可税空间，税源规模越庞大，意味着税收收入越可观。一言以蔽之，数字经济企业可持续发展，激发数据要素的价值创造潜力，扩充税收治理空间。

二是供需角色的转变。传统的价值创造链条是由生产者单方向消费者传递，消费者本身不产生价值创造。但是数字经济企业催生的新模式新业态，激发广泛用户参与，尤其是个体用户。由于数字经济网络效应和多层级的商业模式等特征，庞大用户群体虽处于消费端，但在决策的过程中产生的选择偏向，给予生产者优化产品和服务的庞大信息量，故此过程也被认为产生价值创造。数字经济企业发展催发“产消者”的定位，供需模式发生变化，征税对象和纳税主体规模扩充，拓展了税收治理的用武之地。换而言之，庞大的用户群体成为生产型消费者，参与价值创造，拓展税收治理空间。

三是信息技术的革新。科技仍是第一生产力，互联网和智能移动终端的普及，信息与通信等数字化技术的发展，带来全要素生产率的提高，进而增进产出、扩大税源，提高税收治理效能。同时，与数字经济企业相辅相成的信息技术，能有效帮助以税务机关为主的税收治理主体提升税务征收、纳税服务、税收监管的效率和质量。也就是说，数字经济企业发展带来的信息技术的革新，会带动税收治理效率提升。

从负面作用看，数字经济企业的流动性、高度依赖无形资产等特征，碰撞出税收治理与数字经济企业发展不匹配的显著问题，对税收治理体系提出新的更高的要求。具体表现为，税收治理结构上，体现为数字经济企业流动性、动态性、分散性与税收管理属地性、静态性、集中性之间的不协调，以及区域税收利益的不平衡；税收治理制度上，体现为税收要素和具体税种的问题；税收治理方式上，体现为税收征管制度和征收技术手段方面的问题。

经济基础和上层建筑息息相关，税收治理作为上层建筑，如果不能顺应数字经济企业发展新业态，除了本身滞后带来效率低下之外，还可能反向抑制数字经济企业发展。总的来说，数字经济企业发展会从税收治理结构、税收治理制度和税收治理方式三层面冲击税收治理效能，故税收治理应进行相应革新，以促进数字经济企业发展。

2.2　税收治理对数字经济企业的反馈机制

通过减轻税收治理对数字经济企业的不适应性，可以促进数字经济企业的持续发展。

一是税收治理结构的角度。首先基于协同治理理论，建立税收治理共同体。通过创建整体化治税思维，发挥区域内信息、要素、人才等资源的集成作用，克服各自为政的弊端，平衡区域间的税收利益，避免区域间因税收竞争、寻租造成资源的无谓损失，促进数字经济企业的持续健康发展和区域发展平衡。借用数字技术赋能税收治理，基于纳税遵从理论，通过大数据、人工智能和云计算等数字技术的运用，在事前、事中和事后对数字经济企业行为进行有效的监管，可以促进纳税人纳税遵从，平衡不同纳税主体基于不同经济行为的税收运营成本，维护数字经济企业不同形态的均衡发展。

二是税收治理制度的角度。基于税制优化理论，通过创建适用数字经济发展的协调共治国际税收体系，有效避免国家间的单边征税或者不征税行为对跨国业务的数字企业的损害或者偏护，规避因税收环境不同造成对公平市场竞争环境的冲击，维护数字经济企业的全球发展。同时，通过优化配套国内税收法律制度，细化并明确数字时代的税制要素，完善数字经济的税收法律环境，可协调数字企业和非数字企业利益，促进兼容共进发展。税收治理制度界定为税制要素的法律规范，可以通过总体税收、税制结构和核心税种规模来回应数字经济企业发展。

三是税收治理方式的角度。基于协同治理理论，通过健全税收管理体系，促进多元协同共治，增强税收人才队伍素质建设，提高税务人员数字技术综合能力，能提升对数字经济企业运行内在机理的掌握，有效的征收、服务和监管能降低数字经济企业发展的行政阻碍。同时，多层级政府间横向和纵向合作、政府部门与第三方机构的合作等协同共治，能有效促进税收征管、服务和监管质效，减少因过度干预而扰乱数字经济企业的正常经济活动，促进数字经济企业创新、高效发展。

3. 数字经济企业的税收治理政策梳理

3.1 国际层面

3.1.1 国际税收规则改革进程

立于国际税收规则层面，为应对数字经济对国际税收秩序和国家税收利益公平分配的挑战，以 OECD 和 G20 为代表的国际组织提出了具有代表性的改革思路，在建立新的联结度判定标准、利润归属规则和预防税基侵蚀等维护国际税收秩序和保障国家间税收主权方面进行实质性理论探究，逐步形成“双支柱”包容性解决方案，改革的阶段性政策成果如表 1 所示。

表 1 国际税收规则改革阶段性成果

阶段	时间	文件
第一阶段	2015 年	《应对数字经济的税收挑战》
	2018 年 3 月	《数字化带来的税收挑战：中期报告》

续表

阶段	时间	文件
第二阶段	2019 年 1 月	《应当数字经济的税收挑战——政策简报》
	2019 年 2—3 月	《应对数字经济的税收挑战——公众磋商文件》
	2019 年 5 月	《应对经济数字化带来税收挑战制定共识方案计划》
	2019 年 10—11 月	《支柱一的“统一方法”提议》《关于支柱二的公开咨询文件》
	2020 年 1 月	《BEPS 包容性框架：应对经济数字化带来的税收挑战的双支柱方法声明》
第三阶段	2020 年 10 月	《数字化带来的税务挑战——双支柱蓝图报告》
	2020 年 10 月至 2021 年 1 月	《双支柱蓝图报告的公众咨询文件》
	2021 年 7—10 月	《应对经济数字化带来的税收挑战的双支柱解决方案的声明》
	2022 年 1 月	《支柱一和支柱二执行工作公开磋商》
	2022 年 3 月	《对全球反税基侵蚀规则的讨论——支柱二》
	2022 年 7 月	《第一支柱“金额 A”进度报告公开磋商》
	2022 年 10 月	《第一支柱“金额 A”行政及税务确定性进展报告公开磋商》

资料来源：根据 OECD 官方网站整理得到。

第一阶段时间跨度属于“双支柱”方案成型前的时期。作为 BEPS 项目行动计划的成果，该阶段探索旨在确认数字经济带来的税务问题以及尝试拟定应对方案，从价值创造的角度出发，研究了数字经济及其商业模式的税收特征，强调征税地应与经济活动发生地和价值创造地相匹配。同时，数字经济下新联结度、数据和收入定性凸显更广泛的税收政策挑战，建议修改常设机构的例外条款和推行跨境交易国际增值税的征收机制，并首次提出“显著经济存在”的新联结度，探讨数字交易征收预提税或平衡税的方案可行性。

第二阶段为“双支柱”提案的探索形成阶段，创造性提出“双支柱”方案。“支柱一”聚焦于居住国和来源国征税权的划分，提议通过经修订的利润分配规则和联结度规则，来对征税权进行总体分配。在此阶段的“支柱一”发展历程上，先是提出“用户参与”“营销型无形资产”和“显著经济存在”三个方案确定新联结度，而后提出了“统一方法”的概念，将新的联结度、利润分配方法和征税权管理机制作为基础，超越以往的物理存在、单独实体和独立交易的基本原则，转而采取虚拟存在、集团统一实体和公式法分配新划分征税权和利润分配规则，采用以销售额为准的定量方法确定新联结度。详细分析了修订后的剩余利润分配法、部分分摊法和分销法等新利润分配规则，也构建了“金额 A”“金额 B”和“金额 C”的利润分配组成部分。最后，在前有的基本框架上，进一步明确了新征税权的征收范围，包括自动化的数字服务和面向消费者业务；重申设定销售额的定量标准来衡量征税的税基，确定了符合征税权条件的全球年营业额阈值；确定以集团财务报表为基准，采用税前利润率为指标，并且以约定的比例（如税前利润 10%）划分常规利润和剩余利润。

“支柱二”属于防止税基侵蚀的方案，聚焦于全球“最低税”的政策思路，以预防将利润转移到免税或者低税地区的持续性风险，也阻止全球税收有害的“逐底竞争”实践。在此阶段的“支柱二”发展历程上，先是表明提案包括居住国所得纳入规则（IIR）和来源国征税不足支付规则（UTPR）等两项内容。而后较为详细地提出设定“最低税”，由全球反税基侵蚀税制（GloBE）和应予征税规则（STTR）两部分组成，前者包含 IIR 和 UTPR，后者说明以简化和优先的方式适用全球反税基侵蚀税制。

第三阶段正式形成“双支柱”全球共识性的解决方案，于 2023 年正式实施生效。此阶段“支柱一”的成熟框架中，先是重申征税范围只涉及自动数字化服务和面向消费者业务，通过业务测试识别，对集团层面的全球收入和集团境外适用范围内业务进行阈值测试，确认双重阈值，即全球营业收入为 7.5 亿欧元，境外营业收入为 2.5 亿欧元。而后将适用范围简化为收入额和税前利润率门槛，即针对全球营业收入超过 200 亿欧元并且税前利润率超过 10% 的企业，取消针对自动数字化服务和面向消费者业务。从面向高度数字化企业过渡到高利润企业，模糊了经济数字化与市场国的联结，基本脱离数字经济及其商业模式等关键特征，“支柱一”方案在关键利益方的博弈过程中做出了妥协。“支柱一”方案侧重完善对大型跨国企业的征税权分配机制，向市场国分配更多征税权和可征税利润，以平衡经济数字化背景下国际税收权益分配格局。

此阶段“支柱二”的成熟框架中，先是在全球反税基侵蚀税制中新增了转换规则，作为对 IIR 的补充；增加了有效税率的计算——集团公司收入所征收的税款与集团公司税前利润扣除固定收益的比值；适用范围为跨国集团上一年度合并财务报表收入超过 7.5 亿欧元。而后全球 137 个包容性框架成员达成初步共识，并将“最低税”税率设定为 15%，将 STTR 的最低税率设定为 7.5%—9%，强调包容性框架成员可根据“自愿且非排他”的原则灵活选择是否实施“支柱二”方案。“支柱二”方案通过建立全球最低税规则来打击跨国公司的逃税和避税行为，同时为全球各辖区划定一条企业所得税税率竞争底线，以避免竞相逐底的有害税收竞争。

3.1.2　国际样本国家单边措施

在国际税收新规则磋商的过程中，为保障国家税收主权，增加自身的税收收入，同时平衡数字经济企业和非数字企业之间的税收公平问题。部分国家或地区纷纷采取了单边行为和措施，对数字经济企业特别是跨国进行数字化交易的企业进行征税，作为应对数字经济的短期课税方案，各国在不同的数字税或者均衡税方案上进行抉择。具体情形如表 2 所示。

表 2　部分国家或地区单边征税措施

地区	时间	性质	具体规定
欧盟委员会	2018 年	长期方案：显著数字存在	适用范围：满足任意以下一项，在该成员国的年收入超过 700 万欧元、一个纳税年度在该成员国用户超过 10 万人、一个纳税年度内签署数字服务合同超过 3 000 项
		短期方案：数字服务税	征税范围：在线广告、数字中介服务和销售用户提供的信息等数字服务所获得的收入 收入门槛：同时满足全球年营业收入达到 7.5 亿欧元，且在欧盟的收入也达到 5 000 万欧元 税率：3%
法国	2019 年 7 月	数字服务税	征税范围：来源于法国的在线广告、销售用于广告目的的个人数据以及提供点对点在线平台服务的收入 收入门槛：对年全球营业额超过 7.5 亿欧元、法国国内营业额超过 2 500 万欧元的居民和非居民企业 税率：3%

续表

地区	时间	性质	具体规定
英国	2020 年 4 月	数字服务税	征税范围：英国用户提供社交平台、搜索引擎和在线市场服务取得的营业收入，就其在英国境内的数字服务收入征税 收入门槛：全球数字服务年收入超过 5 亿英镑并且在英国境内数字服务收入超过 2 500 万英镑的大型企业 税率：2%
印度	2020 年 4 月	数字服务税	征税范围：非居民公司销售给印度个人用户的线上商品和服务 收入门槛：每年 2 000 万印度卢比 税率：2%
意大利	2020 年 1 月	数字服务税	征税范围：广告服务和数字界面服务 收入门槛：年全球应税服务收入达到 7.5 亿欧元、国内的应税收入达到 550 万欧元 税率：3%

资料来源：根据国外政府网站的资料整理得到。

虽然这在短期内缓解了部分数字企业避税的问题，为各国争取了相应的税收利益；但长期来看不利于彰显税收公平和中性原则，增加重复征税的风险，不同程度地破坏了国际税收和贸易规则，阻碍全球数字经济的创新发展和技术革新。

从企业角度看，短期的数字服务税立足于符合较高年收入标准的特定性企业，征税范围并非囊括数字企业或者正在进行数字化转型的传统企业。这意味着，数字企业之间、数字企业和非数字企业之间承担的税负不均，违背税收公平和中性原则，扭曲市场公平竞争的秩序。

从国家角度看，各国之间数字经济发展水平和步伐并不趋同，相比于发达国家，发展中国家数字经济发展普遍处于初级阶段。单边征税措施对实施国来说，短期内能增加额外的税收收入、为本国数字经济发展创造良好的环境。但对于数字经济强国来说，单边税收措施的实施必将加重该国数字企业的负担，阻碍其数字产业的全球性扩张，必将引发国家间的税收冲突。

3.2　国内层面

数字经济大环境下，互联网与移动支付都得到了快速发展，但如何对其征税并没有明确规定。为了避免数字经济带来的税负不公平、税收流失等问题，我国在税收治理方面提出了一系列规划与主张。

首先，为顺应互联网的发展趋势，推动税收现代化建设，2015 年 9 月，国家税务总局提出《“互联网 + 税务” 行动计划》，旨在将互联网的创新成果与税收工作结合起来，满足互联网应用不断增长带来的税收管理新要求，推动税收效率提升与管理变革；2021 年 3 月，为适应经济社会数字化转型，中办、国办印发的《关于进一步深化税收征管改革的意见》，对税收征管工作适应新时代新征程提出了新使命和新要求。其次，为加强数字经济税收法制化建设，2018 年 8 月立法的《中华人民共和国电子商务法》（以下简称《电子商务法》）规定，电子商务经营者应当依法履行纳税义务，依照税收征收管理法律、行政法规的规定办理税务登记，并如实申报纳税；2020 年 11 月召开的规范线上经济秩序行政指导会上，要求互联网平台企业依法履行纳税义务，遵守《中华人民共和国税收征收管理法》（以下简称《税收征收管理法》）及其实施细则、《电子商务法》等法律法规，依法履行纳税义务，依法享受纳税优惠；2021 年 1 月，中共中央在《法治中国建设规划（2020—2025 年）》中提出，要及时跟进研究数字经济等领域相关法律制度，抓紧补齐短板。最后，为加强数字经济税收国际合作，2021 年 3 月，《国民经济和社会发展第十四个五年规划和 2035 年远景目标纲要》提出，我国要积极参与数据安全、数字货币、数字税等国际规则和数字技术标准制定。我国在税收领域签署了《多边税收征管互助公约》《实施税收协定相关措施以防止税基侵蚀和利润转移（BEPS）的多边公约》等多项多边法律文件，并在设计数字经济税收规则的制定过程中发挥了重要作用，持续推动全球税收治理体系建设。

表 3 显示，针对数字企业的税收优惠政策涵盖多项税种，优惠范围广、力度大。具体税种优惠包括增值税、所得税、房产税和城镇土地使用税；

税收优惠的主要对象是高新技术企业、软件生产企业、集成电路企业，以及国家级、省级科技企业孵化器、大学科技园和国家备案众创空间等，在其生产经营活动满足一定条件后即可获得相应税收减免，可见政府高度重视高精尖领域数字经济企业的扶持发展。

表 3　　数字经济企业税收优惠政策

税种	税收优惠政策	具体内容
增值税	软件产品增值税即征即退政策	增值税一般纳税人销售其自行开发生产的软件产品，按13%税率征收增值税后，对其增值税实际税负超过3%的部分实行即征即退政策
	留抵退税政策	对国家批准的集成电路重大项目企业因购进设备形成的增值税期末留抵税额准予退还
	免税政策	自2019年1月1日至2023年12月31日，对国家级、省级科技企业孵化器、大学科技园和国家备案众创空间向在孵对象提供孵化服务取得的收入，免征增值税。 对符合条件的跨境电子商务综合试验区内的跨境电子商务零售出口企业，可享受出口货物增值税免税政策
	减征政策	跨境电子商务零售进口环节增值税按法定应纳税额的70%征收
所得税	高新技术企业的企业所得税优惠	高新技术企业的企业所得税减免10%，按照15%征收
	研发费用加计扣除	科技型中小企业的研发费用未形成无形资产的，实际发生额的100%在税前加计扣除；形成无形资产的，按照无形资产成本的200%在税前摊销
	固定资产加速折旧	对于高新技术企业的纳税人，可采用年数总和法、双倍余额递减法等进行固定资产加速折旧税前扣除
	“两免三减半”	对我国境内新办软件生产企业经认定后，自开始获利年度起，第一年和第二年免征企业所得税，第三年至第五年减半征收企业所得税
	核定征收	对符合条件的跨境电子商务综合试验区内的跨境电子商务零售出口企业，可享受企业所得税统一按照应税所得率4%的核定征收政策
	职工教育经费税前扣除	对于发生职工教育经费的高新技术企业，不超过工资薪金总额8%的部分，可在企业应纳税所得额中扣除

续表

税种	税收优惠政策	具体内容
房产税、城镇土地使用税	免税政策	对国家级、省级科技企业孵化器、大学科技园和国家备案众创空间自用以及无偿或通过出租等方式提供给在孵对象使用的房产、土地，免征房产税与城镇土地使用税
关税	免税政策	跨境电子商务零售进口商品的单次交易限值和年度交易现值分别提高至由人民币 5 000 元和人民币 26 000 元，限额内关税为零

资料来源：根据国家税务总局网站政策文件整理。

4. 案例背景介绍：MT

4.1　公司简介

MT 成立于 2010 年，该公司拥有 MT、DZ 点评、MT 外卖、MT 优选等广泛应用于消费者日常生活的 APP，业务覆盖全国 2 800 个县区。2018 年 9 月 MT 点评正式在港交所挂牌上市。2021 年 MT 公司总资产规模达到 2 406 亿元，同比增长 44.47%，业务遍及亚洲、美洲、欧洲、大洋洲、非洲五个大洲，公司旗下国内全职雇员超过 10 万人。

MT 起初以团购业务切入，后从千团大战中成功断杀而出，并在期间不断拓展包含外卖、电影、酒店、到店业务、社区团购、共享单车在内的 To C 端业务，以及包含供应链服务、支付、ERP 在内的 To B 端服务，其成功地聚合消费者与商家之间的需求，并在外卖业务（MT 外卖）、到店业务（DZ 点评）等多项业务的市占率领先于其他生活服务平台。

4.2　营收状况

图 2 显示，MT 营业收入从 2016 年的 12.98 亿元持续提高到 2021 年的

179.13 亿元，增长 14 倍，发展规模和速度在国内数字企业中居于领先地位。营收同比增速 2016 年为峰值 225%，随后 3 年逐步下降，2020 年受疫情影响达到低谷值 17.70%；2021 年由于 MT 优选、MT 买菜、餐饮供应链、网约车、共享单车、充电宝等新业务强劲发展，营收同比增速又回升到 56.04%。

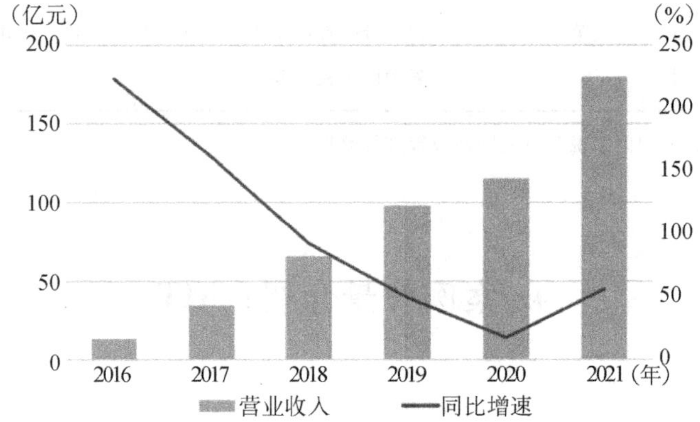

图 2　MT 2016—2021 年营业收入总额及同比变动

资料来源：根据 MT 2016—2021 年年报整理得出。

MT 业务活动主要分为三个分部，如图 3 所示。

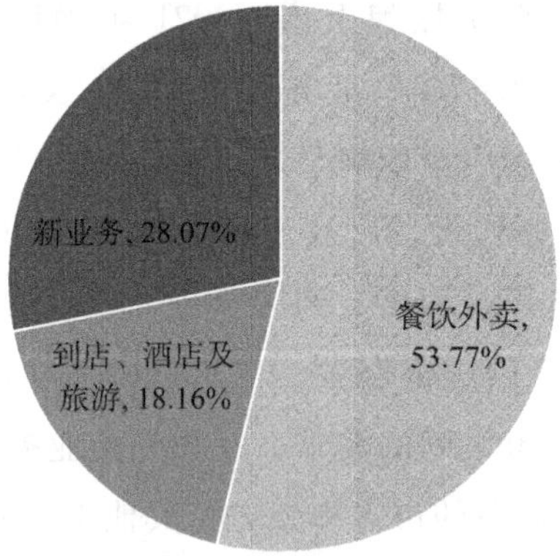

图 3　MT 各营业分部 2021 年营收占比

资料来源：根据 MT 2016—2021 年年报整理得出。

餐饮外卖分部，其为市场地位绝对领先的高频流量入口。2021 年交易用户超6.9亿人次，活跃商家数量达880万家，每位交易用户平均完成35.8笔交易；营收占比为53.77%，但经营利润率较低，仅有6.4%；2021年餐饮外卖分部交易金额达到7 021亿元，同比增长43.6%，餐饮外卖分部市占率超过70%。

到店、酒店及旅游分部，其市占率同样领先。虽2021年营收占比仅为18.16%，但其经营利润率高达43.3%，收入金额已超325亿元，是MT盈利及现金流的主要来源。

新业务分部，其包括MT优选、MT闪购、MT买菜等新开发业务，主要起到增强B端黏性、为C端引流、拓展变现渠道的作用。2021年营收占比约28.07%，但其目前仍处于亏损状态，经营利润率为-39.80%，且经营亏损正在不断扩大，主要原因在于MT持续投入暂无收入回报的新业务。不过，该分部的发展前景仍然值得期待。截至2021年底，MT优选所打造的“次日提货”三级仓配物流网络体系已覆盖全国大部分社区及农村；MT闪购能为消费者提供多元化商品的即时配送服务；MT买菜虽处于初始阶段，但发展状况良好，2021年度用户规模和交易金额持续上涨。

5. 多维视角下数字经济企业MT的税收治理

本节选取数字经济头部企业——MT为案例，立于国际税收新规则、征税机关、数字企业三个层面，分别研究国际税收新规则实施下，MT跨境数字交易活动面临的税务风险、征税机关对MT的税收管理情况、MT企业自身的税收筹划情况。

5.1　数字经济企业MT的税收治理：国际税收新规则视角

MT作为跨国数字经济企业，其跨境业务必然受到国际税收新规则的影响，提前进行风险预判与及时设计应对方案十分重要。

5.1.1 “支柱一”方案带来的跨境税务风险

“支柱一”方案的突出贡献之一是引入了“市场管辖区”概念。基于此OECD创设了一个全新联结度（New Nexus）判定规则，即在市场管辖区内，如果跨国企业持续且显著地参与市场内的经济活动，则可认为跨国企业的商业活动与市场管辖区紧密相关，那么该市场管辖区就拥有征税权（郝东杰和陈双专，2020）[13]。

修改联结度判定规则将对MT等跨国数字公司影响颇深。数字经济依托于数字载体，表现出要素流动更快、活跃范围更广的优势，但同时也会导致数字经济价值在地域、人员、产品和服务归属上的隐蔽和模糊。实际情况是，数字经济活动的实际发生地与数字企业所在地往往并非位于同一国家或地区，有些经济活动甚至难以确认其发生地。

假设MT公司所在地为A地，其经济活动实际发生于B地，若按照传统国际税收的“居住地原则”，MT需要向A地缴纳相应税款，而由于在B地没有发生经济活动的固定场所，则无需向该地缴纳税款；若经济活动通过MT平台线上进行，则无法判断其经济活动发生地，此部分经济活动无需纳税。数字企业可选择税率相对较高的地区来作为实际经济活动发生地，此时市场国不行使征税权，只需按照公司所在地相对较低的税率纳税，通过公司所在地和实际经济活动发生地的不一致，可以合理避开以两地税率差为基础的税额，从而大大降低公司实际税收负担。但“支柱一”方案的设置，赋予市场国对跨境数字企业在该国市场产生经济活动收益的征税权，因而从MT等跨境数字企业来看，融合市场国概念与取代传统常设机构的新联结度规则所产生的新国际税收分享方式，将使其无法实现原有合理的避税行为。

5.1.2 “支柱二”方案带来的跨境税务风险

“支柱二”方案中的收入纳入规则（IIR）和低税支付规则（UTPR），会对MT等跨境数字企业产生重大影响。

收入纳入规则（IIR）以最低税率为基准，如果跨国企业经营所得缴纳的实际有效税率低于最低税率，则该企业营业收入将以一个固定比例向居民税收管辖区缴纳补充税。而低税支付规则（UTPR）作为收入纳入规则的补充，在跨国企业母公司所在国家未加入“最低税率”辖区或者无法执行 IIR 的情况下，允许市场所在国行使其征税权，以实现全球最低税率。

通过收入纳入规则，可以确保跨国企业的收入所得按最低税率纳税，减少跨国企业通过分支机构或子公司向低税率国家或地区转移利润的动机。以 MT 为例，在享受“避税天堂”免税政策以及研发费用加计扣除、“两免三减半”等所得税优惠政策后，若 MT 实际税率低于 15% 的全球最低税率，则根据收入纳入规则，MT 需要向市场所在国缴纳补充税，直至实际税率等于 15%，从而减少 MT 所享有的税收优惠。值得注意的是，对于适用于“支柱二”要求的跨国企业集团来说，“支柱二”要求以集团为单位，对集团以及单个成员实体的应税所得和已纳所得税基于现有会计信息进行调整，以确定在不同国家的补征税款纳税义务。“支柱二”规则决定着 MT 等从事跨境经营活动的数字企业巨头的最终税负金额以及最终税负征收地。

5.2 数字经济企业 MT 的税收治理：征税机关视角

5.2.1 税收管辖权方面

近年来，税务机关对常设机构和实际管理机构的规定进行了补充。数字经济环境下，由于企业线上交易和跨境跨地区交易频繁发生，税务机关难以判断交易实际发生地，极易导致双重征税或双重不征税。税务机关依据实质重于形式的原则进行税收征管处理，这有效地遏制了 MT 等数字企业巨头通过在“避税天堂”设立企业以逃避纳税义务，减少了我国税基侵蚀和税源流失。

5.2.2 税收征管制度方面

税务机关针对数字经济企业采取数字化税务治理，2015 年开展了“互联网+税务”行动计划，分别从社会协作、办税服务、发票服务、信息服务、智能应用五大板块采取20项措施，以形成线上线下融合、规范统一高效的电子税务局，促进纳税服务便捷普惠、税收征管提质增效。截至2022年9月，国家税务总局相继推出《关于完善跨境电子商务零售进口税收政策的通知》《关于协同推进“互联网+不动产登记”方便企业和群众办事的意见》《关于进一步深化税收征管改革的意见》《关于推动平台经济规范健康持续发展的若干意见》《关于进一步规范网络直播营利行为促进行业健康发展的意见》等税收征管政策类文件，通过健全税收征管制度，有效督促MT等平台积极履行其纳税义务，推动数字经济企业规范健康持续发展。

5.2.3 税收征管力度方面

2022年底开发完成的“金税”四期，将使数字企业经营数据处于大数据流的监控下，各种偷逃税行为将无所遁形。通过税务系统数据搜集和智能监控，能够推动实现纳税人自我管理、自我规范，大大提升纳税遵从度，促进税务机关的精准执法和精细服务。

MT以平台劳务派遣和灵活用工为主要商业模式，平台签约商家及外卖员等税务情况也被纳入征管覆盖网。以“MT税”为例，MT占据行业龙头地位，其要求商家在MT与饿了么间进行“二选一”，当商家选择签约MT后，商家所交佣金即为“MT税”。餐饮业一般纳税人增值税税率为6%，结合小微企业及个体户的税收优惠政策，未签约商家实际税负率较低，但“MT税”却在2020年涨至20%以上，最高到26%。2021年10月，市场监管总局判定MT违反《中华人民共和国反垄断法》，构成滥用市场支配地位行为，共处罚金约40亿元。处罚实例提示税务部门应依据平台经济的具体状况采取相应的税收监管措施，指导平台企业优化平台算法和劳动规则，切实保障商家及外卖员的合法利益。

5.3 数字经济企业MT的税收治理：企业自身视角

MT近5年年报披露数据显示，MT所缴纳的税种主要是增值税和企业所得税。增值税方面主要缴纳6%的增值税及附加税费；企业所得税税率存在国别或地区的较大差异，因而所得税履行情况是分析的重点。

5.3.1 企业所得税税率区域分布

MT作为跨国（地区）集团企业，旗下公司分为直接持有、间接持有、结构性实体，其企业所得税缴纳按照各公司所在地税率不同而有所差异，具体可分为中国内地与其他地区（开曼群岛、英属维尔京群岛、中国香港特区）。

中国内地：注册于内地的MT大部分公司及附属公司均需缴纳25%的一般企业所得税。具体优惠形式有，汉海信息技术（上海）有限公司和北京三快在线科技有限公司为高新技术企业，可享受15%的企业所得税优惠税率；企业研发费用可按100%的比例加计扣除；旗下一家附属公司享有所得税"两免三减半"；若干中国附属公司为小微企业，可享受20%的企业所得税优惠税率。

其他地区：在"避税天堂"开曼群岛和英属维尔京群岛注册成立的经济实体无需依收入或资本收益缴纳税项，MT在这两个区域的所得税为零。中国香港特区只对各行业、专业或商业取自或来自中国香港特区的利润征收利得税，其中有限公司税率为16.5%，无限公司税率为15%，而MT年报显示在中国香港特区按照16.5%的税率缴纳利得税。

表4　MT集团公司注册地区的企业所得税税率

注册地区	企业所得税税率
开曼群岛	0
英属维尔京群岛	0
中国香港特区	16.5%
中国内地	25%
	15%（高新技术企业）
	20%（小微企业）

资料来源：根据MT年报及国家税务总局政策文件整理得出。

表4显示，中国内地所得税税率显著高于其他三个地区，MT集团企

业在中国内地缴纳的所得税理应占其企业所得税大部分比例。在“双支柱”方案尚未真正落地之前，跨国企业国际税收仍然按照“注册地原则”确定其税基，故注册地位于开曼群岛等 MT 企业与集团内部其他企业开展经济活动时，会采取 BEPS 中“转移定价”的方式，所产生的跨国经营所得可免征所得税。虽然该行为显著降低了 MT 企业本该负担的实际税负，但在“双支柱”方案实施后，此避税行为变得不可持续，应提前做好税务风险预案与税务合规处理。

5.3.2 企业所得税税收筹划效果

表 5 展示了 MT 2017—2021 年所得税开支情况，其计算过程为：根据当年度除所得税前溢利或亏损额，先按照中国内地 25% 的法定所得税税率计算税额，再依据不同司法权区税率差、附属公司优惠税率、研发费用加计扣除、预扣税等因素，依次扣减或增加后得到当年度本集团企业所得税开支总额。所得税最终筹划效果一定程度上体现为所得税开支总额与按中国内地 25% 的法定所得税税率计算的税项两者之间的差额大小。

表 5　　MT 2017—2021 年所得税开支情况　　单位：万元

项 目	2017 年	2018 年	2019 年	2020 年	2021 年
除所得税前（亏损）/溢利	(1 893 366)	(11 549 081)	276 239	443 788	(2 356 648)
按中国内地 25% 的法定所得税税率计算的税项	473 342	2 887 270	(69 060)	(110 947)	589 162
以下各项的税项影响：					
——不同司法权区所用不同税率	(386 626)	(2 603 684)	(46 024)	150 938	(61 543)
——适用于附属公司的优惠税率	(2 046)	1 729	50 245	(29 841)	(231 604)
——就所得税而言的不可抵减开支	(763)	(1 841)	(3 758)	(22 728)	(13 258)
——研发开支加计抵减	3 747	9 740	49 814	126 167	119 090
——扣除所得税前（亏损）/溢利错配的递延税项资产及负债的变动	(89 613)	(276 345)	(33 840)	(35 935)	(393 161)

续表

项 目	2017 年	2018 年	2019 年	2020 年	2021 年
——预扣税	(3 463)	(17 058)		(56 838)	(4 098)
——其他				6 158	(1 560)
所得税开支总额	(5 422)	(189)	(52 622)	26 974	3 028
差 额	(478 764)	(2 887 459)	16 437	137 921	(586 134)

资料来源：根据 MT 2017—2021 年年报整理得出。所得税开支总额项中的（）为负数，代表所得税开支项，正数为当年度无需开支且未来年度可抵扣的所得税税额。差额是指“所得税开支总额”行减去“按中国内地 25% 的法定所得税税率计算的税项”行的差值。

2017 年企业“除所得税前（亏损）/溢利”项为亏损状态，“按中国内地 25% 的法定所得税税率计算的税项”为正数，即可以享受所得税抵扣 47.33 亿元；但在经过税收筹划后（主要包括不同司法权区所用不同税率、适用于附属公司的优惠税率、研发开支加计抵减等），实际的“所得税开支总额”却是负数，即企业需要缴纳所得税 0.54 亿元。所得税由原本可以抵扣变成需要缴纳，差额 47.87 亿元为整个所得税损失，反映出该年度 MT 税收筹划的效果不佳。2018 年与 2017 年情况类似，整个所得税损失为 288.75 亿元，反映出税收筹划效果不好。

2019 年企业税前利润为盈利状态，按中国内地 25% 法定所得税税率计算得到的税额为负数，即需要缴纳所得税，而进行税项影响计算后得到的“所得税开支总额”虽然仍为负数，但是开支数值由 6.90 亿元减少为 5.26 亿元，差额显示 MT 少缴纳约 1.64 亿元所得税，说明其税收筹划开始产生正效果。2020 年企业税前利润为盈利状态，按中国内地 25% 法定税率需要缴纳企业所得税 11.09 亿元，但实际的“所得税开支总额”却为正数 2.70 亿元，企业由需要缴纳所得税变成了可以抵扣所得税，差额 13.79 亿元为享受的所得税收益，反映其税收筹划效果较好。

2021 年企业税前利润为亏损状态，按中国内地 25% 的法定税率计算的税项为正，“所得税开支总额”仍为正，表明企业由原本可抵扣所得税 58.91 亿元变成实际抵扣 0.30 亿元，差额 58.61 亿元为整个所得税损失，反映其税收筹划效果不好。

综上所述，MT 2017 年、2018 年、2021 年的差额为负值，表明公司所得税税收筹划效果为负向效果，2019 年、2020 年的差额为正值，说明公司所得税税收筹划取得了正向效果。除 2021 年受到疫情影响及被市场监管总局处以巨额罚款影响外，总体趋势上显示 5 年间 MT 的企业所得税税收筹划水平是不断提升的。

6. 结论与建议

本文在构建数字经济企业的税收治理理论框架及梳理相关政策的基础上，以 MT 为案例，立于三个视角就数字经济企业的税收治理情况展开研究：一是国际税收新规则视角上，“支柱一”方案引入“市场管辖区”及“新联结度”规则，使得 MT 跨境业务实际发生地面临税务风险；“支柱二”方案使得 MT 享受的境外所得税优惠面临征税风险。二是征税机关视角上，在数字经济企业税收优惠政策引导下，税务机关对 MT 予以税收管辖权、税收征管制度、税收征管力度的有效税收治理。三是企业自身视角上，MT 利用不同司法权区所用不同税率、附属公司优惠税率及研发开支加计抵减等方式，2019 年、2020 年的企业所得税筹划效果较好。基于此，寻求政府、征税机关、数字企业多方合力下，提升数字经济企业的税收治理水平的具体改革策略为：

6.1 政府层面

对外方面，我国作为 OECD 包容性框架的主要成员之一，应当积极参与数字经济国际税收规则重构，争取发展中国家在国际税收体系中的话语权，促进“双支柱”方案在全球尽快落地实施。对内方面，政府应根据“双支柱”方案的市场管辖区、新联结度及 GloBE 等全新规则，行使市场国的征税权，以及在不低于全球最低税率下，继续给予数字企业税收优惠支持；同时，试点具体税种与税制要素改革，增值税可试行“消费地”征收模式、企业所得税要侧重改进数字企业的税收营商环境。

6.2　征税机关层面

一是坚持实质重于形式原则强化税收征管。针对数字经济下“双重不征税”、BEPS 等现象，打击跨国企业税务违规行为，减少我国税收流失。二是以数字技术来提升税收征管能力。税务机关应健全电子税务局发展，提高税务办理效率，节约数字经济企业纳税时间与成本；也可以利用“金税”四期、区块链等新兴平台或技术，确定数字企业经济活动发生区域和相应营收情况，精准抓取涉税信息，增强数字化税收治理水平。

6.3　数字经济企业层面

一方面，在“双支柱”方案影响下，跨境数字企业原本依靠“避税天堂”、转让定价等合理的避税方式已不再可行，数字企业应主动对接国际税收新规则，调整并优化其全球经营模式，考虑适当降低境外收入或减少辖区数量，提前做好税务风险评估与税收策划应对方案。另一方面，数字企业也要顺应国内数字经济税收治理政策新变化，做好税务合规处理，提升企业纳税遵从度。

参考文献

[1] OECD. Addressing the Tax Challenges of the Digital Economy, Action 1 – 2015 Final Report. OECD/G20 Base Erosion and Profit Shifting Project [R]. Paris: OECD Publishing, 2015.

[2] Cockfield, J. Tax Wars: How to end the Conflict over Taxing Global Digital Commerce [J]. Berkeley Business Law Journal, 2020, (17): 353 – 396.

[3] Brsch, S. E. , M. Olbert , C. Spengel. US Tax Reform: The Implica-

tions in a Germany – US Context [J]. Bulletin for International Fiscal Documentation, 2017, 71 (6a/Special Issue).

[4] European Commission. Proposal for a Council Directive on the common system of a digital services tax on revenues resulting from the provision of certain digital services [R]. Brussels: European Commission Publishing, 2018.

[5] OECD. Statement on a Two – Pillar Solution to Address the Tax Challenges Arising from the Digitalization of the Economy [R]. Paris: OECD Publishing, 2021.

[6] 郭心洁，张博，高立群．数字经济时代国际税收面临的挑战与对策 [J]. 国际税收，2015，(03)：6 – 11.

[7] 樊勇，邵琪．数字经济、税收管辖与增值税改革 [J]. 税务研究，2021，(03)：11 – 17.

[8] 李香菊，刘硕，姚琴．数字经济背景下税收征管体系的国际经验与政策建议 [J]. 经济体制改革，2020，(01)：156 – 163.

[9] 邵凌云，张紫璇．数字经济对税收治理的挑战与应对 [J]. 税务研究，2020，(09)：63 – 67.

[10] 马洪范，胥玲，刘国平．数字经济、税收冲击与税收治理变革 [J]. 税务研究，2021，(04)：84 – 91.

[11] 邢丽，樊轶侠，施文泼．面向数字经济时代的我国税制改革前瞻 [J]. 税务研究，2022，(05)：61 – 67.

[12] 王敏，彭敏娇．数字经济发展对税收征纳主体行为的影响及政策建议 [J]. 经济纵横，2020，(08)：93 – 99.

[13] 郝东杰，陈双专．数字经济跨境课税之“双支柱”方案的创新、影响及应对 [J]. 税务研究，2020，(11)：100 – 107.

思考题

1. 简述数字经济企业的现有税收治理制度安排及存在的问题。

2. 国际税收改革“双支柱”方案的基本内容如何，以及数字经济企业如何应对这一实施方案？

3. MT的业务范围有哪些，其境内外业务的纳税情况如何？

4. 政府、征税机关、数字企业多维视角下，如何设计出合理的数字企业税收治理策略？

案例三　资管产品增值税缴纳争议

——以某信托计划为例

吉　黎

[内容摘要] 营业税改征增值税后，金融资管产品是否应该缴纳增值税和如何缴纳增值税存在较多争议，征收难度较大。本案例在理论分析和梳理相关税收政策的基础上，基于某水务集团发行资管产品的交易结构，围绕金融实务中经常涉及的上市对赌、业绩对赌、分红、股东借款、管理费用、差额补足、抵质押等交易安排，分析该资管产品中涉及的相关收入是否属于资管产品增值税的应税收入。从该案例出发，进一步对金融实务中常见的交易条款进行分析，剖析资管产品增值税征缴实务中存在的痛点与难点。并建议征缴资管产品增值税时，在基于相关税收法律法规的基础上，应结合金融交易实质、会计准则等领域的专业知识，对相关收入性质做出更为合理的判断与定性，从而提高我国资管产品增值税的征收效率，避免多征、少征、错征。

1. 引言

自营业税改征增值税试点以来，相较于其他行业，金融行业由于其展业模式的复杂性，导致金融行业、特别是资管产品增值税的征收难度始终较大，针对不同案例中资管产品是否应该缴纳增值税、如何缴纳增值税，存在着较多争议。资管产品在产品范围、产品结构、收入类型等方面均十分复杂，无论是对于资管产品的管理人还是税务机关而言，在实务操作中，想要准确判断资管产品的应税收入并缴纳或征收资管产品的增值税都不是一件易事。通过针对典型的资管产品增值税案例分析，有助于化繁为简地了解资管产品本身的特点和常见的一些交易安排，同时抓住法条规定中的重点，从交易实质出发，找到判断资管产品增值税应税收入的逻辑。资管产品的种类繁杂，在某一类型案例的基础之上熟悉相关的交易结构设置，不仅可以就单一案例本身是否应该缴纳以及如何缴纳资管产品增值税进行分析，也可以由这一案例中对法条的引用和对交易条款的分析，从而由点及面为更多类型的资管产品增值税的征缴双方提供参考。目前，资管产品增值税的相关法律法规虽然对于纳税人、纳税收入等内容及核心要点进行了明确的规定，但由于实务的复杂性，在许多问题的判断依据和核心要点上，还有进一步的改善空间。通过对资管产品增值税实务内容的分析，有助于为立法机关在日后资产产品增值税相关法律法规的完善工作，提供一定的建议和参考。

2. 资管产品增值税的征收难点分析

2.1　资管产品增值税征收范围相较营业税时代明显扩容

在营业税时代，针对资管产品征收的营业税仅针对信贷资产证券化产品，产品类型单一。并且信贷资产证券化产品的交易结构也较为标准化，参与的商业银行、证券公司等金融机构在其中的收入模式也比较统一，其征收的难度相对较低。随着《财政部　国家税务总局关于全面推开营业税改征增值税试点的通知》（财税〔2016〕36 号）的推出，营业税时代结束，开始针对金融行业整体征收增值税，当然也包括了资管产品。应税的收入确定为贷款服务、直接收费金融服务、保险服务和金融商品转让。而不同的资管产品中，所涉及的应税收入也不同。

此后发布的《财政部　税务总局关于资管产品增值税有关问题的通知》（财税〔2017〕56号）中，明确了资管产品增值税涉及的资管产品包括银行理财产品、资金信托（包括集合资金信托、单一资金信托）、财产权信托、公开募集证券投资基金、特定客户资产管理计划、集合资产管理计划、定向资产管理计划、私募投资基金、债权投资计划、股权投资计划、股债结合型投资计划、资产支持计划、组合类保险资产管理产品、养老保障管理产品，涉及的资管产品管理人包括银行、信托公司、公募基金管理公司及其子公司、证券公司及其子公司、期货公司及其子公司、私募基金管理人、保险资产管理公司、专业保险资产管理机构、养老保险公司。可见，随着资管产品金融增值税时代的到来，其涉及的资管产品类型以及资产管理人类型相较营业税时代都明显扩容。

资产管理人及资管产品的范围扩大，是造成资管产品征收难的首要原因。对于许多过去未缴纳流转税的资管产品而言，其管理人对于是否应该缴纳以及如何缴纳资管产品增值税，存在较多的疑问。而基层税务机关在征收过程中，面对纷繁复杂的资管产品及其收入构成，该如何征收资管产品增值税，也一时难以按照文件精神予以落地。

2.2 资管产品的结构复杂、收入多样，需逐一判断是否应税

相较于营业税时代仅针对信贷资产证券化产品征收营业税，需要征收资管产品增值税的产品种类增多，其涉及的产品结构、收入类型也呈现更为复杂的特征。

从资管产品增值税的法规来看，资管产品增值税的应税收入涵盖了贷款服务、直接收费金融服务、保险服务和金融商品转让这四种类型的收入。在针对资管产品的收入征收增值税时，首先需要分析该笔收入是否符合资管产品增值税应税收入的范围。但是，在实务操作中，由于金融创新

的不断推进，许多金融产品呈现复合型的特征，收入的构成也较为复杂，这就使得资管产品增值税的应税收入判断成为一个难点。不同类型资管产品收入的交易结构和收入构成不同，即使相同类型的如信托计划等资管产品，其本身的结构和收入构成也很可能有较大区别。

以贷款服务收入为例，法条中定义的贷款服务收入是指“各种占用、拆借资金取得的收入，包括金融商品持有期间（含到期）利息（保本收益、报酬、资金占用费、补偿金等）收入、信用卡透支利息收入、买入返售金融商品利息收入、融资融券收取的利息收入，以及融资性售后回租、押汇、罚息、票据贴现、转贷等业务取得的利息及利息性质的收入，按照贷款服务缴纳增值税”。其中，如何判断收入是否符合所谓的“利息及利息性质的收入”，就成了实务中许多项目的争议点。

随着金融创新的深入，目前的资管产品已经不仅是简单的借贷合约了，其中可能嵌入了许多创新的交易安排，比如回购对赌、差额补足、担保、分红约定、永续债安排等。这些交易条款使得许多资管产品的收入性质十分复杂，如果仅从常规的理解进行判断，如股权投资收益、分红收益等应不属于法规中认定的“利息及利息性质的收入”，但实际的产品中，可能需要参考更多的合同约定和行业特征进行综合判断，以辨别是否属于资管产品增值税的征税收入。这就要求税务机关不仅要了解税务法规，还要了解金融结构、金融创新、行业特征等更多的信息，以判断某一资管产品是否应缴纳增值税，因而导致实务中资管产品增值税的征收难度较大，更多需要依靠资管产品管理人的专业判断来申报。

3. 相关税收政策梳理

3.1　《关于信贷资产证券化有关税收政策问题的通知》（财税〔2006〕5号）

2006年2月20日，财政部、国家税务总局发布了《关于信贷资产证券化有关税收政策问题的通知》（财税〔2006〕5号）。在营改增尚未推行的背景下，对于信贷资产证券化产品的营业税，该文做出了如下规定：

（1）对受托机构从其受托管理的信贷资产信托项目中取得的贷款利息收入，应全额征收营业税。

（2）在信贷资产证券化的过程中，贷款服务机构取得的服务费收入、受托机构取得的信托报酬、资金保管机构取得的报酬、证券登记托管机构取得的托管费、其他为证券化交易提供服务的机构取得的服务费收入等，均应按现行营业税的政策规定缴纳营业税。

（3）对金融机构（包括银行和非银行金融机构）投资者买卖信贷资产支持证券取得的差价收入征收营业税；对非金融机构投资者买卖信贷资产支持证券取得的差价收入，不征收营业税。

3.2 《财政部 国家税务总局关于全面推开营业税改征增值税试点的通知》（财税〔2016〕36号）

2016年3月24日，《财政部 国家税务总局关于全面推开营业税改征增值税试点的通知》（财税〔2016〕36号）提出："经国务院批准，自2016年5月1日起，在全国范围内全面推开营业税改征增值税（以下称营改增）试点，建筑业、房地产业、金融业、生活服务业等全部营业税纳税人，纳入试点范围，由缴纳营业税改为缴纳增值税。"该文对于增值税应税的金融服务行为进行了界定，提出"金融服务，是指经营金融保险的业务活动。包括贷款服务、直接收费金融服务、保险服务和金融商品转让"。

3.2.1 贷款服务

贷款，是指将资金贷予他人使用而取得利息收入的业务活动。

各种占用、拆借资金取得的收入，包括金融商品持有期间（含到期）利息（保本收益、报酬、资金占用费、补偿金等）收入、信用卡透支利息收入、买入返售金融商品利息收入、融资融券收取的利息收入，以及融资性售后回租、押汇、罚息、票据贴现、转贷等业务取得的利息及利息性质的收入，按照贷款服务缴纳增值税。

融资性售后回租，是指承租方以融资为目的，将资产出售给从事融资性售后回租业务的企业后，从事融资性售后回租业务的企业将该资产出租给承租方的业务活动。

以货币资金投资收取的固定利润或者保底利润，按照贷款服务缴纳增值税。

3.2.2　直接收费金融服务

直接收费金融服务，是指为货币资金融通及其他金融业务提供相关服务并且收取费用的业务活动。包括提供货币兑换、账户管理、电子银行、信用卡、信用证、财务担保、资产管理、信托管理、基金管理、金融交易场所（平台）管理、资金结算、资金清算、金融支付等服务。

3.2.3　保险服务

保险服务，是指投保人根据合同约定，向保险人支付保险费，保险人对于合同约定的可能发生的事故因其发生所造成的财产损失承担赔偿保险金责任，或者当被保险人死亡、伤残、疾病或者达到合同约定的年龄、期限等条件时承担给付保险金责任的商业保险行为。包括人身保险服务和财产保险服务。

人身保险服务，是指以人的寿命和身体为保险标的的保险业务活动。

财产保险服务，是指以财产及其有关利益为保险标的的保险业务活动。

3.2.4　金融商品转让

金融商品转让，是指转让外汇、有价证券、非货物期货和其他金融商品所有权的业务活动。

其他金融商品转让包括基金、信托、理财产品等各类资产管理产品和各种金融衍生品的转让。

3.3 《关于明确金融 房地产开发 教育辅助服务等增值税政策的通知》(财税〔2016〕140号)

2016年12月21日，财政部、国家税务总局发布了《关于明确金融 房地产开发 教育辅助服务等增值税政策的通知》(财税〔2016〕140号)。该文件对于金融业征收增值税进行了政策补充：

(1)《销售服务、无形资产、不动产注释》(财税〔2016〕36号附件)第一条第(五)项第1点所称“保本收益、报酬、资金占用费、补偿金”，是指合同中明确承诺到期本金可全部收回的投资收益。金融商品持有期间(含到期)取得的非保本的上述收益，不属于利息或利息性质的收入，不征收增值税。

(2)纳税人购入基金、信托、理财产品等各类资产管理产品持有至到期，不属于《销售服务、无形资产、不动产注释》(财税〔2016〕36号)第一条第(五)项第4点所称的金融商品转让。

(3)证券公司、保险公司、金融租赁公司、证券基金管理公司、证券投资基金以及其他经人民银行、银监会、证监会、保监会批准成立且经营金融保险业务的机构发放贷款后，自结息日起90天内发生的应收未收利息按现行规定缴纳增值税，自结息日起90天后发生的应收未收利息暂不缴纳增值税，待实际收到利息时按规定缴纳增值税。

(4)资管产品运营过程中发生的增值税应税行为，以资管产品管理人为增值税纳税人。

(5)纳税人2016年1—4月份转让金融商品出现的负差，可结转下一纳税期，与2016年5—12月份转让金融商品销售额相抵。

(6)《财政部 国家税务总局关于全面推开营业税改征增值税试点的通知》(财税〔2016〕36号)所称“人民银行、银监会或者商务部批准”“商务部授权的省级商务主管部门和国家经济技术开发区批准”从事融资租赁业务(含融资性售后回租业务)的试点纳税人(含试点纳税人中的一般纳税人)，包括经上述部门备案从事融资租赁业务的试点纳税人。

3.4　《关于财税〔2016〕140号文件部分条款的政策解读》

2016年12月30日，财政部税政司、国家税务总局货物和劳务税司发布了《关于财税〔2016〕140号文件部分条款的政策解读》。其中关于金融的内容包括：

3.4.1　关于第三条中金融机构“发放贷款”业务范围的解读

《营业税改征增值税试点过渡政策的规定》（财税〔2016〕36号附件）中明确，“金融企业发放贷款后，自结息日起90天内发生的应收未收利息按现行规定缴纳增值税，自结息日起90天后发生的应收未收利息暂不缴纳增值税，待实际收到利息时按规定缴纳增值税”。财税〔2016〕140号文件第三条规定，将逾期90天应收未收利息暂不征税政策，扩大到证券公司、保险公司等所有金融机构。以上两条政策中的“发放贷款”业务，是指纳税人提供的贷款服务，具体按《销售服务、无形资产、不动产注释》（财税〔2016〕36号附件）中“贷款服务”税目注释的范围掌握。

3.4.2　关于第四条“资管产品运营过程中发生的增值税应税行为，以资管产品管理人为增值税纳税人”的解读

本条政策主要界定了运营资管产品的纳税主体，明确了资管产品运营过程中发生的增值税应税行为，应以资管产品管理人为纳税主体，并照章缴纳增值税。

资管产品，是资产管理类产品的简称，比较常见的包括基金公司发行的基金产品、信托公司的信托计划、银行提供的投资理财产品等。简单说，资产管理的实质就是受人之托，代人理财。各类资管产品中，受投资人委托管理资管产品的基金公司、信托公司、银行等就是资管产品的管理人。

原营业税税制下，对资管类产品如何缴纳营业税问题，《财政部　国家税务总局关于信贷资产证券化有关税收政策问题的通知》（财税〔2006〕

5号）已有明确规定。增值税和营业税一样，均是针对应税行为征收的间接税，营改增后，资管产品的征税机制并未发生变化。具体到资管产品管理人，其在以自己名义运营资管产品资产的过程中，可能发生多种增值税应税行为。例如，因管理资管产品而固定收取的管理费（服务费），应按照“直接收费金融服务”缴纳增值税；运用资管产品资产发放贷款取得利息收入，应按照“贷款服务”缴纳增值税；运用资管产品资产进行投资等，则应根据取得收益的性质，判断其是否发生增值税应税行为，并应按现行规定缴纳增值税。

3.5 《关于资管产品增值税政策有关问题的补充通知》（财税〔2017〕2号）

2017年1月10日，财政部、国家税务总局发布《关于资管产品增值税政策有关问题的补充通知》（财税〔2017〕2号）。该文件对于《财政部 国家税务总局关于明确金融 房地产开发 教育辅助服务等增值税政策的通知》（财税〔2016〕140号）第四条规定的“资管产品运营过程中发生的增值税应税行为，以资管产品管理人为增值税纳税人”问题补充通知如下：

2017年7月1日（含）以后，资管产品运营过程中发生的增值税应税行为，以资管产品管理人为增值税纳税人，按照现行规定缴纳增值税。

对资管产品在2017年7月1日前运营过程中发生的增值税应税行为，未缴纳增值税的，不再缴纳；已缴纳增值税的，已纳税额从资管产品管理人以后月份的增值税应纳税额中抵减。

资管产品运营过程中发生增值税应税行为的具体征收管理办法，由国家税务总局另行制定。

3.6 《关于资管产品增值税有关问题的通知》（财税〔2017〕56号）

2017年6月30日，财政部、税务总局发布《关于资管产品增值税有关问题的通知》（财税〔2017〕56号），对资管产品增值税的征收细节进行明确，具体如下：

（1）资管产品管理人（以下称管理人）运营资管产品过程中发生的增值税应税行为（以下称资管产品运营业务），暂适用简易计税方法，按照3%的征收率缴纳增值税。

资管产品管理人，包括银行、信托公司、公募基金管理公司及其子公司、证券公司及其子公司、期货公司及其子公司、私募基金管理人、保险资产管理公司、专业保险资产管理机构、养老保险公司。

资管产品，包括银行理财产品、资金信托（包括集合资金信托、单一资金信托）、财产权信托、公开募集证券投资基金、特定客户资产管理计划、集合资产管理计划、定向资产管理计划、私募投资基金、债权投资计划、股权投资计划、股债结合型投资计划、资产支持计划、组合类保险资产管理产品、养老保障管理产品。

财政部和税务总局规定的其他资管产品管理人及资管产品。

（2）管理人接受投资者委托或信托对受托资产提供的管理服务以及管理人发生的除本通知第一条规定的其他增值税应税行为（以下称其他业务），按照现行规定缴纳增值税。

（3）管理人应分别核算资管产品运营业务和其他业务的销售额和增值税应纳税额。未分别核算的，资管产品运营业务不得适用本通知第一条规定。

（4）管理人可选择分别或汇总核算资管产品运营业务销售额和增值税应纳税额。

（5）管理人应按照规定的纳税期限，汇总申报缴纳资管产品运营业务和其他业务增值税。

（6）本通知自2018年1月1日起施行。

对资管产品在2018年1月1日前运营过程中发生的增值税应税行为，未缴纳增值税的，不再缴纳；已缴纳增值税的，已纳税额从资管产品管理人以后月份的增值税应纳税额中抵减。

4. 某水务集团案例概述

4.1 相关背景介绍

2016年，伴随着《关于全面推开营业税改征增值税试点的通知》（财税〔2016〕36号）的执行，金融行业纳入增值税的征收范围。财税〔2016〕36号文件规定，持有金融商品取得的保本收益按贷款服务缴纳增值税；对证券投资基金管理人运用基金买卖股票、债券所产生的金融商品转让收入予以免税。但对于“保本保收益”、增值税纳税人等问题均未有明确规定。

同年，又陆续出台了《关于进一步明确全面推开营改增试点金融业有关政策的通知》（财税〔2016〕46号）、《关于金融机构同业往来等增值税政策的补充通知》（财税〔2016〕70号）、《关于明确金融、房地产开发、教育辅助服务等增值税政策的通知》（财税〔2016〕140号）对金融行业的增值税事务操作细则进行了补充。其中，财税〔2016〕140号文件中明确了资管产品管理人为资管产品增值税纳税人，并且明确了资管产品管理人为资管产品增值税纳税人，明确了“金融商品持有期间（含到期）取得的非保本的此类利息不征收增值税”。

尽管上述文件的出台确定了对于“保本保收益”的资管产品才征收增值税，但在事务操作中，我国资管行业的金融产品类型丰富，在交易结构上已经不局限于简单的股权或者债权性质投资，产生了包括“夹层投资”“明股实债”等兼具股债性质的金融产品。对于这类复杂的资管产品，是否征收资管产品增值税，如何征收资管产品增值税，成了困扰各地税务部门以及资管产品管理人的实务难题。本文选取了某个典型的复合型资管产品，针对其是否征收以及如何征收资管产品增值税进行了相应分析。

4.2　案例概述

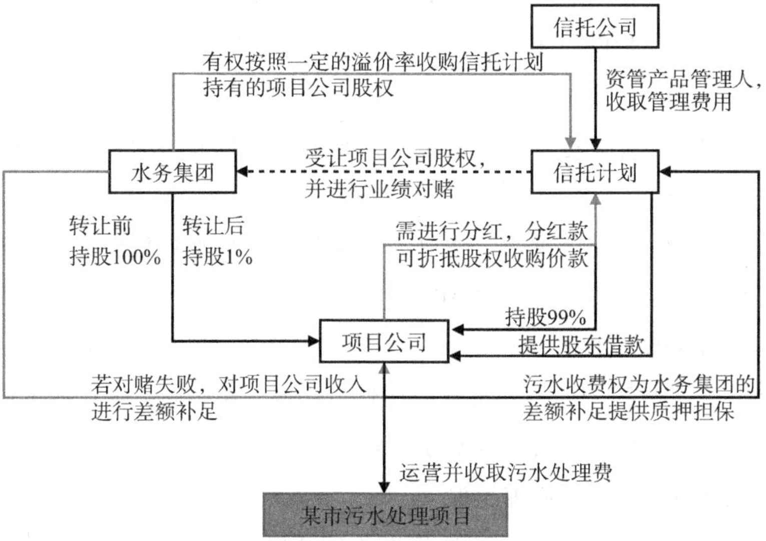

图 1　案例交易结构

针对如图 1 所示交易结构简述如下：

（1）某市水务集团原持有某项目公司 100% 股权，通过该项目公司负责运营某市的污水处理项目，项目公司收取污水处理费用。

（2）某信托公司作为管理人，设立了信托计划，通过信托计划向某水务集团受让其持有的项目公司 99% 股权，成为该项目公司的股东。

（3）项目公司与信托计划签署借款协议，由信托公司向项目公司提供股东借款 10 亿元，期限 5 年，利率为 6%/年，按年还息，到期还本。

（4）水务集团与信托公司签署对赌协议，协议中约定，由水务集团负责项目公司的运营，并针对项目公司的业绩进行对赌，具体的对赌协议条款如下：

①项目公司需于 5 年内完成 A 股市场的 IPO 上市。

②未来 3 年，项目公司的年均净利润应不低于 2 亿元，股东获得的复合年化分红收益率需达到 10%/年。若年均净利润或者复合年化分红收益率未达到“对赌”的要求，则运营方水务集团需对项目公司的收入进行差

额补足，直至达到 2 亿元的年均净利润以及 10%/年的复合年化分红收益率。

③若项目公司未能如期完成 IPO 上市，则水务集团需按照信托计划支付的股权收购价款以及 10%/年的年华溢价率，回购信托计划持有的项目公司 99% 股权。

④若在项目公司运营的第 4 年、第 5 年，项目公司的年均净利润低于 2 亿元，或者股东获得的复合年化分红收益率未达到 10%/年，或者水务集团未按照合同约定完成对项目公司的差额补足，则水务集团也应按照信托计划支付的股权收购价款以及 10%/年的年化溢价率，回购信托计划持有的项目公司 99% 股权。

（5）水务集团、项目公司与信托公司签署合作协议，进行如下约定：

①项目公司持有的污水收费权为项目公司还款义务、水务集团的差额补足以及股权回购提供质押担保。

②水务集团可以按照信托计划未收回的股权转让价款的 10%/年的溢价率，有权利选择每年收购信托计划持有的项目公司部分股权，收购比例不低于项目公司股权的 30%，若水务集团选择进行收购，则水务集团向项目公司的差额补足义务可以豁免。

③项目公司需每年向信托计划进行分红，若水务集团当年选择收购信托计划持有的部分项目公司股权并足额支付收购价款，则项目公司当年可不进行分红。

④水务公司需每年向信托计划支付 1 000 万元，由信托计划向管理人信托公司进行分配，作为信托公司收取的管理费用。

在上述交易结构下，信托计划成立后第一年后，发生的相关交易如下：

201×年，项目公司向信托计划偿还股东借款利息 6 000 万元。

201×年，水务集团选择收购信托计划当年拟出让的项目公司 30% 的股权，信托计划当初受让 99% 股权的转让价款为 10 亿元，按照 10%/年的年化溢价率计算，则溢价金额为 1 亿元，而 30% 对等的初始股权受让资金为 3.03 亿元，则收购价款合计为 4.03 亿元（其中 1 亿元为溢价率）。当年项目公司向信托计划分红 0.5 亿元，经折抵，则实际支付的收购价款为 3.53 亿元。并且，由于水务集团选择收购项目公司 30% 股权，因此尽管当年项目公司的净利润不足 2 亿元，水务集团亦无需履行当年的差额补足。

201×年，信托计划向管理人信托公司分配管理费用 1 000 万元。

4.3 案例争议点

信托公司财务部门针对该信托计划如何缴纳资管产品增值税，产生了一定的争议。

观点 1 认为：信托计划向水务集团收取的每年 1 000 万元的费用，应该由信托公司作为管理人缴纳资管产品增值税；信托计划收取的 6 000 万元借款利息，应该由信托公司作为管理人缴纳资管产品增值税；信托计划收到的其他 4.03 亿元款项，不符合财税〔2016〕140 号文件规定的资管产品增值税的征收范畴，可不缴纳资管产品增值税。原因如下：信托计划当年收到的 4.03 亿元款项中，0.5 亿元为自项目公司获取的分红款，3.53 亿元为转让项目公司 30% 所获得的股权转让款。其中，0.5 亿元分红款系项目公司根据当年的盈利情况向信托计划分配的浮动收益，不符合财税〔2016〕140 号文件中认定的“保本保收益”范畴，不应该缴纳资管产品增值税；股权转让款也不属于《营业税改征增值税试点实施办法》（财税〔2016〕36 号附件）提到的几种增值税应税收入的范围，因此信托计划获取的 3.53 亿元股权转让对价也不应该缴纳资管产品增值税。

观点 2 认为：信托计划向水务集团收取的每年 1 000 万元的费用，应该由信托公司作为管理人缴纳资管产品增值税；信托计划收取的 6 000 万元借款利息，应该由信托公司作为管理人缴纳资管产品增值税；信托计划收取的股权转让对价款为 3.53 亿元，应按照金融商品转让的类目，将转让对价与该部分股权原始成本 3.03 亿元之间的差额 0.5 亿元缴纳资管产品增值税；信托计划获取的 0.5 亿元分红款系项目公司根据当年的盈利情况向信托计划分配的浮动收益，不符合财税〔2016〕140 号文件中认定的“保本保收益”范畴，不应该缴纳资管产品增值税。

观点 3 认为：信托计划向水务集团收取的每年 1 000 万元的费用，应该由信托公司作为管理人缴纳资管产品增值税；信托计划收取的 6 000 万元借款利息，应该由信托公司作为管理人缴纳资管产品增值税；针对信托计划当年收到的 4.03 亿元款项，尽管从表面看信托计划获取的收入部分为分红收入，部分为股权转让收入，但从整体分析、从经济实质来看，信托计划实际上是按照 10%/年的固定收益率在当年获取了 1 亿元的利息收入，因此应该针对这 1 亿元缴纳资管产品增值税。

4.4 案例分析

针对上节提出的 3 个争议观点，我们认为第 2 个争议点主要需要判断该股权转让交易是否属于“金融商品转让”的应税范围，而第 1 个与第 3 个观点的主要争议在于判断该资管产品是否属于固定收益类的资管产品，是否符合“保本保收益”“取得的利息及利息性质的收入”的特点。下面，我们将针对以上两个争议点进行逐一分析。

4.4.1 股权转让收入是否属于“金融商品转让”?

针对股权转让收入是否征税的问题，我们首先参考一下在营业税时代的规定。根据财政部、国家税务总局发布的《关于股权转让有关营业税问题的通知》(财税〔2002〕191 号) 的规定，明确了“对股权转让不征收营业税”。

而 2016 年实施营业税改征增值税后，也未在《营业税改征增值税试点实施办法》(财税〔2016〕36 号附件) 中将股权转让列为金融商品。从我们与部分金融机构的沟通访谈中了解到，目前在实务中针对股权转让是否应按照金融商品转让来缴纳资管产品增值税，主要是以“是否完成上市”作为其中的核心判断依据。对于已上市公司的股权转让，其股权已经具有金融商品可交易、可流通、价格波动等特点，因此在实务操作中，对于上市公司的股权转让往往按照金融商品转让来征缴资管产品增值税，而非上市公司股权的交易则不视为金融商品转让，因此也无需缴纳资管产品增值税。因而，本案例中项目公司作为非上市公司，信托计划转让项目公司股权所获取的3.53亿元股权转让对价不应该缴纳资管产品增值税。上述观点2中关于这一部分的认定存在问题。

4.4.2 是否属于保本保收益、取得的利息及利息性质的收入？

上述观点1和观点3中关于本案例是否缴纳资管产品增值税以及如何缴纳资管产品增值税的争议，关键点在于厘清该资管计划是否符合“保本保收益”的征税条件。鉴于目前税收相关法律法规中尚未对此有明确的界定，我们希望借鉴《企业会计准则第37号——金融工具列报》（财会〔2014〕23号）的相关内容，获取对资管产品到底属于“保本保收益”的金融负债，还是属于“非保本保收益”的权益工具的判断依据。

《企业会计准则第37号——金融工具列报》（财会〔2014〕23号）中提出：

金融负债，是指企业符合下列条件之一的负债：

①向其他方交付现金或其他金融资产的合同义务。

②在潜在不利条件下，与其他方交换金融资产或金融负债的合同义务。

③将来须用或可用企业自身权益工具进行结算的非衍生工具合同，且企业根据该合同将交付可变数量的自身权益工具。

权益工具，是指能证明拥有某个企业在扣除所有负债后的资产中的剩余权益的合同。在同时满足下列条件的情况下，企业应当将发行的金融工具分类为权益工具：该金融工具应当不包括交付现金或其他金融资产给其他方，或在潜在不利条件下与其他方交换金融资产或金融负债的合同义务。

此外，上述准则中还提出：如果企业不能无条件地避免以交付现金或其他金融资产来履行一项合同义务，则该合同义务符合金融负债的定义。有些金融工具虽然没有明确地包含交付现金或其他金融资产义务的条款和条件，但有可能通过其他条款和条件间接地形成合同义务。

依据上述标准，对于信托计划是否属于“保本保收益”的金融负债，核心应考察水务集团及其控制的项目公司是否有“不可无条件地避免交付现金或者其他金融资产”的情况，具体如下：

根据信托公司与水务集团、项目公司的对赌以及其他合同约定显示，信托计划的收益来源有以下几个方面，分别为：①因未成功上市、未达到预期收益所触发的水务集团对信托计划所持有的99%项目公司股权金额全部回购而支付的股权回购款；②项目公司向信托计划进行的分红；③因项目公司的收益、分红不及预期，导致水务集团向项目公司支付的差额补足款，并通过分红支付给信托公司；④水务集团行使收购项目公司股权的权力，向信托计划支付的收购价款；⑤若水务集团未足额进行差额支付或足额支付回购款，信托计划通过处置质押的污水收费权，获取的污水收费权处置收益；⑥水务集团每年向信托计划支付的1 000万元管理费用。对于水务集团而言，其在该交易安排中的逻辑判断及资金支出安排如图2所示。

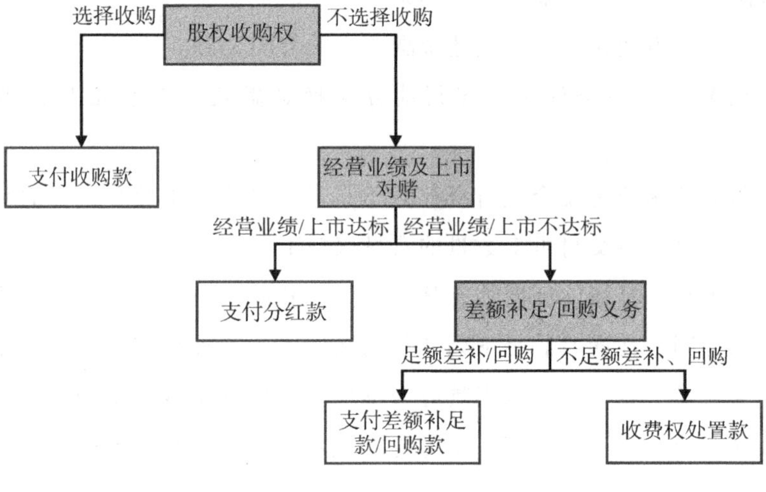

图2 案例资金流转示意

综上所述，我们进行如下判断：

①水务集团若选择收购股权，则其支付的资金成本为10%/年，若其不选择收购，则要依据经营业绩对赌条款，确保项目公司完成经营业绩并分红。因此，在判断水务集团是否会行使选择权时，关键在于对赌条款的

约定。

本案例中对赌涉及对于5年内完成上市以及对项目公司收益率的对赌。其中，对于上市的对赌在目前实务中属于股权融资的常见条款。而业绩对赌中，由于对赌的业绩标准使得项目公司分红的资金成本需至少达到10%/年，虽然合同约定水务集团的收购为权力而非义务，但水务集团出于经济性以及回收项目公司股权的考虑，可以判断其必然会选择进行股权收购，因此实质上构成了水务集团按照固定的10%/年的收益率向信托计划支付利息的情况，并分期偿还本金。

②在不考虑水务集团选择收购的情况下，项目公司的业绩对赌约定是否合理，若项目公司历史经营情况反映其不可能达到业绩对赌的约定，则必然会触发水务集团的差额支付条款，从而可能导致信托计划通过从项目公司分红的约定，也实质上必然会获得固定的收益。根据污水行业以及项目公司的历史数据来看，在正常经营的情况下，项目公司的分红收益率从未超过4%/年，而业绩对赌要求分红收益率达到10%/年，若未达到则由水务集团进行差额补足。在这种情况下，对赌条款以及差额补足条款必然会触发，使得信托计划获得10%/年的收益率，因此判断信托计划实质上依托分红也将获得10%/年的固定收益率回报。而在第4年、第5年未达到10%/年的分红收益率时，水务集团则需收购信托计划持有的全部项目公司股权，从而完成信托计划所投资金的全部偿还。

依据上述分析，我们认为，无论是从股权收购角度还是从分红角度来分析，虽然信托计划是以股权投资的形式进行投资，其回收的资金也是股权转让款或者分红款，但由于整体的合同交易安排，使得信托计划实际上按照10%/年的固定利率获取收益，本金由水务集团分期偿还，并且还以项目公司的污水收费权提供了质押担保，水务集团及其控制的项目公司满足《企业会计准则第37号——金融工具列报》（财会〔2014〕23号）对于金融负债的定义，具有“不可无条件地避免交付现金或者其他金融资产”的情况，满足财税〔2016〕140号文件对于“保本保收益”的认定。

因此，本案例中，我们认为虽然从法律文本上显示，信托计划获取了包括项目公司的分红收入、水务集团支付的股权转让对价收入，而这两种类型的收入并不属于《营业税改征增值税试点实施办法》（财税〔2016〕36号附件）中约定的增值税的应税收入。但从该案例的整体交易条款出发，结合本案例的经济实质，我们判断水务集团具有“不可无条件地避免交付现金或者其他金融资产”的情况，满足财税〔2016〕140号文件对于“保本保收益”的认定，水务集团、项目公司作为整体的融资方向信托计划支付的分红款、股权收购款，符合“以货币资金投资收取的固定利润或者保底利润”的特征，因此应按照贷款服务缴纳增值税。由上可见，对于本次信托计划通过股权投资形式向水务集团支付的10亿元股权收购款项，其经济实质是为水务集团提供了一笔10亿元的“贷款服务”，而针对该10亿元的贷款服务资金，由水务集团及其关联方（项目公司）以股权回购、分红等形式，按照10%/年的资金成本逐年偿还利息性质的收入以及部分资金本金。

4.4.3 关于“保本保收益”的进一步思考

如上一节所述，在判断本案例是否属于“保本保收益”的情况时，我们结合了项目公司的历史数据进行分析。由于项目公司的历史数据显示，在正常经营的情况下，其分红收益率从未超过4%/年，而业绩对赌要求分红收益率达到10%/年，若未达到则由水务集团进行差额补足。由此我们判断，本信托计划实质上是为水务集团提供了一笔规模10亿元、成本10%/年的贷款融资。

那么，在同样的交易安排下，是否可得出其他结论呢？针对这个问题的答案是肯定的。由于本案例中的项目公司是经营污水处理业务，其所处的行业本身的营利性并不强，因此从其业绩对赌中确定的10%/年的最低分红收益率要求，我们判断项目公司很难达到，因此导致了水务集团、项目公司具有“不可无条件地避免交付现金或者其他金融资产”的情况，满足财税〔2016〕140号文件对于“保本保收益”的认定。如果案例中项目公司所处的行业进行更换，更换为某个盈利能力更加强的行业，或者对于对赌所约定的最低分红收益率进行调整，如调整为4%/

年，那么，在其他交易条款都不变的情况下，有可能我们得出的结论会大相径庭。这种情况下，由于项目公司自身盈利能力的提高或对赌收益要求的下降，很可能使得对赌条款更多是对股权投资人的基本权益的保障性条款，而非对其还本付息的刚性约束条款。那么，信托计划即使取得分红或者股权转让收益，也不再是“保本保收益”的收入，按照《关于资管产品增值税有关问题的通知》（财税〔2017〕56号）的精神，也就无需缴纳资管产品增值税。

4.5　案例小结

针对本案例中信托计划获取的不同收益，经过上述分析，我们认为应按照以下方式，缴纳资管产品增值税：

（1）201×年，项目公司向信托计划偿还股东借款利息6 000万元。针对该部分股东借款的利息，符合“贷款服务”的特点，根据《关于资管产品增值税有关问题的通知》（财税〔2017〕56号）的相关规定，应由信托公司按照3%的征收率缴纳增值税180万元。

（2）201×年，信托计划向管理人信托公司分配管理费用1 000万元。针对该部分管理费用，符合“直接收费金融服务”的特点，由信托公司按照3%的征收率缴纳增值税30万元。

（3）201×年，水务集团需向信托计划支付股权收购款4.03亿元，用于受让信托计划持有的30%项目公司股权，其中3.03亿元为30%项目公司股权所对应的初始投资成本，1亿元为溢价金额。在4.03亿元的股权收购款中，0.5亿元以项目公司向信托计划分配分红的形式支付，剩余3.53亿元由水务集团向信托计划支付。由上文分析可见，从经济实质来看，上述4.03亿元资金中，1亿元为信托集团向水务集团提供的10亿元贷款、10%/年利率下所产生的“利息性质收入”，剩余的3.03亿元系向信托公司归还的“贷款本金”。因此，应针对1亿元的“利息性质收入”按照3%的征收率由信托公司缴纳增值税300万元。

5. 案例总结与应用价值

本节通过对营业税改征增值税、金融行业增值税、资管产品增值税等相关的政策文件按照时间顺序进行梳理，对资管产品增值税的征缴问题从政策上对脉络以及核心要点进行了梳理。通过政策的梳理，我们可以发现，资管产品增值税在实务操作中存在的难点主要是由于资管产品涉及的面十分广阔，而不同类型的资管产品交易结构、收入构成都不同。并且，要判断资管产品的收入类型是否属于增值税应税范围，往往不能简单依靠单一的法律文本，更多的是要结合所涉及的产业或者企业情况，围绕整体的交易安排进行判断，这也就进一步增加了资管产品增值税的征缴难度。

为直观地反映资管产品增值税在实操中存在的难点，本文分析了一个典型的资管产品增值税案例，结合上市对赌、业绩对赌、分红、股东借款、管理费用、差额补足、抵质押等资管产品中常见的交易安排，对该案例是否应该缴纳资管产品增值税以及如何缴纳资管产品税进行了说明。通过分析该案例，我们发现对于资管产品增值税的判断，在相关税收法律法规确立的原则以内，还需要结合交易的实质以及如会计准则等跨领域的专业知识，进行更为合理的判断。

借助于政策梳理、理论分析、实务案例介绍，我们希望能够对资管产品增值税的征缴问题提供更为充分的分析视角，对于其中存在的难点、痛点进行展示，为日后相关的立法以及实务操作提供更多的借鉴。

主要参考的税收政策

［1］财政部、国家税务总局．《关于全面推开营业税改征增值税试点的通知》（财税〔2016〕36 号），https：//www. chinatax. gov. cn/chinatax/n359/c2138502/content. html

［2］ 财政部、税务总局．《关于资管产品增值税有关问题的通知》（财税〔2017〕56 号），https：//www. chinatax. gov. cn/chinatax/n359/c6078036/content. html

［3］ 财政部、国家税务总局．《关于信贷资产证券化有关税收政策问题的通知》（财税〔2006〕5 号），www. mof. gov. cn/zhengwuxinxi/zhengcefabu/2006zcfb/200805/t20080524_34775. htm

［4］ 财政部、国家税务总局．《关于明确金融　房地产开发 教育辅助服务等增值税政策的通知》（财税〔2016〕140 号），https://www. gov. cn/xinwen/2016－12/22/content_5151467. htm

［5］ 财政部、国家税务总局．《两部门关于财税〔2016〕140 号文件部分条款的政策解读》，https://www. gov. cn/xinwen/2016－12/31/content_5155167. htm

［6］ 财政部、国家税务总局．《关于资管产品增值税政策有关问题的补充通知》（财税〔2017〕2 号），https：//www. chinatax. gov. cn/chinatax/n810341/n810765/n2511651/n2511656/c2549288/content. html

［7］ 财政部、税务总局．《关于资管产品增值税有关问题的通知》（财税〔2017〕56 号），http://www. mof. gov. cn/gkml/caizhengwengao/2017wg/wg201707/201710/t20171012_2719632. htm

［8］ 财政部、国家税务总局．《关于进一步明确全面推开营改增试点金融业有关政策的通知》（财税〔2016〕46 号），http://www. mof. gov. cn/gkml/caizhengwengao/wg2016/wg201606/201610/t20161021_2440143. htm?eqid＝934b8b9a00238f0700000000264549147

［9］ 财政部、国家税务总局．《关于金融机构同业往来等增值税政策的补充通知》（财税〔2016〕70 号），http://www. mof. gov. cn/gkml/caizhengwengao/wg2016/wg201609/201702/t20170209_2531791. htm

［10］ 财政部、国家税务总局．《关于股权转让有关营业税问题的通知》（财税〔2017〕191 号），https：//www. chinatax. gov. cn/chinatax/n810341/n810765/n812203/200209/c1207755/content. html? eqid＝e8f57c2a0004b894000000066427f906

思考题

1. 确定资管产品增值税的应税收入时应该考虑哪些因素？
2. 股权转让交易是否属于“金融商品转让”的应税范围？
3. 如何认定“保本保收益”？

案例四　跨境资本流动的涉税问题研究

赵艾凤

［内容摘要］本文在理论分析基础上，借鉴梳理国内外跨境资本流动相关税收政策，分析跨境资本流动的涉税问题，并进一步以AT收购亚玛芬为案例，具体分析企业跨境资本流动中的纳税情况。经分析得出：我国跨境资本流动总体规模逐渐增加，资本流出规模也呈现出增加趋势；从资本流动结构看，直接投资规模有所下降，而证券投资和其他投资有所提高；税负水平和资本开放程度对跨境资本流动具有显著影响，税负水平越低，跨境资本流动程度越高；在资本跨境流动过程中，企业应正确进行税收筹划，获得减税红利。

1. 理论分析

1.1　问题的提出

随着数字经济的发展，跨境资本规模剧增，资本流动更加复杂，在税源追踪、涉税信息获取等方面对现有税收制度产生了重大冲击，对税收征管提出了新的挑战。因此，在数字经济背景下如何鼓励跨境资本流动、降低跨国避税规模，相关税收政策亟待深入探讨。

第一，为进一步促进跨境资本有序流动提供政策依据。人工智能、大数据、云计算、5G、区块链、物联网等数字技术应用，成为我国数字经济发展的基础。而数字经济的发展，使得产业数字化和数字产业化成为跨境资本流动的重要载体。本研究能够为数字经济背景下推动跨境资本流动提供税收政策参考。

第二，为提升政府反避税能力、夯实跨境资本流动的税源基础，更好地服务国家治理体系和治理能力现代化提供参考。数字经济对税收制度、税收规则带来了严峻挑战。新的业态、新的产品、新的交易平台等大量涌现，使得跨境资本交易活动脱离了税收管理范围，冲击原有的税收管理模式。在这样的背景下，税务部门如何充分利用信息技术的创新成果，以信息化手段不断深化改革、完善征管、优化服务，避免跨境资本流动中的税源流失问题，是税务部门面临的重要课题。

第三，以 AT 集团收购 Amer Sports（亚玛芬）为案例进行分析，能够对企业资本跨境流动中的税收筹划起到一定的借鉴作用。

1.2 基础理论

1.2.1 跨境资本流动的概念

跨境资本流动也称为国际资本流动，不同的学者对跨境资本流动的定义存在一定的差异。根据《新帕尔格雷夫经济学大辞典》的定义，跨境资本流动是当一国居民向另一国居民提供贷款或购买财产所有权时，形成的资本流动。张广婷等（2015）将跨境资本流动定义为资本为了寻找新的投资机会而跨国移动，其在流动的过程中主要受收益、风险以及投资环境的影响。张志奇等（2005）认为，资本国际流动是资本超越民族国家的界限，在国际范围内运动的现象，是资本要素在不同主权国家之间的输出和输入。总的来说可以将跨境资本流动定义为资本在不同国家或地区之间作单向、双向或多向流动（陈创练等，2017）。

跨境资本流动根据职能可划分为直接投资、国际证券投资和其他投资。IMF（国际货币基金组织，International Monetary Fund）在公布的第六版《国际收支和国际投资头寸手册》中，将直接投资定义为跨境投资的一种，指一经济体的居民对另一经济体的居民企业实施管理上的控制或者重大影响。除产生控制权或影响股权外，直接投资还包括关联债务和有相同直接投资者的企业间的其他债务和股权。国际证券投资包括权益类投资和债券类投资。随着跨境金融资产交易的技术障碍被打破，国际证券组合投资由于自身流动性强、投资主体多元化等优势，成为跨境资本重要的形式（方芳等，2021）。其他投资以银行贷款为主，包括其他股权、货币与存款等。

跨境资本流动根据资本使用期限时间长短，可以分为短期资本流动与长期资本流动。长期国际资本流动指使用期限在一年以上或未规定使用期限的资本流动。短期国际资本流动指使用期限在一年以内的资本流动，短期资本流动通过套取时间和空间差价频繁进出，追逐超额利润，会对金融市场和经济稳态造成负面冲击（彭红枫等，2019）。

本文遵照现有文献说法，将跨境资本投资定义为国际资本流动，包含直接投资、证券投资和其他投资。

1.2.2　税收激励与资本流动

税收激励是指税法中规定的给予某些活动、某些资产、某些组织形式以及某些融资方式以优惠待遇的条款，所有这些条款的基本意图就是要鼓励谈定活动的资本形成与积累（曾文革等，2017）。

从税收因素的角度看，资本实际税率对资本流动具有决定性的影响，在市场竞争条件下，资本实际税率高则意味着资本的实际收益率将下降，必然导致逐利性的资本向其他高收益地区流动（周克清，2006）。因此，税收激励带来的资本实际收益率的上升理论上会提高资本流动性。在投资环境和其他条件相同的情况下，税收激励政策能增加投资预期收益、提升投资愿望、有效吸引投资促进经济增长（李晓嘉等，2010）。企业的投资行为受到资本成本的影响，财税激励措施如免税、降低税率、税前扣除、优惠贷款利率、财政补贴等可以通过降低企业成本，从而影响企业的投资选择，促进资本流入。

随着资本流动方向和形式发生变化，为了获得更大的税收利益，各国政府都试图通过降低税率以及采取税收优惠政策等手段吸引资本流入，从而加剧国际税收竞争（马海涛等，2022）。一方面，过度的税收竞争会引起严重的国际避税问题，具有流动性的资本会朝着低税率甚至是零税率地区聚集，导致资源在全球的低效率配置。另一方面，过度的税收竞争增加了国家的税收征管难度，各国政府很难依靠自己单独的力量应对利润转移和税基侵蚀，从而导致各主权国家税收收入减少。

托宾税是指对外汇交易统一征收交易税，提高短期外汇的交易成本，以此来减少短期投机性活动。1981 年，诺贝尔经济学奖得主詹姆斯·托宾在 1972 年的普林斯顿大学演讲中首次提出托宾税概念，他认为当国际价格发生变化时，商品和劳务要素的反应速度是远慢于国际资本的反应速度的，因此金融资产的价格变化速度是显著快于商品和劳务的价格变化速度。为了让金融资产的价格变化速度适应现实中经济发展，需要对金融资本征收较小比例的税收，放慢金融市场的反应速度。托宾税的提出是为了缓解短期国际资本流动对各个国家金融市场稳定性的冲击。实施托宾税将能有效降低汇率波，在价差、交易规模和波动率都很高的“投机主导”时期，托宾税是稳定有效的，但其效果也存在明显的短期性（王爱俭，2018）。托宾税类价格型管制工具对抑制短期资本流动，改善资本流入结构的作用最为显著，在控制资本流动总量、抑制汇率升值、保持境内外利差方面的有效性则有所差异（田晓琳，2014）。

1.2.3 反避税与资本流动

经济全球化和数字经济发展背景下，各国税收政策以及税收制度的差异必然导致资本流向低税率地区。当前数字经济的发展给跨国企业提供了更多的逃避税工具，加剧了税基侵蚀和利润转移的程度（何杨等，2023）。

反避税是国家为了防范和制止国际避税，采取各项措施对其进行管理。国际反避税政策主要包括税收情报交换、《多边税收征管互助公约》《BEPS 行动计划》等。税收情报交换作为典型的反避税政策，可以减少跨国企业的避税行为，签订税收情报交换协定之后，跨国投资者确实会将证券投资转移到没有签订税收情报交换协定的国家，从而影响到国家资本的流动方向（何杨等，2016）。共同申报准则（CRS）会提高跨国企业的实际税率，从而产生投资转移效应，跨国企业会将投资转移至未签订 CRS 的地区，改变国际资本的流动方向（樊勇等，2022）。BEPS 行动计划的实施会导致跨国企业税收合规成本上升、税收的不确定性增加以及税收争议增多，进而影响其国际投资布局与交易安排（景韬等，2018）。

2. 跨境资本流动的涉税政策梳理

2.1 国际税收政策比较

国际金融危机以来，各市场经济体面临着大规模的跨境资本流动，如何有效管理跨境资本的流入及流出，成为当前国际社会的关注重点。其中，美国、法国、巴西全球范围内制定的税收制度较为典型。美国为打击跨国数字企业的逃避税行为构建了跨境最低税规则，包括全球无形低税所得（Global Intangible Low - taxed Income，GILTI）、税基侵蚀与反滥用税（Base Erosion and Anti - abuse Tax，BEAT）等。其通过将国际税收规则的革新与国内税收改革紧密联合，不仅为美国政府带来了丰厚的税收利益，而且提升了美国在国际税收规则重构中的话语权。通过总结美国税改的经验，有利于启示我国相应税制改革进程的完善，并进一步构建适合我国发展的涉税规则。法国的国际税收条约包括跨境税收协定和避免重复征税的双边税收协定两大类税收协定。法国加强区域性税收行政合作，获取更多境外税收信息，起到了有力打击跨国涉税犯罪的作用。通过进一步研究法国的涉税制度，可以为我国完善涉税制度、进行税制改革提供借鉴和参考，探索新的税收征管之路。巴西作为在全球范围内发展最快的国家之一，在多轮金融危机的冲击下，由于得当的管控制度，仍保持着经济的稳步增长，巴西对于跨境资本流动的管理制度也可为我国提供经验。

2.1.1 美国

（1）促进跨境投资的税收扣除政策。美国为维护本国跨国资本利益，实现自身利益最大化，通过不断进行本国税收管理政策改革，将国际投资和税收管理措施相结合，对多项税收政策进行优化。2021 年 12 月，美国国税局颁布了新的外国税收抵免法规（Foreign Tax Credit，FTC），此法规将削减纳税人可抵免的 FTC 金额。美国高净值人士或欧元基金处置中国公司股份时所缴纳的中国税，在新 FTC 法规的“归属”要求下，很难在美国享受 FTC 抵免，从而导致双重征税。那么，利用中美双边税收协定可能成为唯一避免双重征税的途径。

此外，美国《减税与就业法案》（Tax Cut and Job Act，TCJA）通过的一项条款中，扣除得自外国的无形收入（Foreign Derived Intangible Income，FDII），改变了企业收入的征税方式和对跨境收入流的处理方式。该条款规定扣除来自商品和服务出口的高回报收入。通过制作企业纳税申报表的历史面板，并模拟 2000 年至 2015 年 FDII 的扣除情况可以发现，扣减将使制造业、信息和专业服务行业的公司获益显著。

同时，美国实施多项鼓励企业“走出去”的税收政策，包括允许国家间盈亏互抵的综合抵免、境内外亏损弥补、亏损弥补可向后结转 20 年、部分国家免征预提税等，以进一步实现境外发展和投资。

（2）反避税政策。近年来，随着数字经济的发展，跨国公司在经营上可以进行更加便捷的调整，同时也加剧了全球税基侵蚀问题。通过调节税收政策，进行税制改革，优化反避税规则，是包括美国在内的世界各国共同面临的问题和挑战。BEAT 为美国在 2017 年颁布的 TCJA 中的新政策。此法案的颁布是美国在国际税收领域的一次重要的税制改革，其中，为了防止消极所得和部分高流动性所得流向海外，TCJA 新课征以下两类税：一是 GILTI。该税主要针对美国境外的受控外国公司所取得的无形资产收入课征，鼓励跨国企业将海外无形资产收入汇回美国，使美国有权对境内取得收入的跨国公司收税。二是 BEAT。该税种的设立是为了防止跨国公司向外国子公司付款而侵蚀美国的税基，有效避免双重征税，进一步保证税不重征原则的落实。

2021 年 5 月底，美国财政部发布《政府部门 2022 财年收入提案的一般说明》，公开了拜登政府的“美国制造”和“停止有害倒置及结束低税收发展”提案（Stopping Harmful Inversions and Ending Low - Tax Developments，SHIELD）的重要细节。SHIELD 提案作为一项反税基侵蚀措施，计划采取新措施弥补现有的 BEAT 的不足，该提案部分目的在于防止征税不足，也表明美国将对税基侵蚀问题采取进一步行动。2022 年 3 月 28 日，美国财政部发布 2023 财年绿皮书，其中阐述了“低税支付规则”。绿皮书提出取消 BEAT，并说明了欠税支付规则（Undertaxed Payment Rule，UTPR）的内容和必要性。其目的是进一步确保无论任何跨国公司，无论其总部设在美国还是其他税收管辖区，收入来自何处，都需缴纳最低税。

除此之外，根据美国税收法律项下的受控外国公司（Controlled Foreign Corporation，CFC）规则，受美国纳税人控制的外国公司，其投资性利润应被视为在其获得当年即汇回给美国纳税人股东；2018 年以后，受控外国公司的其他利润，也将被视为由 GILTI 取得，适用一个较低的实际税率。这些反避税规则可以减少税务规划对在境外投资的美国公司的潜在负面影响。

2.1.2 法国

在长期实践和不断调整中，法国的税收政策形成了典型的分类与综合相结合的特点。法国国内的体制、收入分布等方面与我国存在诸多相似，因此，了解法国税收政策和税制动向对我国的税制改革具有重要借鉴价值。

法国的国际税收管理政策，是按照 OECD 和欧盟反错配规则的要求，对法国企业支付到国外的费用，如接受方在两年内没作收入处理，形成双重扣除不交税的，法国支付企业应将支付额从过去年度成本中剔除并交税；对法国企业设立在海外的实体，不管是公司、合伙企业还是信托，只要存在部分人为操作或仅因税收的目的而设立且享受特定税收优惠，其海外实体的收入均需在法国纳税。在当前国际税收改革加速推进，国际税收竞争呈现新态势的情况下，法国税收新政具有观察性意义。

于2013年发起的BEPS行动计划也对法国的税收制度产生了较大的影响。2016年7月，欧盟发布了反避税指引，这意味着包括法国在内的欧盟各国都将于2019年基于BEPS行动计划统一推行利息限制规定、受控外国公司规则和反混合规则。2017年12月4日，法国税务当局公布了一个关于国别报告的过渡性政策，提出了豁免提交国别报告的三种情形。最新通过的2018年法国财政法案对转让定价主文档和本地文档都提出了新的要求，法国还将在近期发布一个具体的指导性法令，将BEPS第13项行动计划中的相关要求融入本国的税收管理之中。

2.1.3 巴西

巴西于1994年以立法形式确立了对跨境交易征收金融交易税（Imposto sobre Operacoes Financeiras，IOF），以抑制跨境资本流动对经济带来的冲击。巴西政府规定，金融交易税由财政部负责征收，针对外汇兑换、保险、可流通证券和信贷等有关交易，税率和征收期限由财政部随时确定及生效，纳税人包括银行、证券和保险等金融机构，外汇、证券、黄金购买者，借款人和承保人等。金融交易税又称托宾税，主要对短期的资本流入征税，增加外汇交易成本，缓解国际资本流动。主要的作用机制在于，当资本流入增多时通过增加征税强度来遏制资本流入的增多，在资本流入减少时减弱征税强度来抑制其减少。巴西于2006年以来受资本流入增加的压力越发严重，因此政府于2008年3月正式启动金融交易税；同年10月短期资本出现逆转，资本流出压力增加，存在本币贬值的风险，巴西政府采取下调税率的方式来减轻征税强度；后续资本流入压力加大时，巴西再度将税率上调来抑制资本流入。

巴西通过实施金融交易税来管理跨境资本流动，根据资本流动的趋势确定相应的资本管制强度，资本流入增加时，资本管制强度相应增大。这类政策根据短期跨境资本流动的变化，适当及时地调整税率和征收范围，更加灵活地提高了国际资本的投机成本，缓解了跨境资本大幅度波动的情况。

2.1.4　国际税收协定

目前，经济全球化和数字经济在持续稳步发展。依据当前全球化背景来制定新的国际税收政策已成为各个国家较为基本的共识。为了降低跨国避税，2014 年 7 月，OECD 在 G20 布里斯班峰会上发布共同申报准则（Common Reporting Standard，CRS），签约国将每年交换金融信息，掌握企业或个人的海外资产情况，旨在通过全球税收协作打击避税行为。2014 年 9 月，中国签署 CRS，国家税务总局因而能够掌握个人和企业的境外资产信息，有利于对海外税源实行追踪。

2021 年 10 月 8 日，130 多个包容性框架成员签署了共同声明，同意推行“双支柱”国际税改方案，这是国际社会一致同意推进税基侵蚀和利润转移行动计划（BEPS Action Plan）2.0 版的政治宣言。OECD 针对税基侵蚀和利润转移问题提出的“双支柱”方案，得到了各税收管辖区较为一致的认可。在传统国际税收法律的背景下，大多数跨国企业选择将总部设立在低税国或无税国家或利用转让定价等手段将在市场国获得的利润转移到低税国或无税国，对其他国家的税收利益造成了严重侵害。“双支柱”国际税收新规定能够弥补传统国际税收法律存在的漏洞，提出建立争端预防和解决机制，以强制性、约束性的方式避免双重征税，为跨境资本流动的发展提供了一个较为稳定的国际税收环境。随着经济全球化的程度不断加深，跨境资本的流动成本越来越低，各国（地区）通过降低企业所得税税率来吸引其他税收国家的流动税基。OECD 成员国平均企业所得税税率持续下降，像新加坡、泰国等东南亚国家也以低税率来吸引投资，爱尔兰、百慕大群岛、开曼群岛、卢森堡等知名避税地，也以零税率或低税率吸引了大量的国际资本，以上都严重损害了国际税收体系的公平性。“双支柱”税收国际税收新规定实施后，将终止这种有害的国际税收竞争，并促进各国（地区）税收管辖权的公平分配，维护包括中国在内的众多发展中国家的税收利益。

在美国国内增加税收强度的背景下，“支柱二”方案的实施能够最大限度地对冲美国税收的负面影响，为外汇交易创造稳定的税收环境。

欧洲是跨国企业的重要市场，并且欧洲的本土企业数量较少，大部分市场被跨国企业占据，而欧洲难以对这些企业涉及的跨境资本进行有效征税。欧洲对于“双支柱”方案的实施持积极态度，希望能够推进跨国企业针对在欧洲市场取得的收益缴纳相应税收，从而极大地扭转欧洲国家在跨境资本流动中处于相对落后的不利局面。在非洲，“双支柱”方案能够有效地提升跨境资本流出的成本，将利润更多地保留在非洲国家，且“支柱一”方案对全球税收利润进行重新分配的规则可能为非洲国家带来更多的税收利益。我国明确表态，我国税务部门将继续坚持多边主义精神和开放合作态度参与国际税务工作，持续推进“双支柱”方案的实施。“双支柱”方案虽然不能成为解决当前国际税收问题的完美政策，但其具有进步和里程碑式的意义，能够引导各国（地区）朝着统一的方向进行国际税收法律的变革，更好地适应当前的国际经济水平的发展，建立新的国际税收秩序。

2.2 我国跨境资本流动相关税收政策梳理

2.2.1 跨境资本流入

当前我国出台了多项政策以加强跨境资本流动的制度化和规范化。

非居民企业是跨境资本流入最主要的行为主体。针对非居民企业，《中华人民共和国企业所得税法》（以下简称《企业所得税法》）对其税收做出了原则性规定。其中根据第四章中的第二十六条，如果非居民企业在中国境内设立了机构或场所，其通过股息、红利等权益性投资取得的收益，同时满足来自我国居民企业和与其境内的机构、场所有着实际的联系这两个条件，那么这笔收入为免税收入，可以享受相关的税收优惠政策。《企业所得税法》第三十七条规定，为了降低跨境资本流动带来的税务风险，我国采取对非居民企业应缴纳的企业所得税实行源泉扣缴的税收征管方法，扣缴义务人（即为支付人）在每次支付或者到期应支付的时候，从相应的款项中扣缴应缴纳的非居民企业的税款。对于非居民企业取得的所得满足该法第二十七条第（五）项规定的，《中华人民共和国企业所得税法实施条例》（以下简称《企业所得税法实施条例》）指出将减按10%的税率征收企业所得税。

以《企业所得税法》为依据衍生扩展，我国对合格境外机构投资者（Qualified Foreign Institutional Investor，QFII）和人民币合格境外机构投资者（RMB Qualified Foreign Institutional Investor，RQFII）取得的来源于中国境内的权益性投资出台了多项税收优惠政策。对于QFII取得的来源于中国境内的股息红利以及利息收入税率的规定与企业所得税法中的规定相同。需要注意的是，QFII需要向主管税务机关提出申请，以享受需要的税收协定的优惠待遇，并且在主管税务机关审核无误后方可按税收协定执行[①]。对于QFII和RQFII取得的来源于中国境内的权益性投资资产转让所得，我国将暂免征收企业所得税[②]。

除了企业所得税，我国在其他方面也颁布了优惠政策。为了实现各地区和各行业的协调发展，促进产业结构的优化与升级，我国鼓励外资向中西部地区和东北地区发展，调动其投资建设相关地区的积极性，创造更加开放便利的营商环境，从而更好地发挥资源配置的调节作用，发展更高水平、更高层次的开放型经济（见表1）。

表1　部分鼓励外资向中西部倾斜的税收政策

政策时间	文件	政策内容
2017年	《国务院关于扩大对外开放积极利用外资若干措施的通知》（国发〔2017〕5号）	支持中西部地区和东北地区对外资产业转移的承接，扩大两个地区鼓励外商投资的产业范围，其中符合西部地区鼓励类产业相关条件的外商投资企业可以享受企业所得税优惠政策。同时，还提出鼓励外商向绿色制造、高端制造、智能制造等产业投资，外商投资企业将同等适用研发费用加计扣除方面的税收优惠

① 资料来源于《国家税务总局关于中国居民企业向QFII股息，红利，利息代扣代缴企业所得税有关问题的通知》（国税函〔2009〕47号）。

② 资料来源于《关于QFII和RQFII取得中国境内的股票等权益性投资资产转让所得暂免征收企业所得税问题的通知》（财税〔2014〕79号）。

续表

政策时间	文件	政策内容
2018 年	《国务院关于积极有效利用外资推动经济高质量发展若干措施的通知》(国发〔2018〕19 号)	引导外资加大对中西部地区的投资，更好地落实境外投资者以境内取得的利润进行直接投资、企业来源于境外的所得抵免等税收政策
2022 年 10 月	《鼓励外商投资产业目录(2022 年版)》	目录由全国鼓励外商投资产业目录和中西部地区外商投资优势产业目录两部分组成，与 2020 年版相比增加和改动了多项条款，用以持续鼓励引导外资向制造业和生产性服务业流入，更好地利用外资，优化区域布局，实现互惠共赢

境外投资者再投资递延纳税是我国吸引外资的有力政策措施之一。自 2018 年 1 月 1 日起，境外股东从中国境内居民企业取得的利润，直接用于境内再投资的，满足一定条件后，实际收回投资前可暂不缴纳预提所得税。

2.2.2 跨境资本流出

为了稳步推进我国金融市场的改革开放，实现跨境资本流动的态势保持平稳有序，我国鼓励企业“走出去”，加强对外投资。该过程主要分为三个阶段：

(1) 探索与实践阶段 (1979—2000 年)。这个阶段的中国企业“走出去”的特征是数量少、规模小、涉及的领域窄、主体为国有企业等。最早开启“走出去”战略的行业领域是建筑工程领域，随后由于对外贸易规模的不断扩大，这一阶段中国企业“走出去”最主要方式逐渐向外贸出口转变（陈武等，2019)，改革开放取得了新的进展。但是，由于历史的局限性，这一阶段的对外投资仍发展缓慢。

(2) 提出与落实阶段 (2000—2016 年)。2000 年 3 月，“走出去”战略在全国人大九届三次会议召开期间被正式提出，从此进入了形成与落实阶段。为了全面落实“走出去”战略，在企业所得税方面，我国进一步完善了税收抵免制度，扩大了税收抵免的范围；进一步规范了有关境外所得的税收抵免政策和相应的操作程序[①]；对于经过了高新技术企业认定的境外企业的来自境外的所得实行优惠税率[②]等。这些措施提供了对“走出去”的政策支持，加快了企业“走出去”的步伐，使得中国企业以更加积极主动的姿态融入经济全球化的进程中。

（3）强化与发展阶段（2016年至今）。这一阶段完善了“走出去”的政策体系，投资规模不断扩大，投资主体呈现多元化的趋势，投资领域持续扩展（陈武等，2019），为我国的经济发展注入了极大的活力。面对在“走出去”的过程中可能会发生的国际重复征税问题，允许企业用已在境外缴纳的所得税额抵免国内应纳税额是消除这一问题的有效方法之一，对此，财政部和税务总局主要从两个方面对境外所得税收抵免政策进行完善：一是原来我国采用的是分国不分项的单一的税收抵免方法，在此基础上，我国增加了综合抵免法，企业在申报时有权利对抵免方法进行自行选择；二是扩大了境外股息间接抵免的层级，由原来的三层调整到了五层。[③]为了有效降低我国企业“走出去”所承担的税负，财政部、税务总局、发改委、商务部出台了多项政策，对多项国际税收征管方面的事项进行了规定与明确。比如，对符合条件的企业在对外直接投资过程中缴纳的境外所得税、企业所得税等给予优惠或免除。同时，对企业投资境外项目过程中产生的利息、汇兑、关税等费用也给予优惠。

2017年5月，《非居民金融账户涉税信息尽职调查管理办法》的公布标志着CRS在中国正式落地。2018年9月，国家税务总局实现了与其他国家（地区）税务主管当局的第一次信息交换。随着国与国之间税收合作的增强，国际税收的透明度提高，海外资产避税变得更加难以实现。

---

① 《关于企业境外所得税收抵免有关问题的通知》（财税〔2009〕125号）和《企业境外所得税收抵免操作指南》（国家税务总局公告2010年第1号）。

② 《关于高新技术企业境外所得适用税率及税收抵免问题的通知》（财税〔2011〕47号）。

③ 资料来源于《关于完善企业境外所得税收抵免政策问题的通知》（财税〔2017〕84号）。

3. 我国跨境资本流动的涉税分析

3.1 我国跨境资本流动涉税现状

3.1.1 跨境资本流动情况

跨境资本流动包含直接投资、证券投资和其他投资。本文采用2000—2022年IMF的BOP数据、国家外汇管理局国际收支平衡表等，对我国跨境资本流动情况进行了展示。表2和图1分别显示了我国跨境资本流动的规模及变化趋势。其中，若数据为正，代表资本净流入；若为负，则代表资本净流出。

表2 2000—2022年我国资本流动净值 单位：亿元人民币

年份	直接投资	证券投资	其他投资	资本流动规模
2000	2 625	-280	-2 205	5 111
2001	2 618	-1 358	1 183	5 155
2002	3 276	-721	-287	4 287
2003	3 458	798	-420	4 679
2004	4 207	1 379	1 981	7 576
2005	6 328	-329	392	7 047
2006	7 007	-4 788	952	12 748
2007	9 737	1 148	-4 508	15 396
2008	8 036	2 443	7 882	18 355
2009	6 104	1 897	5 621	13 617
2010	12 569	1 605	4 856	19 030
2011	14 983	1 264	738	16 985
2012	11 121	3 013	-16 424	30 558

续表

年份	直接投资	证券投资	其他投资	资本流动规模
2013	13 473	3 267	4 486	21 227
2014	8 899	5 062	-17 143	31 104
2015	4 174	-4 162	-27 091	35 427
2016	-2 658	-3 466	-21 164	27 289
2017	1 825	1 951	3 553	7 330
2018	5 987	6 966	-1 563	14 516
2019	3 457	4 003	-6 834	14 293
2020	6 666	6 495	-16 645	29 806
2021	10 665	3 266	-16 598	30 529
2022	1 707	-18 783	3 140	23 630

资料来源：IMF 国际收支平衡表，国家外汇管理局。

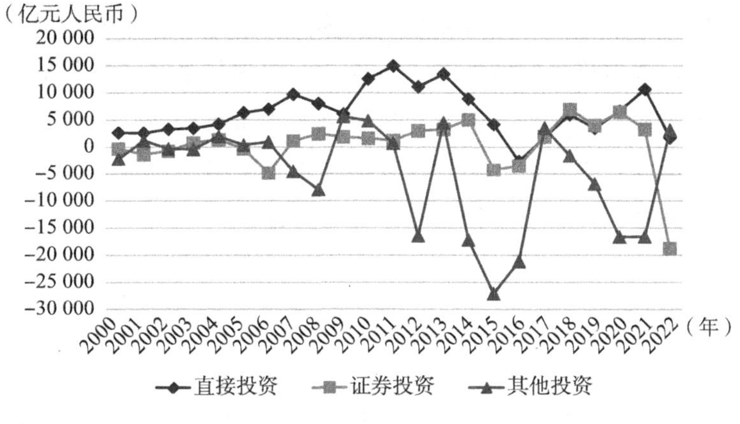

图 1　2000—2022 年我国资本流动变化趋势

资料来源：IMF 国际收支平衡表，国家外汇管理局。

由表 2 和图 1 可知，2012 年党的十八大之前，我国跨境资本流动规模较为有限。党的十八大以来，我国深入实施网络强国战略、国家大数据战略，先后印发数字经济发展战略、“十四五”数字经济发展规划，加快推进数字产业化和产业数字化，推动数字经济蓬勃发展。三类投资在 2013 年明显增加。2014—2016 年，三类主要投资净值有明显下滑趋势并在 2016 年全都变为负，说明在这一时期我国的资本流出逐渐增加；2016 年之后，我国开始实施宏观审慎管理，资本流入增加，直接投资和证券投资的净值有明显攀升趋势；直到2020年遭受疫情的影响，资本流动趋势逐渐放缓。总体而言，我国数字经济的发展带动了跨境资本活动，资本流动的规模也随着国家政策的实施有规律地变化，双向波动特征明显，不论是外国来华投资还是我国对外投资，规模总体较为平稳。在未来数字经济加速发展的大前提下，我国的跨境资本流动会更加活跃。首先，中国企业积极寻求国内外投资来支持其业务拓展。这些企业通过与风险投资机构、私募股权基金等合作，获得了大量资金的注入。投资者看好中国庞大的市场规模和消费潜力，将资金投入跨境电商领域，帮助企业扩大市场份额、提升技术能力和优化供应链。其次，中国企业也积极开拓海外市场，并吸引了外国投资。一些企业在海外设立分支机构，与当地企业合作，以提供更好的本地化服务。这种合作方式不仅有助于加强企业在海外市场的竞争力，还促进了资本的流动。同时，中国市场也吸引了外国投资者的关注，他们将资金投入中国的平台、物流和支付等相关领域，共同分享中国数字经济的增长红利。最后，资本流动的增加进一步推动了中国数字经济的发展。这些资金的投入为企业提供了更多的资源，可以用于市场拓展、技术创新、品牌建设和供应链优化等方面。同时，外国投资者的参与也带来了国际市场的连接和经验分享，促进了中国与全球市场的融合。

图2展示了2000—2022年我国资本流动结构。

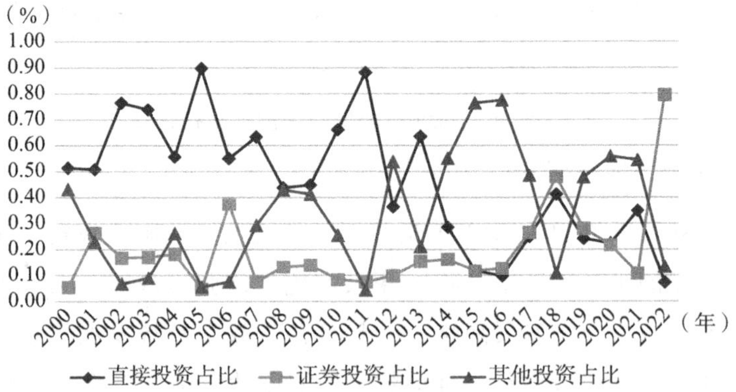

图2 2000—2022年我国资本流动结构

资料来源：根据IMF国际收支平衡表和国家外汇管理局数据计算得到。

2012 年之前，我国直接投资的占比远大于证券投资和其他投资，直接投资是我国资本流动的重要组成部分；而在 2012 年之后，我国数字经济蓬勃发展，证券投资和其他投资的占比有了明显攀升，三类投资的占比常有双向波动的趋势，资本流动结构的主体变得较为模糊。综上所述，数字经济的发展使得我国证券投资和其他投资的比例明显增大，资本流动的方式更加多元化，能够更及时地分散风险，提高资金的灵活性，保证了我国跨境资本经济的可持续发展。

3.1.2　跨境资本流动与税收

宏观税负情况或者说税收环境会影响资本流动，本文将运用描述性分析探讨宏观税负对我国跨境资本流动规模和结构的影响。

我们计算了 2012—2021 年我国税收总额、增值税和企业所得税占 GDP 的比重（见图 3）。

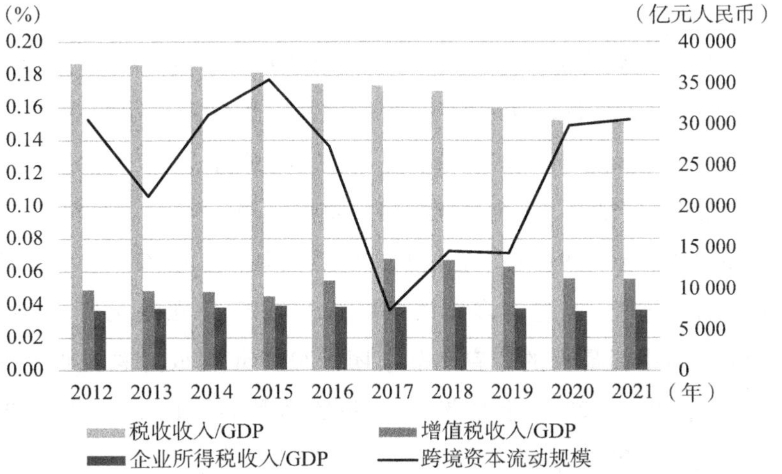

图 3　2012—2021 年我国税负水平与跨境资本流动规模的变化

资料来源：根据 IMF 的 BOP、2013—2022 年《中国税务年鉴》和《中国统计年鉴》相关数据计算得到。

通过对比图 3 和图 1 可得出，2012—2015 年我国宏观税负和企业所得税税负降低，跨境资本流动规模总体呈现出增长态势。尤其是当增值税税负提高，跨境资本流动额随之出现下降趋势，而当增值税税负下降时，资本流动规模有所提高。但同时我们发现，2017 年我国跨境资本流动规模偏低，这可能与 2015 年和 2016 年我国分别开征远期售汇业务的外汇风险准备金和实施宏观审慎管理两项措施有关。2018 年之后，我国税负进一步降低，跨境资本流动规模开始激增，攀升趋势明显，但可能由于 2020 年受到疫情影响，资本流动规模在 2020 年后增长缓慢。

综上所述，我国跨境资本流动规模呈现出增加态势，尤其是资本流出规模不断提升，表明我国对外投资趋势向好。从结构来看，直接投资比重不断下降，而金融风险更高的证券投资和其他投资比重增加；宏观税负降低能够增加跨境资本流动规模。

3.2 案例分析：以 AT 集团收购亚玛芬为例

3.2.1 收购历程

2018 年，AT 体育宣布与 Anamered Investments、方源资本和腾讯组成财团，现金收购亚玛芬，收购价 46.6 亿欧元，折合人民币约 366.7 亿元。收购要约已于 2019 年 3 月 29 日截止，最终 AT 体育占股 57.95%，成为亚玛芬控股股东，实现了 AT 全球化战略的重要布局。

AT 品牌成立于 1991 年，是一家从事运动鞋服、配饰设计、生产、销售的体育用品公司。经过十多年的发展，于 2007 年在港交所上市。2015 年起，AT 成为中国最大的体育用品集团，2021 年起成为总营收全球第二的体育用品集团。2023 年上半年，AT 集团净利润同比大幅增长 39.8%，达到 52.6 亿元人民币。

亚玛芬是总部位于芬兰的高端体育用品集团，其最早可追溯到 1950 年，拥有多个国际知名品牌，包括专业越野品牌 Salomon、高端户外品牌 Arc'teryx（始祖鸟）、滑雪装备品牌 Atomic、网球装备品牌 Wilson 等。亚玛芬在美国、英国、日本、加拿大、法国等多个国家均拥有全资子公司。

在收购过程中，AT 将全资子公司 Mascot JVco 的持股比例从 100% 减少到 57.95%。其余 42.05% 则由 Lululemon 创始人 Chip Wilson 的投资公司

Anamered Investments 注资 5.5 亿欧元、方源资本和腾讯组成 FV fund 注资 5.7 亿欧元。除此之外，AT 体育做担保债务融资 13 亿欧元，至此 Mascot JVco 持有 39.63 亿欧元的资金。随后，Mascot JVco 成立芬兰公司 Mascot BidCo 作为收购要约人。AT 将此前的亚玛芬股份以对价 5.05 亿元人民币卖给 Mascot BidCo。最终交易完成后，AT 体育、Anamered Investments、FV fund 分别获得亚玛芬 57.95%、20.6% 和 21.4% 的股权。

3.2.2　涉税分析

AT 收购亚玛芬案例中的涉税环节主要包括三方面：一是投资财团主要采用现金支付收购亚玛芬股权；二是亚玛芬将股权转让给控股公司 Mascot JVco；三是亚玛芬向控股公司汇回股息及利润。

第一，AT 集团收购亚玛芬属于现金购买股权式并购。《财政部　国家税务总局关于企业重组业务企业所得税处理若干问题的通知》（财税〔2009〕59 号）规定，企业股权收购中，企业整体收购行为享受税收优惠需满足的条件有，一是收购企业的股权收购比例不得低于被收购企业全部股权的 50%；二是收购企业支付的股权支付金额不低于交易总额的 85%。AT 集团在收购时，几乎都采用现金支付，股权支付比例远低于 85%，不满足税收优惠的条件。因此，AT 集团及亚玛芬需要在收购当期确认应税收益。

第二，AT 集团在收购时，收购价款中的 13 亿欧元采用的是债务融资。按照《财政部　国家税务总局关于企业关联方利息支出税前扣除标准有关税收政策问题的通知》（财税〔2008〕121 号）的规定，如果债务融资与权益融资的比例不超过 2:1，那么债务融资的利息支出可以在税前扣除。AT 集团债务融资与权益融资的比例，远未达到规定的上限值，因此案例中 13 亿欧元债务融资的利息可以在税前扣除。

第三，收购完成之后，亚玛芬每年需要向 AT 集团汇回股息和利润，这涉及税收抵免政策及我国与芬兰的双边税收协定。根据《财政部　国家税务总局关于企业境外所得税收抵免有关问题的通知》（财税〔2009〕125 号）、《财政部　税务总局关于完善企业境外所得税收抵免政策问题的通知》（财税〔2017〕84 号）以及《中华人民共和国政府和芬兰共和国政府对所得避免双重征税和防止偷漏税的协定》，亚玛芬向 AT 集团汇回的股息和利润，在 AT 集团缴纳所得税时可在应纳税额中扣除已经在芬兰缴纳的部分。另外，根据我国与芬兰的双边税收协定，芬兰对亚玛芬汇回 AT 集团的股息征收企业所得税的税率不得超过 10%。

综上所述，我们发现 AT 集团在收购亚玛芬的过程中，资本跨境流动中的税收筹划仍然存在一定问题。比如，AT 集团收购亚玛芬 100% 股权，交易对价大部分采用现金支付，无法适用财税〔2009〕59 号文件中的优惠税务处理规定，交易双方无法享受到延迟纳税的优惠，使得 AT 和亚玛芬必须在当期确认收益，税负较重。

4. 案例总结与思考

4.1 总结

本文在理论分析基础上，借鉴梳理了国内外跨境资本流动相关税收政策，分析了跨境资本流动的涉税问题，并进一步以 AT 收购亚玛芬为案例，具体分析了企业跨境资本流动的纳税情况。以上分析可得：我国跨境资本流动总体规模逐渐增加，资本流出规模也呈现出增加趋势；从资本流动结构看，直接投资规模有所下降，而证券投资和其他投资有所提高；税负水平和资本开放程度对跨境资本流动具有显著影响，税负水平越低，跨境资本流动程度越高；在资本跨境流动过程中，企业应正确进行税收筹划，实现减税红利。

4.2 促进跨境资本有序流动的税收征管对策

4.2.1 税收优惠政策助力高质量外商投资和对外投资

一是继续提高招商引资力度和效率，吸引跨境资本在自贸区和保税区兴办实业。地方政府可对符合“高精特新”认定标准的跨境企业提供厂址优选权和一定的生产性用地费用折扣，并适当提高税收返还标准。同时，对上述企业进入国内销售的商品给予一定程度的关税优惠。

二是建立健全相关税收制度，鼓励国内企业和资本对外投资。对外，应依托“一带一路”倡议，加强我国主要贸易伙伴的经贸合作关系，建立和健全双边投资和税收合作框架协议。对内，应尽快建立健全鼓励国内企业和资本对外投资的税收法律体系，根据国内产业结构比较优势和调整方向确定对外直接投资的产业税收优惠政策。

4.2.2　加强国际税收协作防范跨国避税

应以“一带一路”税收合作治理为契机，引领发展中国家和新兴经济体积极参与国际税收秩序重构，深入分析研究“一带一路”合作伙伴或地区的利益关切，为发展中国家在国际税收新规则制定中争取更多表达税收利益诉求的机会。应继续发挥多边税收合作平台作用，聚焦“双支柱”方案后续举措，切实助力“一带一路”合作伙伴或地区应对“双支柱”方案改革带来的挑战，帮助发展中国家强化财政能力和税收征管能力建设。目前国际税收改革方案仍存在诸多亟待解决的争议，我国应深度参与国际税收秩序重塑，在后续“双支柱”方案技术细节谈判过程中，充分考虑中国数字经济发展阶段和企业利益诉求，提出中国立场，逐步实现从国际税收规则被动参与者向主动制定者的转变。在新旧国际税收规则交替的背景下，以“双支柱”改革为契机，跟踪国际动态，国内同频共振，充分应对国际税收规则变革带来的挑战。

针对不正规的跨境关联交易和转让定价行为，采取更加严格的监督检查程序。对重点领域构建税收风险防控体系，加强对跨国企业的税务监管，对跨境资本流动的税务处理加以规范。对逃避税多发的跨国企业提高抽查比例；要求跨国企业依法合规地提交国别报告并实施国别报告同行审查规则，在全球范围内加快建立国别报告交换的双边和多边协议；充分依托国家“互联网+监管”系统，对数字经济领域的逃避税行为进行精准打击，努力提升数字经济税务监管的精确度。

4.2.3 完善跨境资本交易税制

一是适时开征托宾税。目前，中国资本账户管制以数量型措施为主，缺乏价格型措施。与数量型措施相比，价格型措施更透明、对资源配置的扭曲性更小。多个国家采用托宾税类措施以缓解短期资本的无序流动，如智利和泰国的无息准备金、巴西的金融交易税、马来西亚的撤资税等。中国政府应充分借鉴巴西、智利、泰国等新兴经济体的相关经验，通过逆周期征税的方式来调节短期资本的异常流动。二是继续完善外汇风险准备金制度，如适时扩大外汇风险准备金征收范围、提高风险准备金率等。

4.2.4 进一步明确税收管辖权提升征管能力

一是解决税收与税源背离的情况。根据收入来源地划分税权，合理分配企业所在地和收入来源地的征税权，从而解决税收与税源背离问题。二是强化跨境税源数字监控。积极运用现代化技术手段，借助大数据、云计算、区块链、人工智能等数字技术辅助税源监控。在当前征管实践中，各国税务部门也在积极运用大数据追踪企业税源。税务机关也可以通过纳税评估技术，利用信息化技术筛查，重点监管高风险税源和跨境企业，提高税收征管效率。

4.2.5 构建和完善数字化税收协同治理平台

加快税收大数据建设，全面推进税收征管数字化升级和智能化改造，借助智慧税务进一步提高国际税收数字化水平。税收信息化系统离不开数据的有效性，以及数据信息在系统内部及系统与外部环境之间传递的畅通性。只有保证数据的有效性和数据传递的畅通性，才能保证发挥数据的集成效应和数据的可用性。在软件方面，应利用大数据平台、人工智能等数字技术，构建和维护数字化税务协同治理平台、纳税服务平台、完善税收电子化征管体系等，对纳税人的涉税信息进行分析和追踪，以避免税源流失。

4.2.6　在税收系统建立大数据管理专业团队

各国税制差异对税务人才的专业水平带来了挑战。专业技术人员职业素养欠缺、海外税务经验欠缺、专业人才数量不足等因素增加了企业投资的税收合规性风险，容易发生税务争议，过程中因不熟悉救济途径，处理不及时使企业陷入被动，资本流动被动和低效率。税务人员缺乏风险防控意识和合理的税收筹划，使国内、国际税务部门合作难度加大，导致跨境投资资本成本偏高，带来损失。因此，须培养和储备专业化人才，加强国际化的复合型税务人才培养力度，通过专题讲座、交流研讨、外派学习等方式，打造一批国际税收专业人才和骨干队伍；充分挖掘大数据的应用价值，为税收决策和经济发展提供智力支持，为中国参与国际税收规则变革提供人才支撑。

参考文献

[1] 陈创练，姚树洁，郑挺国等. 利率市场化、汇率改制与国际资本流动的关系研究 [J]. 经济研究，2017，52 (04)：64 - 77.

[2] 樊勇，朱沁瑶，李昊楠. 第三方信息、税收遵从与国际税收竞争 [J]. 世界经济，2022，45 (04)：107 - 133.

[3] 方芳，苗珊，黄汝南. 金融不确定性对国际证券资本流动的影响研究 [J]. 国际金融研究，2021，No.408 (04)：57 - 66.

[4] 何杨，赵姗，廖鋆曦. 经济数字化下国际税收规则的变革：趋势、机制与影响 [J]. 财政科学，2023，No.85 (01)：17 - 25.

[5] 何杨，徐润. 税收情报交换、双边税收协定与国际避税——来自全球离岸证券投资的证据 [J]. 财贸经济，2016 (06)：35 - 50.

[6] 景韬，刘志成. 后 BEPS 时代的国际税收博弈与应对 [J]. 税务研究，2018，No.405 (10)：78 - 81.

[7] 李晓嘉，刘鹏. 韩国、俄罗斯、澳大利亚三国 FDI 税收激励政策介绍及借鉴 [J]. 涉外税务，2010，No.261 (03)：52 - 56.

[8] 马海涛，姚东旻，孟晓雨等．国际税收治理的政治经济学分析[J]．南开经济研究，2022（06）：3－25.

[9] 彭红枫，祝小全．短期资本流动的多重动机和冲击：基于TVP－VAR模型的动态分析［J］．经济研究，2019，54（08）：36－52.

[10] 田晓琳．运用托宾税抑制短期资金流出入：理论、实践及政策设计［J］．上海金融，2014，No.413（12）：21－26.

[11] 王爱俭，冯超．汇率波动、交易规模与托宾税有效性——基于离岸人民币汇率视角的STR模型［J］．国际金融研究，2018，No.371（03）：77－86.

[12] 张广婷，王叙果．新常态下中国跨境资本流动的影响因素［J］．财政研究，2015，No.386（04）：74－78.

[13] 张志奇，闫俊．略论资本国际流动与国际贸易的关系［J］．管理世界，2005（06）：145－146.

[14] 曾文革，白玉．论“一带一路”战略下我国对外投资的税收制度安排［J］．江西社会科学，2017，37（05）：13－24.

[15] 周克清．税收竞争对资本形成及流动影响效果的实证分析［J］．涉外税务，2006（02）：11－15.

思考题

1. 我国跨境资本流动的特点是什么？
2. 一国税制结构如何影响资本的跨境流动？
3. 为促进我国跨境资本有序流动，你对我国税收征管政策有何建议？

案例五　有限合伙制私募股权基金的税务处理

范晓静

[内容摘要] 私募股权基金是私募股权投资基金的简称，是指以非公开方式向合格投资者募集资金设立的投资基金，包括资产由基金管理人或者普通合伙人管理的以投资活动为目的设立的公司或者合伙企业。有限合伙制私募股权基金是合伙企业的一种形式，合伙制私募股权基金通常是有限合伙型企业，但根据《中华人民共和国合伙企业法》（以下简称《合伙企业法》）的规定，如果有限合伙企业仅剩普通合伙人的，则转为普通合伙企业。因此，在实际中也有普通合伙形式的私募股权基金。本案例主要涉及有限合伙制私募股权基金的税收问题。

1. 案例背景

UG 资产管理集团有限公司成立于 2000 年 12 月，系全国首批 50 家私募投资基金管理人之一。集团坚持“专业、稳健、共赢”的经营理念，重点关注生物医药、节能环保、新能源等投资领域，积极寻找在产业转型升级中富有较高成长性和管理规范、有自主创新业务模式的企业进行投资。集团于 2009 年设立 FH 创业投资基金（有限合伙）（以下简称 FH 基金），位于浙江省杭州市，是一家专门从事创业投资活动的有限合伙制私募股权基金，注册资本10 000万人民币。该投资基金目前有5个直接持股股东，其中自然人股东2个（自然人甲、自然人乙），1个有限合伙企业股东（M有限合伙企业），2个有限公司股东（S有限责任公司、A投资管理有限公司），股权结构如图1所示，基金管理人为UG资产管理集团的孙公司——A投资管理有限公司。

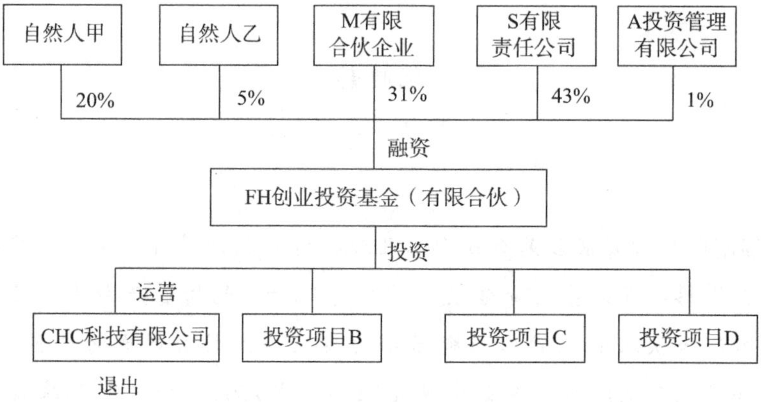

图1 FH创业投资基金（有限合伙）直接股东及投资项目

FH创业投资基金（有限合伙）自2009年成立，至2019年进入退出期，存续期间以股权投资方式对工业科技领域的目标项目进行投资，本案例主要分析FH基金对杭州CHC科技有限公司（后为上市整体变更为CHC科技股份有限公司）投资始末的涉税事项。

1.1 本案例中各主体角色

1.1.1 FH创业投资基金（有限合伙）

FH创业投资基金（有限合伙）是在中国证券投资基金业协会登记的有限合伙型私募股权基金，属于合伙企业的一种。

所谓合伙企业，是指自然人、法人和其他组织依照《合伙企业法》在中国境内设立的普通合伙企业和有限合伙企业。普通合伙企业由普通合伙人（General Partner，GP）组成，合伙人对合伙企业债务承担无限连带责任。有限合伙企业由普通合伙人（GP）和有限合伙人（Limited Partner，LP）组成，普通合伙人对合伙企业债务承担无限连带责任，有限合伙人以其认缴的出资额为限对合伙企业债务承担责任。根据法律规定，国有独资公司、国有企业、上市公司以及公益性的事业单位、社会团体不得成为普通合伙人。

在本案例中，自然人甲、自然人乙、M 有限合伙企业、S 有限责任公司是 FH 创业投资基金（有限合伙）的有限合伙人，A 投资管理有限公司为普通合伙人、执行事务合伙人，也是该投资基金的实际管理人。

1.1.2　FH 创业投资基金（有限合伙）的合伙人

合伙人是创业投资基金（有限合伙）的投资者。《合伙企业法》规定，有限合伙企业由两个以上 50 个以下合伙人设立，有限合伙企业至少应当有一个普通合伙人。有限合伙企业由普通合伙人执行合伙事务，执行合伙企业事务的普通合伙人也称为执行事务合伙人。执行事务合伙人可以要求在合伙协议中确定执行事务的报酬及报酬提取方式。有限合伙人不执行合伙事务，不得对外代表有限合伙企业。

普通合伙人对合伙企业债务承担无限连带责任。普通合伙人不一定执行私募基金的具体事务。因此，普通合伙人不一定是基金管理人，但基金管理人一定是普通合伙人。根据 2023 年 9 月 1 日起实施的《私募投资基金监督管理条例》，私募基金管理人由依法设立的公司或者合伙企业担任。私募基金管理人（本案例中的 A 投资管理有限公司）既是基金的投资人，获取投资回报；又是负责私募基金运营的执行人，获取基金管理费和超额报酬。

尽管 A 投资管理有限公司仅持有 FH 基金 1% 的股权份额，但通过有限合伙企业的架构，利用合伙协议的约定，以及有限合伙人的身份，可以享有 FH 基金的全部表决权，实现 A 投资管理有限公司，甚至 UG 资产管理集团对 FH 基金的控制。

1.1.3　CHC 科技有限公司

杭州 CHC 科技有限公司（以下简称 CHC 有限）成立于 2008 年 4 月，

成立时注册资本50万元。主营产品包括测试机、分选机和相关自动化设备，是中国集成电路装备行业的领军企业，2009年9月被浙江省经济和信息化委员会认定为软件企业，2010年、2013年、2016年、2019年均被认定为高新技术企业，有效期各3年。2015年4月30日，CHC有限以2015年3月31日为基准日，整体变更为股份有限公司，并在杭州市市场监督管理局登记注册，更名为CHC科技股份有限公司（以下简称CHC股份）。2017年4月，CHC股份在创业板上市。2020年FH基金通过抛售CHC股份的股票实现完全退出。

1.2 私募股权基金具体运作流程

私募股权基金的运作主要分为四个阶段：①融资阶段；②投资阶段；③管理阶段；④退出阶段。FH基金自2009年成立、2011年启动对CHC科技有限公司的A轮融资，直至2020年退出，经历了完整的基金运作。本案例围绕FH基金对CHC科技有限公司四个阶段的运作流程，分析合伙人、基金、被投资企业涉及的相关税收问题。由于投资运作的时间较长，期间税收政策变动多，本案例主要以当前适用的税收政策为依据。

2. 理论分析

目前，私募股权投资基金主要有公司制、合伙制和契约制三种形式。其中，有限合伙型私募股权投资基金相比其他两种更有吸引力，是当前私募股权基金采用较多的一种形式，这与有限合伙制架构“税收透明体”和“分股不分权”的优点分不开。由于契约制基金通过基金合同约定各种法律关系，不具备民事主体资格，会形成资金财产被基金管理人代持的问题，我国采用此形式的基金较少。本部分主要对比合伙制和公司制私募股权基金。

2.1　税收透明体

《财政部　国家税务总局关于合伙企业合伙人所得税问题的通知》（财税〔2008〕159号）第二条规定，“合伙企业以每一个合伙人为纳税义务人。合伙企业合伙人是自然人的，缴纳个人所得税；合伙人是法人和其他组织的，缴纳企业所得税。”这意味着合伙企业自身无需就其所得纳税，其所得下沉到合伙人层面进行纳税，合伙企业好比税收透明体。这与《企业所得税法》中明确规定合伙企业不作为企业所得税纳税主体的规定相互印证。

税收透明体的规定，可以避免有限合伙制私募股权基金的投资者被双重征税。而公司制私募股权基金，由于基金是独立纳税主体，投资者在获得基金分配的税后收益时，仍然需要就其分得的所得缴纳所得税，从而被双重征税。因此，从课税角度看，合伙制私募股权基金相比公司制私募基金具有明显优势。

2.2　分股不分权

从管理角度来看，有限合伙制私募股权基金可以在合伙协议中约定合伙人的进入、退出方式，以及享有的权利与承担的风险。只要不违背法律规定，合伙协议可以自由约定。实践中，私募股权基金的合伙协议通常约定有限合伙人只承担出资角色，以认缴的出资额为限对合伙企业债务承担有限责任，享有分红权和增值权；只行使监督管理的权利，不参与合伙企业的经营管理，没有表决权。同时，约定普通合伙人只需投入少量资金，承担无限连带责任，负责合伙企业的运营管理，享有合伙企业的全部表决权，实现以较少的资金投入掌握合伙企业控制权，做到分股不分权。投资者通过有限合伙制架构实现了以较少的出资额对海量资金的控制。

公司型私募股权基金体现了《公司法》中“同股同权、同股同利”的基本特征。以股份有限公司为例，《公司法》第一百二十五条规定，“股份有限公司的资本划分为股份，每一股的金额相等”。第一百二十六条规定，“股份的发行，实行公平、公正的原则，同种类的每一股份应当具有同等权利”。第一百零三条规定，“股东出席股东大会会议，所持每一股份有一表决权”。即股东在股份公司享有的权力大小，是由其拥有的股份多少决定的。因此，公司型私募股权基金投资者需要投入大量资金才能对基金进行控制。同时，公司型私募股权基金需遵循《公司法》的规定，对公司设定、投资、收益分配具有一定的约束，减少了公司管理的灵活性。

当然，合伙企业也有劣势，即合伙企业的“先分后税”机制。财税〔2008〕159号文件第三条的规定，“合伙企业生产经营所得和其他所得采取‘先分后税’的原则”。其中，生产经营所得和其他所得，包括合伙企业分配给所有合伙人的所得和企业当年留存的所得（利润）。这意味着，合伙企业只要当年有盈利，无论是否真实分配了当年利润，各合伙人均应就确认的当期所得缴纳所得税。其中，合伙企业合伙人是自然人的，缴纳个人所得税；合伙人是法人和其他组织的，缴纳企业所得税。这与公司型私募股权投资基金，只有在实现利润分配时股东才缴纳所得税相比，有一定劣势。

3. 不同阶段的所得税处理规定

3.1 融资阶段

融资阶段是指形成私募股权基金财产的阶段，符合条件的大型机构投资者和资金充裕的个人构成私募股权投资基金的投资人。我国《私募投资基金监督管理条例》规定，私募基金财产是独立于私募基金管理人、私募基金托管人的固有财产。私募基金财产的债务由私募基金财产本身承担，投资者按照基金合同、公司章程、合伙协议约定分配收益和承担风险。

从税收角度来看，投资人投资私募基金份额的行为，属于投资行为，在现行税法体系下，不涉及所得税和增值税等税收问题。

3.2　投资阶段

有限合伙制私募股权基金的主要业务是对非上市公司进行股权投资，持有阶段提供相应的管理和财务增值服务，并通过并购或上市等方式实现资本增值，进行资本运作的过程。尽管持有被投资企业股权并不是私募基金的投资目的，从被投资企业退出并实现投资收益才是私募基金的最终目标，但在持有阶段，被投资企业对私募股权基金的利润分配也是私募基金的收益，同样涉及税收问题。以下本文将按照主体不同，分析基金和合伙人的税收问题。

3.2.1　签订对赌协议的增资及税务处理

自 2008 年 4 月成立以来，CHC 有限作为高新技术企业，主要从事集成电路专用设备的研发、生产和销售，已成长为国内为数不多的可以自主研发、生产集成电路专用设备的企业，所生产的产品获得多个一流集成电路企业的使用和认可，产品具有较高的竞争力，逐步实现进口替代，市场占有率不断提升。公司拥有多项自主知识产权和核心技术，是国家高新技术企业和软件企业，发展势头良好。在公司凭借自主创新能力快速发展之际，CHC 有限也面临着资金不足的制约，有意引入财务投资者。与此同时，寻找优质投资机会的 FH 投资基金看好 CHC 有限在国内的技术优势及行业发展的有利时机，同意出资并帮助其成长，双方一拍即合。

2011 年 8 月，FH 基金与 CHC 有限原股东签订“CHC 有限增资协议”。协议主要内容为，FH 基金以股东投入形成的自有资金对 CHC 有限投资 1 000 万元，认缴 CHC 有限新增注册资本 10.58 万元，占 CHC 有限股权 5%，溢价部分计入被投资企业资本公积。同时，考虑到被投资方 CHC 有限信息透明度低，FH 基金属于信息劣势，为保证投资收益，双方同时签订“补充协议”，内容为若 2012 年度 CHC 有限净利润低于 2 000 万元，则在 FH 基金增资金额不变的情况下，原股东通过无偿转让股权的方式相应调增 FH 基金的出资比例。

之后，由于 CHC 有限未能满足“补充协议”约定的业绩要求，于 2013 年 3 月，原股东以 1 元∶1 元出资额的转让价格转让部分股权给增资方 FH 基金，共计 78 658 元股权，并终止相关对赌协议。

此次增资，体现了 FH 基金与 CHC 有限的对赌交易，CHC 有限获得了财务投资以实现其资本金的扩张和企业发展，FH 基金通过对赌协议控制投资风险，达到了双赢的局面。2019 年最高人民法院在《九民纪要》中首次对对赌协议予以定义：“实践中所称的‘对赌协议’，是指在股权性融资协议中包含了股权回购或者现金补偿等对未来不确定事项进行交易安排的协议。”目前，法院对对赌协议的效力采取认可态度，当然是否合法则要看对赌协议内容是否符合法律规定，是否损害公共利益。本案例的对赌协议是在投资方与股东之间平等自愿、权益对等、诚实信用原则的基础上签订的合法有效的协议。

对于个人股东转让股权的所得税处理，依据《国家税务总局关于发布〈股权转让所得个人所得税管理办法（试行）〉的公告》（国家税务总局公告 2014 年第 67 号）第四条、第十一条、第十二条的规定，个人转让股权，以股权转让收入减除股权原值和合理费用后的余额为应纳税所得额，按“财产转让所得”缴纳个人所得税。若符合申报的股权转让收入低于股权对应的净资产份额的、申报的股权转让收入低于初始投资成本或低于取得该股权所支付的价款及相关税费的、不具合理性的无偿让渡股权或股份等情形之一的，视为股权转让收入明显偏低。若申报的股权转让收入明显偏低且无正当理由的，主管税务机关可以核定股权转让收入。若符合股权转让双方能够提供有效证据证明其合理性的其他合理情形等条件的股权转让收入明显偏低，视为有正当理由。因此，CHC 有限的原始股东以 1 元/1 元出资额的低价格转让股权是否属于转让收入明显偏低，以至于应由税务机关核定股权转让收入以缴纳转让方的个人所得税，取决于对该价格合理性的认定。在本案例的实践中，CHC 有限给出的理由是因公司未满足承诺业绩而在投资方投资额不变情况下进行的股权调整，主管税务机关认可了这一说法，并未对此股权转让征税。

由于目前税法对对赌协议的税务处理尚未完善，因此，个人股东及公司应加强与税务机关的沟通，将对赌协议等有关资料提前向税务机关报备咨询，以维护自身权益。此外，除涉及税款缴纳外，还需要考虑对对赌协议补偿时，双方是否需要调整股权的计税基础、支付方是否可以进行税前扣除等问题。

3.2.2　FH 基金以货币资本认缴注册资本

2015 年 1 月 3 日，CHC 有限引入新的战略投资者，FH 基金及其他股东为避免股权稀释，以同比例认购，出资货币资本 65.34 万元认缴新增注册资本 15.64 万元，溢价部分计入资本公积。由于不涉及经营及所得，FH 基金以货币出资不涉及增值税和所得税。

3.2.3　CHC 有限以资本公积转增注册资本

2015 年 3 月 9 日，CHC 有限以投资者溢价形成的资本公积转增注册资本，各股东等比例增资，增资后 FH 基金出资额达到 362.54 万元。

关于资本公积转增资本，股东是否纳税，应着重分析资本公积的来源和性质。若资本公积来源于投资者的资本溢价，则转增的注册资本本质上是由投资者投资引起的。若资本公积来源于公司经营所产生的税后利润，则转增的注册资本实质是将盈余公积金向股东分配股息、红利，然后股东再以其分得的股息、红利增加公司注册资本，此时股东应缴纳所得税。根据《财政部　国家税务总局关于将国家自主创新示范区有关税收试点政策推广到全国范围实施的通知》（财税〔2015〕116 号）第三条第二款的规定，个人股东获得转增的股本应按照“利息、股息、红利所得”项目，适用 20% 税率征收个人所得税。对于被投资企业的法人股东，根据《企业所得税法》第二十六条的规定，符合条件的居民企业之间的股息、红利等权益性投资收益为免税收入。

此次 CHC 有限以投资者溢价形成的资本公积转增注册资本，不属于利息、股息、红利性质，而是由资本溢价形成的，根据《国家税务总局关于贯彻落实企业所得税法若干税收问题的通知》（国税函〔2010〕79 号）第四条第二款，被投资企业将股权（票）溢价所形成的资本公积转为股本的，不作为投资方企业的股息、红利收入，投资方企业也不得增加该项长期投资的计税基础。因此，CHC 有限以投资者溢价形成的资本公积转增注册资本，FH 基金出资额增加无需缴纳所得税。

3.3 投后管理阶段

投后管理阶段，即私募股权基金对项目投资之后，实施的财务、信息、人力、市场、战略、研发、技术以及资本运作等方面的监管与增值服务。本阶段的税务处理主要考虑两方面问题：

（1）投后管理阶段，被投资企业对私募股权基金的投资收益分配，主要涉及基金层面以及基金投资者层面。CHC 公司对 FH 基金分配了两次股息、红利：

第一次是 2012 年 4 月，CHC 有限股东会决议以未分配利润向全体股东派发现金股利 100 万元（含税）；第二次是 2018 年 7 月，CHC 股份以资本公积金向全体股东每 10 股转增 9 股。送（转）股当日直接计入 FH 基金账户并上市交易。

（2）基金管理人所收取的管理费和超额收益的税务处理。

3.3.1 基金的所得税处理

由于 FH 基金的性质是合伙制私募股权投资基金，考虑其税收透明体的特征，FH 基金获得的被投资企业的股息、红利不用缴纳所得税。

3.3.2 基金投资者的所得税处理

由于 FH 基金为合伙企业，因此，被投资企业 CHC 有限/CHC 股份在对 FH 基金进行股息、红利分配时，应以 FH 的投资者为纳税人。FH 基金有 5 个直接股东（即合伙人），包括自然人、法人企业和合伙企业（有限合伙）。合伙人的税收身份不同，税务处理方式也有所不同。

（1）合伙人所得税的一般税务处理。根据《合伙企业法》规定，其合伙人根据“先分后税”的原则缴纳所得税。合伙企业将应纳税所得额分配给各合伙人的原则，根据财税〔2008〕159号文件第四条的规定执行，“合伙企业的合伙人按照下列原则确定应纳税所得额：

①合伙企业的合伙人以合伙企业的生产经营所得和其他所得，按照合伙协议约定的分配比例确定应纳税所得额。

②合伙协议未约定或者约定不明确的，以全部生产经营所得和其他所得，按照合伙人协商决定的分配比例确定应纳税所得额。

③协商不成的，以全部生产经营所得和其他所得，按照合伙人实缴出资比例确定应纳税所得额。

④无法确定出资比例的，以全部生产经营所得和其他所得，按照合伙人数量平均计算每个合伙人的应纳税所得额。

合伙协议不得约定将全部利润分配给部分合伙人”。

以持有期间的投资分红为例，如果是法人合伙人，分得的应纳税所得额作为“股息、红利等权益性投资收益”计入当年收入总额，计算缴纳企业所得税。此时，由于投资分红是通过合伙企业这一通道分配给基金股东的，因此不适用《企业所得税法》第二十六条关于“符合条件的居民企业之间的股息、红利等权益性投资收益为免税收入”的规定。同时，财税〔2008〕159号文件第五条规定，合伙企业的法人合伙人在计算其缴纳企业所得税时，不得用合伙企业的亏损抵减其盈利。

但由于合伙企业税收透明体的机制，对于法人合伙人从被投资企业中获得的股息红利所得如何纳税，以及是否可以享受相关税收优惠的问题，在实务中也存在着其他观点。

一种观点认为，既然合伙企业被认为是税收透明体，那么法人合伙人从投资项目中获得的权益性投资收益，应当穿透合伙企业，因此，可以享受《企业所得税法》中符合条件的居民企业之间股息、红利等投资收益免征企业所得税的优惠政策。

另一种观点则认为，被投资企业分回的股息红利是“流经”合伙企业的，《企业所得税法》中对居民企业间投资收益免税的条件之一是“该投资是直接投资而非间接投资”。如果认可税收透明体，则法人合伙人的投资是直接投资，那么与私募股权基金层面的权益性投资收益业务相悖。如果认可私募股权基金层面的投资是直接投资，则法人合伙人的投资就不能再被定义为直接投资，与私募股权投资基金合伙人税收透明体的原则相悖，由于这种原则上的矛盾，导致各地税收征管方面存在差异，纳税人应与主管税务机关沟通，以避免税收风险。

如果是自然人合伙人，对外投资的股息、分红收益，在2019年1月1日之前作为投资者个人取得的利息、股息和红利，依照“利息、股息、红利所得”按照20%的税率计征个人所得税。本案例FH基金的自然人合伙人是于2019年1月1日之前取得两次股息、红利，应按规定缴纳个人所得税。如果在2019年1月1日之后，则适用新的税收政策规定，依据创投企业核算方式的不同而不同，详见《财政部　税务总局　发展改革委　证监会关于创业投资企业个人合伙人所得税政策问题的通知》（财税〔2019〕8号）的分析。

（2）创投企业法人合伙人的税收优惠。国家先后出台了一系列促进创业投资的优惠政策。

早期，《国家税务总局关于实施创业投资企业所得税优惠问题的通知》（国税发〔2009〕87号）针对创业投资企业所得税的优惠，不适用合伙制私募股权投资基金。为了促进有限合伙制创业投资企业的发展，国家税务总局出台了《国家税务总局关于有限合伙制创业投资企业法人合伙人企业所得税有关问题的公告》（国家税务总局公告2015年第81号），其中第三条规定，“有限合伙制创业投资企业采取股权投资方式投资于未上市的中小高新技术企业满2年（24个月，下同）的，其法人合伙人可按照对未上市中小高新技术企业投资额的70%抵扣该法人合伙人从该有限合伙制创业投资企业分得的应纳税所得额，当年不足抵扣的，可以在以后纳税年度结转抵扣”。这里“满2年”是指，有限合伙制创业投资企业投资于未上市中小高新技术企业的实缴投资满2年，同时，法人合伙人对该有限合伙制创业投资企业的实缴出资也应满2年。如果法人合伙人投资于多个符合条件的有限合伙制创业投资企业，可合并计算其可抵扣的投资额和应分得的应纳税所得额。当年不足抵扣的，可结转以后纳税年度继续抵扣；当年抵扣后有结余的，应按照企业所得税法的规定计算缴纳企业所得税。

（3）创业投资企业个人合伙人的税收优惠政策。2018 年之前，我国未出台针对个人合伙人的所得税相关优惠政策。与创业投资企业个人合伙人相关的所得税政策主要有《财政部　税务总局关于创业投资企业和天使投资个人有关税收政策的通知》（财税〔2018〕55 号）、《财政部　税务总局　发展改革委　证监会关于创业投资企业个人合伙人所得税政策问题的通知》（财税〔2019〕8 号），以及财税〔2019〕8 号文件的延续性税收优惠政策《财政部　税务总局　国家发展改革委　中国证监会关于延续实施创业投资企业个人合伙人所得税政策的公告》（财政部　税务总局　国家发展改革委　中国证监会公告 2023 年第 24 号）。

其中，根据财税〔2018〕55 号文件规定，针对被投资对象是初创科技型企业，个人合伙人也适用类似于法人合伙人用投资额抵扣被投企业分得所得的税收优惠。但本案例中被投资企业并不满足初创科技型企业的条件，因此，不适用该文件。

财税〔2019〕8 号文件和财政部、税务总局、国家发展改革委、中国证监会公告 2023 年第 24 号，扩大了创业投资企业个人所得税优惠政策。一是规定创投企业可以选择按单一投资基金核算或者按创投企业年度所得整体核算两种方式之一，对其个人合伙人来源于创投企业的所得计算个人所得税应纳税额。如果创投企业选择按单一投资基金核算的，其个人合伙人从该基金应分得的股权转让所得和股息红利所得，按照 20% 税率计算缴纳个人所得税。如果创投企业选择按年度所得整体核算的，其个人合伙人应从创投企业取得的所得，按照“经营所得”项目、5%—35% 的超额累进税率计算缴纳个人所得税。

3.3.3　基金管理人收取的管理费和超额收益的税务处理

基金管理人即本案例中的 A 投资管理有限公司，每年收取所管理基金总额的 1%—2% 作为管理费。取得的基金管理费属于应税所得，由于自然人不得作为基金管理人，因此，此处只涉及法人普通合伙人，其收取的管理费属于“提供劳务收入”计入收入总额，按适用税率缴纳企业所得税。

此外，在有限合伙制私募股权基金中，通常约定，当收益达到一定水平时，基金管理人可以得到20%的超额收益。对于超额收益的税务处理，也有两种不同的处理方式，一种是将其作为权益性投资回报，按“股息红利等权益性投资收入”计入收入总额，缴纳企业所得税。另一种是将这部分收益作为管理人通过提供服务赚取的，应按“提供劳务收入”计入收入总额，缴纳企业所得税。具体如何处理，现行政策对此尚未做出明确规定，需要与主管税务部门进一步沟通。

3.4 退出阶段

私募股权基金投资的最终目的是以满意的价格与方式转让被投资企业，实现资本回报。在退出方式的选择中，被投资企业在境内外资本市场发行股票上市（IPO），私募基金作为原始股东抛售股票来实现投资退出或者通过出售被投资企业是较为理想的两种方式，当然也可以选择管理层回购或者破产清算，但后两种退出方式的资本回报并不会太理想。通过IPO上市是较为理想的选择。在本案例中，CHC有限于2015年4月30日整体变更为股份有限公司，开始寻求上市之路。2017年4月15日，CHC股份在创业板成功上市，上市时股价16.17元，当前股价32.70元，总市值199亿元。FH基金在限售股解禁之后，即自2018年9月开始，通过集中竞价和大宗交易方式，将首次公开发行股票前持有的CHC公司股份逐步减持，减持均价59.43元/股，截至2020年3月，FH基金通过减持不再持有CHC股份的股票，实现了退出。

FH基金转让股票所得，应遵循合伙企业“先分后税”的原则，将合伙企业的生产经营所得和其他所得，依据财税〔2008〕159号文件中规定的比例确定各合伙人的应纳税所得额，由各合伙人即基金投资者缴纳相应税款。如果基金投资者是法人合伙人，则并入该法人企业的企业所得税应纳税所得额，计算缴纳企业所得税。

对于个人合伙人转让股权（票）所得如何计税问题，税收政策有所不同。《国家税务总局关于切实加强高收入者个人所得税征管的通知》（国税发〔2011〕50号）规定，对个人独资企业和合伙企业从事股权（票）、期货、基金、债券、外汇、贵重金属、资源开采权及其他投资品交易取得的所得，应全部纳入生产经营所得，依法征收个人所得税。这一规定否定了部分地方政府为了促进当地股权投资的发展，采用的将投资类合伙企业的自然合伙人按照“利息、股息、红利所得”或者“财产转让所得”即20%税率征收个人所得税的做法。这意味着个人合伙人可能面临较高的税负。

但为了进一步支持创业投资企业的发展，后续出台的政策，又否定了此类单一处理方式。财税〔2019〕8号文件以及财政部、税务总局、国家发展改革委、中国证监会公告2023年第24号规定，个人合伙人的股权转让所得与创投企业选择的投资基金核算方式相关，如果创投企业选择按单一投资基金核算的，其个人合伙人从该基金应分得的股权转让所得和股息红利所得，按照20%税率计算缴纳个人所得税。如果创投企业选择按年度所得整体核算的，其个人合伙人应从创投企业取得的所得，按照“经营所得”项目、5%—35%的超额累进税率计算缴纳个人所得税。如果符合财税〔2018〕55号文件规定的，创投企业的个人合伙人还可以享受按被转让项目对应投资额的70%抵扣其可以从创投企业应分得的份额（或经营所得）后再计算应纳税额的税收优惠。

4. 增值税的处理规定

4.1　财税〔2016〕140号文件的适用性问题

根据《财政部　国家税务总局关于明确金融、房地产开发、教育辅助服务等增值税政策的通知》（财税〔2016〕140号）规定，资管产品运营过程中发生的增值税应税行为，以资管产品管理人为增值税纳税人。《财

政部 税务总局关于资管产品增值税有关问题的通知》（财税〔2017〕56号）第一条规定，“资管产品管理人运营资管产品过程中发生的增值税应税行为，暂适用简易计税方法，按照3%的征收率缴纳增值税”。其中，明确规定资管产品管理人包括私募基金管理人，资管产品包括私募投资基金。但需要注意的是，此处所说私募股权基金是指契约型私募基金。由于其仅以合同关系维系，基金本身不具备法律地位，因此，才在财税〔2016〕140号文件中规定由私募基金管理人作为纳税人。

对于合伙型和公司型私募股权基金，由于合伙企业和公司均具有增值税纳税主体身份，因此，这两种类型的私募股权基金应依法缴纳增值税，即如果是增值税一般纳税人，则由基金按适用税率计算销项税额；如果是小规模纳税人，则适用征收率计算增值税。

4.2 有限合伙型私募股权基金涉及增值税的情形

在处理涉及增值税的相关问题中，有限合伙型私募股权基金和公司型私募股权基金均是增值税的纳税主体，因此处理方式并没有本质区别。在私募股权基金运作的四个阶段中，涉及增值税的情形主要集中在如下阶段：（1）投资阶段中提供的贷款服务；（2）投后管理阶段中收取的管理费及超额收益；（3）退出阶段的股权（票）转让。至于本案例中涉及的对赌协议增资的增值税问题，由于对赌协议内容的实质是CHC有限的原股东以1元/1元出资额的低价转让股权的行为。此时，CHC有限尚未上市，根据《财政部 国家税务总局关于全面推开营业税改征增值税试点的通知》（财税〔2016〕36号）附件1中《销售服务、无形资产、不动产注释》第一条第五款第四项的规定，非上市公司股权不属于金融商品，转让非上市公司股权不属于增值税范围的金融商品转让，因此，无论是个人股东还是CHC公司转让非上市公司股权均不属于增值税的应税行为，不需要缴纳增值税。

因此，本部分主要分析涉及增值税的三项业务。

4.2.1　投资阶段提供的贷款服务

尽管本案例中不涉及，但部分私募基金筹集到大量资金后，在对投资项目投资之前，会将资金以贷款的方式存入金融机构或其他企业，以获得资金回报。此项应税行为，属于增值税征税范围中提供“金融服务”中的“贷款服务”，基金应就其收取的利息缴纳增值税。在纳税时，基金应以提供贷款服务取得的全部利息及利息性质的收入为销售额。不过基金若将资金用于购买国债、存入银行，则国债利息收入免征增值税，存款利息收入则不属于增值税征税范围，不征收增值税。

4.2.2　投后管理阶段收取的管理费及超额收益

基金管理人收取的基金管理费及超额收益，属于增值税征税范围的直接收费金融服务。根据财税〔2016〕36 号文件规定，直接收费金融服务，是指为货币资金融通及其他金融业务提供相关服务并且收取费用的业务活动，包括资产管理、基金管理在内的多种服务。纳税时，以提供直接收费金融服务收取的手续费、佣金、酬金、管理费、服务费、经手费、开户费、过户费、结算费、转托管费等各类费用为销售额，按适用税率或征收率计算销项税额或增值税。

4.2.3　退出阶段的股权（票）转让

增值税征税范围中的“金融商品转让”是指转让外汇、有价证券、非货物期货和其他金融商品所有权的业务活动，其他金融商品转让包括基金、信托、理财产品等各类资产管理产品和各种金融衍生品的转让，并不包括转让非上市公司股权。因此，在被投资企业上市前的股权转让，不属于增值税征税范围，不需要缴纳增值税。在被投资企业上市后，私募股权基金转让上市公司股权，属于增值税征税范围内的金融商品转让，应缴纳增值税。

根据财税〔2016〕36 号文件规定，金融商品转让，按照卖出价扣除买入价后的余额为销售额。转让金融商品出现的正负差，按盈亏相抵后的余额为销售额。若相抵后出现负差，可结转下一纳税期与下期转让金融商品销售额相抵，但年末时仍出现负差的，不得转入下一个会计年度。金融商品的买入价，可以选择按照加权平均法或者移动加权平均法进行核算，选择后36个月内不得变更。金融商品转让，不得开具增值税专用发票。

考虑到本案例中，FH基金在退出阶段转让的是其持有的解禁后的限售股，应根据《国家税务总局关于营改增试点若干征管问题的公告》（国家税务总局公告2016年第53号）第五条确定其买入价，即“单位将其持有的限售股在解禁流通后对外转让的，按照以下规定确定买入价：……（二）公司首次公开发行股票并上市形成的限售股，以及上市首日至解禁日期间由上述股份孳生的送、转股，以该上市公司股票首次公开发行（IPO）的发行价为买入价”。

5. 案例启示

（1）私募股权基金投资周期通常较长，基金应注意税收及其他法律法规的时效性，特别是当前我国为促进初创、科技型股权基金的发展，逐步释放税收红利，相关主体更需要关注政策的适用性，必要时应加强与税务部门的沟通，避免税收风险。

（2）目前私募股权基金有合伙型、公司型、契约型等形式，分别适用不同的税收政策，导致税负差异较大，具有很大的税收筹划空间。一方面，纳税人应综合私募股权基金涉及的各阶段、各税种进行合理合法的税收筹划。另一方面，税务机构应尽量出于税收中性原则研究出台税收政策，减少对不同形式私募股权基金的影响。

（3）私募股权基金以其灵活性和创新能力不断适应市场的快速发展，税务机关应持续关注私募市场及股权基金的发展多样性，及时更新、出台税收政策法规，以增强税收政策的确定性，促进私募股权基金的健康发展。

参考文献

西瑞尔·德马里亚．私募股权：从风险投资到杠杆收购（原书第三版）[M]．桂曙光，黄嵩，译．北京：机械工业出版社，2022.

主要参考的税收政策

[1]《中华人民共和国合伙企业法（2006 年）》（主席令 10 届第 55 号）

[2]《中华人民共和国企业所得税法（2018 年修正）》（中华人民共和国主席令第 23 号）

[3]《财政部　国家税务总局关于合伙企业合伙人所得税问题的通知》（财税〔2008〕159 号）

[4]《国家税务总局关于切实加强高收入者个人所得税征管的通知》（国税发〔2011〕50 号）

[5]《国家税务总局关于实施创业投资企业所得税优惠问题的通知》（国税发〔2009〕87 号）

[6]《国家税务总局关于有限合伙制创业投资企业法人合伙人企业所得税有关问题的公告》（国家税务总局公告 2015 年第 81 号）

[7]《财政部　税务总局关于创业投资企业和天使投资个人有关税收政策的通知》（财税〔2018〕55 号）

[8]《财政部　税务总局　发展改革委　证监会关于创业投资企业个人合伙人所得税政策问题的通知》（财税〔2019〕8 号）

[9]《财政部　税务总局　国家发展改革委　中国证监会关于延续实施创业投资企业个人合伙人所得税政策的公告》（财政部　税务总局　国家发展改革委　中国证监会公告 2023 年第 24 号）

[10]《财政部　税务总局关于资管产品增值税有关问题的通知》（财税〔2017〕56 号）

[11]《财政部　国家税务总局关于明确金融、房地产开发、教育辅助

服务等增值税政策的通知》（财税〔2016〕140 号）

[12]《国家税务总局关于发布〈股权转让所得个人所得税管理办法（试行）〉的公告》（国家税务总局公告 2014 年第 67 号）

[13]《国家税务总局关于营改增试点若干征管问题的公告》（国家税务总局公告 2016 年第 53 号）

[14]《私募投资基金监督管理条例》（中华人民共和国国务院令第 762 号）

[15]《财政部　国家税务总局关于将国家自主创新示范区有关税收试点政策推广到全国范围实施的通知》（财税〔2015〕116 号）

[16]《中华人民共和国公司法（2018 修正）》（中华人民共和国主席令第 15 号）

[17]《国家税务总局关于贯彻落实企业所得税法若干税收问题的通知》（国税函〔2010〕79 号）

思考题

1. 请分析私募股权基金设立为合伙制的优势和劣势。
2. 请分析合伙制私募股权基金投资阶段的所得税和增值税处理规定。
3. 请分析基金投资者的所得税处理规定。

案例六　新三板挂牌公司股权代持的税务处理

范晓静

[内容摘要] 全国中小企业股份转让系统（以下简称新三板）是经国务院批准设立的全国性证券交易场所。股票在新三板挂牌的公司（以下简称挂牌公司）为非上市公众公司，接受中国证券监督管理委员会（以下简称中国证监会）的统一监督管理。股权代持是指实际出资人（委托人）与名义股东（受托人）约定，以名义股东的名义代实际出资人办理投资入股手续，并代为履行股东权利、义务的一种股权处置方式。实际出资人也被称为实际股东或隐名股东；名义股东，也被称为代持人或显名股东。尽管新三板监管规定中明确要求挂牌公司股权清晰，但出于实际股东身份限制、股东人数限制、规避关联关系等原因，挂牌公司中仍普遍存在股权代持现象。本案例以SL能源股份有限公司为背景，简要分析股权代持的税务处理及有关法律风险问题。

1. 案例背景

SL能源有限公司成立于2004年4月，注册资本60万元。公司专业从事高纯度工业气体的生产制造、销售及运输，属于水利、环境和公共设施管理业中的生态保护和环境治理业。2013 年 3 月设立为股份有限公司（以下简称 SL 能源股份），2014 年 10 月在全国中小企业股份转让系统挂牌，股票代码 831 ***，挂牌时股份总量为 4 000 万股。挂牌时股权结构如图 1 所示。

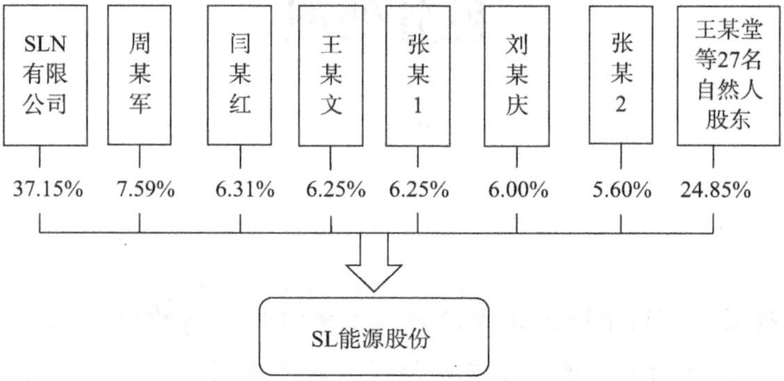

图 1　SL 能源股份挂牌时股权结构

其中，SLN 有限公司持有 SL 能源股份公司 37.15% 的股份，由于其余股东为 33 名自然人，单一自然人持股比例不超过 10%，股权较为分散，因此，SLN 有限公司为 SL 能源股份的控股股东。其他自然人股东中，周某军为公司董事长、总经理，闫某红、王某堂为公司董事、副总经理，王某文为公司董事、财务总监。

1.1　SL 能源股份违规代持事实

2022 年 11 月，全国股转公司对 SL 能源股份及相关责任主体发布纪律处分决定书和自律监管措施决定书，查明 SL 能源在挂牌、定向发行过程中，存在股权代持并未予披露的事实，具体违规事实为：

1.1.1　挂牌时存在股权代持的违规事实

（1）挂牌时（见图 1），公司控股股东 SLN 有限公司直接持有公司股份 37.15%，同时，自然人刘某庆等 3 人为 SLN 有限公司代持公司股份 714 万股，占挂牌时公司总股本的 17.85%，该代持未在挂牌前清理，未在公开转让说明书中披露，已于2019年通过转让方式解除。

（2）挂牌时（见图1），时任公司董事长兼总经理周某军，时任董事王某文、闫某红、王某堂，时任公司副总经理张某蕊等在内的13名自然人为130人代持SL能源股份，合计代持1 168.364万股，占挂牌时公司总股本的29.21%。上述五人又为88人代持912.324万股，占挂牌时公司总股本的22.9%。这些代持未在挂牌前清理，且未在公开转让说明书中披露，部分代持尚未解除。

1.1.2　定向发行过程中存在股权代持的违规事实

（1）2015年3月，SL能源股份第一次定向增发股票400万股，每股发行价格为人民币3.75元。张某新、杜某慧、娄某国等3名自然人参与发行，并为15名自然人代持SL能源股份，代持股共计130.54万股。

（2）2015年7月，SL能源第二次定向增发股票，祝某昌参与发行，为12名自然人代持SL能源股份，代持股份共计63.89万股。

SL能源股份在知悉上述两项增发代持事项的情况下，并未在发行文件中披露，且部分代持尚未解除。

1.1.3　原控股股东存在代持未予披露的违规事实

挂牌时，公司控股股东SLN有限责任公司工商登记在册的自然人股东19名，该19名股东为394名自然人代持SL能源股份的股权，SL能源股份的实际股东人数为412名。致使SL能源股份存在间接代持，间接代持的股本比例为30.2%。该代持事项未在公开转让说明书及定期报告中披露，时任董事、监事参与间接代持，但未进行告知。2019年9月，SLN有限公司将其直接持有的SL能源股份全部转让，不再担任挂牌公司控股股东，间接代持行为解除。

1.2　股权代持的原因分析

SL能源股份在挂牌、定向增发，以及其控股股东存在股权代持的行为，并不是个例，是新三板中较广泛存在的问题。究其原因，主要有以下三个方面。

第一，通过代持可以使公司发起人数量符合法律规定。《中华人民共和国公司法》（2018 年修正）（以下简称《公司法》）（中华人民共和国主席令第 15 号）第二十四条规定："有限责任公司由五十个以下股东出资设立。"第七十八条规定："设立股份有限公司，应当有二人以上二百人以下为发起人，其中须有半数以上的发起人在中国境内有住所。"在发起人数量超过法律规定的时候（如本案例），股权代持成为解决此问题的途径。

第二，通过代持可以使持股人身份符合法律规定。《公司法》第六十九条规定："国有独资公司的董事长、副董事长、董事、高级管理人员，未经国有资产监督管理机构同意，不得在其他有限责任公司、股份有限公司或者其他经济组织兼职。"第一百四十六条规定，有五种情形之一的，不得担任公司的董事、监事、高级管理人员。《公务员法》第一百零七条规定，"公务员辞去公职或者退休的，原系领导成员、县处级以上领导职务的公务员在离职三年内，其他公务员在离职两年内，不得到与原工作业务直接相关的企业或者其他营利性组织任职，不得从事与原工作业务直接相关的营利性活动"。类似规定散布于不同法律法规中，为规避持股人的身份限制，股权代持便成为一种变通方式，使被限制人员持有股权。

第三，隐藏关联关系。我国法律法规重视对关联交易的监管，如上市公司需充分披露关联信息；税收法律中也要求甄别关联关系，避免关联方以非公允的不合理方式逃避缴纳税款。由此，一方有可能通过股权代持方式隐藏与被投资企业的关联关系，逃避监管。

此外，还有其他一些原因造成股权代持，如部分企业出于提高工商登记及股东会决策效率的考虑，由名义股东代不便现场出席的股东持有股份；外国投资者可以通过代持以规避境内法律对外资准入的限制等。

这些多样化的原因导致我国目前股权代持现象仍较普遍，特别是在新三板挂牌的企业中更为常见。主要是因为：第一，新三板通常被看作通向主板上市的跳板，隐名股东可以在不暴露的情况下，成为未来主板上市企业的原始股东，以获得高额投资收益。第二，新三板对股权代持的监管没有主板严格，挂牌后若被发现存在代持问题，处理的依据主要是《全国中小企业股份转让系统自律监管措施和纪律处分实施细则》，文件的法律地位较低，同时对违反规定的股东将记入证券期货市场诚信档案，惩戒措施又缺乏足够威慑，导致违法成本低，代持的收益却很大。

1.3　新三板对代持的相关规定及处理决定

《全国中小企业股份转让系统业务规则（试行）（2013 年修改）》（2013 年 12 月 30 日发布）中规定，“1.5 申请挂牌公司、挂牌公司及其他信息披露义务人、主办券商应当真实、准确、完整、及时地披露信息，不得有虚假记载、误导性陈述或者重大遗漏。申请挂牌公司、挂牌公司的董事、监事、高级管理人员应当忠实、勤勉地履行职责，保证公司披露信息的真实、准确、完整、及时、公平”。“2.1 股份有限公司申请股票在全国股份转让系统挂牌，……应当符合下列条件：（四）股权明晰，股票发行和转让行为合法合规”。

《全国中小企业股份转让系统股票挂牌条件适用基本标准指引》中规定，“四、股权明晰，股票发行和转让行为合法合规：（一）股权明晰，是指公司的股权结构清晰，权属分明，真实确定，合法合规，股东特别是控股股东、实际控制人及其关联股东或实际支配的股东持有公司的股份不存在权属争议或潜在纠纷。”

本案例除违反上述规定外，还违反了《全国中小企业股份转让系统公开转让说明书内容与格式指引（试行）》（股转系统公告 2020 年第 150 号）第十一条、第二十八条，《全国中小企业股份转让系统股票发行业务细则（试行）》第三条等相关规定。

对此，全国股转公司根据《全国中小企业股份转让系统自律监管措施和纪律处分实施细则》（以下简称《处分实施细则》）第三十七条的规定，对 SL 能源股份、SLN 公司给予通报批评的纪律处分，并记入证券期货市场诚信档案。根据《处分实施细则》第十六条的规定，对时任董事、监事以及涉及的发行认购对象采取出具警示函的自律监管措施，并记入证券期货市场诚信档案；对SL能源股份提出警示，要求其按规定履行公司治理和信息披露义务，清理代持事项，保证信息披露真实、完整、准确、及时。

1.4 SL能源股份对代持股权的后续处理

2023年1月，SL能源股份针对尚未解除代持1 964.53万股（占公司总股本的17.86%），涉及代持的受托人18人，委托人171人，签署了《解除代持确认书》，通过三种方式解除/还原股权代持：一是受托方根据委托方的指示通过交易系统将代持股份出售变现后将资金归还委托人；二是受托方将代持股份交割至委托方账户；三是依据直系亲属关系将代持股份无偿赠予受托方。

至此，SL能源股份发布公告称股权代持关系全部清理完毕，公司股权代持的存续、解除/还原过程不存在纠纷及潜在纠纷。

本案例将以SL能源股份为研究对象，分析股权代持期间以及代持还原所涉及的增值税、所得税和印花税的处理规定，并结合代持股协议的有效性，名义股东、实际股东所面临的法律风险做简要探讨。

2. 股权代持的税收问题分析

2.1 股权代持期间股息红利的所得税处理

2.1.1 个人股东代持的股息红利问题

根据《财政部　税务总局　证监会关于继续实施全国中小企业股份转让系统挂牌公司股息红利差别化个人所得税政策的公告》（财政部　税务总局　证监会公告2019年第78号，以下简称“2019年第78号文”）的规定，“个人持有挂牌公司的股票，持股期限超过1年的，对股息红利所得暂免征收个人所得税。个人持有挂牌公司的股票，持股期限在 1 个月以内（含 1 个月）的，其股息红利所得全额计入应纳税所得额；持股期限在 1 个月以上至 1 年（含 1 个月）的，其股息红利所得暂减按 50% 计入应纳税所得额；上述所得统一适用 20% 的税率计征个人所得税。挂牌公司是指股票在全国中小企业股份转让系统公开转让的非上市公众公司；持股期限是指个人取得挂牌公司股票之日至转让交割该股票之日前一日的持有时间”。

2019 年第 78 号文第五条规定，“本公告所称个人持有挂牌公司的股票包括：（一）在全国中小企业股份转让系统挂牌前取得的股票；（二）通过全国中小企业股份转让系统转让取得的股票；（三）因司法扣划取得的股票；（四）因依法继承或家庭财产分割取得的股票；（五）通过收购取得的股票；（六）权证行权取得的股票；（七）使用附认股权、可转换成股份条款的公司债券认购或者转换的股票；（八）取得发行的股票、配股、股票股利及公积金转增股本；（九）挂牌公司合并，个人持有的被合并公司股票转换的合并后公司股票；（十）挂牌公司分立，个人持有的被分立公司股票转换的分立后公司股票；（十一）其他从全国中小企业股份转让系统取得的股票”。

需要注意的是，上述条款并不包括代持股中的实际出资人，因为从税收角度来看，代持股期间取得的股息红利属于代持方所有，应由代持方依法纳税。这一规定主要是因为税务机关一般只能根据股东登记情况认定名义股东为纳税义务人，承担纳税义务。实际出资人是否承担税款，需要名义股东与实际出资人事先在持股协议中规定。对名义股东转付的股息红利，出于避免重复征税和非商业实质的角度，不应再对实际出资人征税。

2.1.2　法人股东代持的股息红利问题

根据《企业所得税法（2018 年修正）》第二十六条规定，“企业的下列收入为免税收入：（二）符合条件的居民企业之间的股息、红利等权益性投资收益”；《中华人民共和国企业所得税法实施条例（2019 年修订）》（国务院令第 714 号）第八十三条规定，企业所得税法第二十六条第（二）项所称符合条件的居民企业之间的股息、红利等权益性投资收益，是指居民企业直接投资于其他居民企业取得的投资收益。企业所得税法第二十六条第（二）项和第（三）项所称股息、红利等权益性投资收益，不包括连续持有居民企业公开发行并上市流通的股票不足12个月取得的投资收益。

根据上述规定，法人名义股东从挂牌公司取得的股息红利收入，属于居民企业之间的股息、红利所得，满足免税条件时可以享受免征企业所得税的优惠，不满足时则应依法缴纳企业所得税。

根据《国家税务总局关于贯彻落实企业所得税法若干税收问题的通知》（国税函〔2010〕79号）第四条规定，企业权益性投资取得股息、红利等收入，应以被投资企业股东会或股东大会作出利润分配或转股决定的日期，确定收入的实现。

被投资企业将股权（票）溢价所形成的资本公积转为股本的，不作为投资方企业的股息、红利收入，投资方企业也不得增加该项长期投资的计税基础。

2.1.3 个人独资企业和合伙企业代持的股息红利问题

根据《国家税务总局关于〈关于个人独资企业和合伙企业投资者征收个人所得税的规定〉执行口径的通知》（国税函〔2001〕84号）第二条规定，个人独资企业和合伙企业对外投资分回的利息或者股息、红利，不并入企业的收入，而应单独作为投资者个人取得的利息、股息、红利所得，按“利息、股息、红利所得”应税项目计算缴纳个人所得税。以合伙企业名义对外投资分回利息或者股息、红利的，应按财税〔2000〕91号文件所附规定的第五条精神确定各投资者的利息、股息、红利所得，分别按“利息、股息、红利所得”应税项目计算缴纳个人所得税。

至于个人独资企业和合伙企业代持的股息红利是否适用2019年第78号文精神，在网传的《国家税务总局稽查局关于2018年股权转让检查工作的指导意见》（税总稽便函〔2018〕88号）中第一条第（三）项，提到“财税〔2015〕101号文件规定，个人从公开发行和转让市场取得上市公司股票，适用上市公司股息红利差别化个人所得税政策。该‘个人’不包括合伙企业的自然人合伙人”。但该文件在国家税务总局官方文件中并没有检索到，因此，此问题仍需进一步确定。

2.2　股权代持还原的所得税处理

股权代持还原即实际股东变更为显名股东，使公司股权的法律形式与股权实质统一，满足“股权清晰”的要求。

2.2.1　个人股东代持还原的税务处理

（1）基本规定。根据2019年第78号文第六条规定，“本公告所称转让股票包括下列情形：（一）通过全国中小企业股份转让系统转让股票；（二）持有的股票被司法扣划；（三）因依法继承、捐赠或家庭财产分割让渡股票所有权；（四）用股票接受要约收购；（五）行使现金选择权将股票转让给提供现金选择权的第三方；（六）用股票认购或申购交易型开放式指数基金（ETF）份额；（七）其他具有转让实质的情形”。

根据上述规定，本案例中三种股权还原方式均应按股权转让处理。《财政部　税务总局　证监会关于个人转让全国中小企业股份转让系统挂牌公司股票有关个人所得税政策的通知》（财税〔2018〕137号）规定，“一、自2018年11月1日（含）起，对个人转让新三板挂牌公司非原始股取得的所得，暂免征收个人所得税。本通知所称非原始股是指个人在新三板挂牌公司挂牌后取得的股票，以及由上述股票孳生的送、转股。”“二、对个人转让新三板挂牌公司原始股取得的所得，按照‘财产转让所得’，适用20%的比例税率征收个人所得税。本通知所称原始股是指个人在新三板挂牌公司挂牌前取得的股票，以及在该公司挂牌前和挂牌后由上述股票孳生的送、转股。”

本案例中，挂牌时已经形成的由代持人代持的股份在后续股权还原时，属于个人股东转让原始股，因此，个人代持股东应就取得的所得，按照“财产转让所得”，适用20%比例税率缴纳个人所得税。此税款是否最终转嫁给实际出资人，应由实际出资人和代持人根据股权代持协议或协商解决。

对于挂牌后，增发股票形成的代持股，在后续股权还原时，适用财税〔2018〕137 号文件第一条暂免征收个人所得税政策。

（2）应纳税额的计算。根据《中华人民共和国个人所得税法（2018 年修订）》（中华人民共和国主席令第 9 号）第六条第（五）款规定，财产转让所得，以转让财产的收入额减除财产原值和合理费用后的余额，为应纳税所得额。

①关于财产原值和合理费用的确定，《个人所得税法实施条例（2018 年修订）》（中华人民共和国国务院令第 707 号）第十六条规定，“个人所得税法第六条第一款第五项规定的财产原值，按照下列方法确定：（一）有价证券，为买入价以及买入时按照规定交纳的有关费用；（二）建筑物，为建造费或者购进价格以及其他有关费用；（三）土地使用权，为取得土地使用权所支付的金额、开发土地的费用以及其他有关费用；（四）机器设备、车船，为购进价格、运输费、安装费以及其他有关费用。其他财产，参照前款规定的方法确定财产原值。纳税人未提供完整、准确的财产原值凭证，不能按照本条第一款规定的方法确定财产原值的，由主管税务机关核定财产原值”。“个人所得税法第六条第一款第五项所称合理费用，是指卖出财产时按照规定支付的有关税费。”

计算代持原始股的还原所应缴纳的所得税问题，首先需要确定新三板挂牌的股票是否是有价证券。按照《全国中小企业股份转让系统业务规则（试行）》1.10 规定，挂牌公司是纳入中国证监会监管的非上市公众公司。根据证监会发布的《非上市公众公司监督管理办法》规定，“非上市公众公司是指有下列情形之一且其股票未在证券交易所上市交易的股份有限公司：（一）股票向特定对象发行或者转让导致股东累计超过 200 人；（二）股票公开转让。因此，新三板挂牌企业的股票属于有价证券，应以买入价以及买入时按照规定缴纳的有关费用确定财产原值。”由此，代持原始股还原时应缴纳的个人所得税适用的基本公式为：

应纳税额 =（转让财产收入额 - 有价证券买入价 - 合理费用）×20%

②对于代持原始股在转让收入和买入价方面仍需进一步分析。

首先是转让价格定价问题。根据《国家税务总局关于发布〈股权转让所得个人所得税管理办法（试行）〉的公告》（国家税务总局公告2014年第67号），股权转让收入是指转让方因股权转让而获得的现金、实物、有价证券和其他形式的经济利益。转让方取得与股权转让相关的各种款项，包括违约金、补偿金以及其他名目的款项、资产、权益等，均应当并入股权转让收入。股权转让收入应当按照公平交易原则确定。符合下列情形之一的，主管税务机关可以核定股权转让收入：申报的股权转让收入明显偏低且无正当理由的；未按照规定期限办理纳税申报，经税务机关责令限期申报，逾期仍不申报的；转让方无法提供或拒不提供股权转让收入的有关资料；其他应核定股权转让收入的情形。股权转让收入明显偏低的情形包括：申报的股权转让收入低于股权对应的净资产份额的。其中，被投资企业拥有土地使用权、房屋、房地产企业未销售房产、知识产权、探矿权、采矿权、股权等资产的，申报的股权转让收入低于股权对应的净资产公允价值份额的。申报的股权转让收入低于初始投资成本或低于取得该股权所支付的价款及相关税费的。申报的股权转让收入低于相同或类似条件下同一企业同一股东或其他股东股权转让收入的。申报的股权转让收入低于相同或类似条件下同类行业的企业股权转让收入的。不具合理性的无偿让渡股权或股份的。此时，如没有正当理由，主管税务机关应依次按照净资产核定法、类比法或其他合理方法确定股权转让收入。符合下列条件之一，则被视为有正当理由：一是能出具有效文件，证明被投资企业因国家政策调整，生产经营受到重大影响，导致低价转让股权；二是继承或将股权转让给其能提供具有法律效力身份关系证明的配偶、父母、子女、祖父母、外祖父母、孙子女、外孙子女、兄弟姐妹以及对转让人承担直接抚养或者赡养义务的抚养人或者赡养人；三是相关法律、政府文件或企业章程规定，并有相关资料充分证明转让价格合理且真实的本企业员工持有的不能对外转让股权的内部转让；四是股权转让双方能够提供有效证据证明其合理性的其他合理情形。

案例中三种代持股还原方式指：第一种，受托方根据委托方的指示通过交易系统将代持股份出售变现后将资金归还委托人的方式，可以认为通过交易系统将代持股变现满足公平交易原则，变现价格即为公允价值，可作为转让收入进行申报纳；第二种，受托方将代持股份交割至委托方账户，则需要根据国家税务总局公告 2014 年第 67 号判断是否有转让收入明显偏低且无正当理由等情形，此时税务部门会核定确定股权转让收入；第三种，依据直系亲属关系将代持股份无偿赠予受托方，属于有正当理由的股权转让收入明显偏低，由于是无偿赠予，所以股权转让收入为零，无需缴纳个人所得税。

对于买入价和合理费用的确认，根据国家税务总局公告 2014 年第 67 号规定，应根据股权取得的不同方式，确认原值（见表 1）。

表 1　　不同股权取得方式下股权原值的确认方法

股权取得方式	股权原值的确认方法
以现金出资方式取得	按照实际支付的价款与取得股权直接相关的合理税费之和确认股权原值
以非货币性资产出资方式取得的股权	按照税务机关认可或核定的投资入股时非货币性资产价格与取得股权直接相关的合理税费之和确认股权原值
通过无偿让渡方式取得股权，具备国家税务总局公告 2014 年第 67 号第十三条第二项所列情形的	按取得股权发生的合理税费与原持有人的股权原值之和确认股权原值
被投资企业以资本公积、盈余公积、未分配利润转增股本，个人股东已依法缴纳个人所得税的	以转增额和相关税费之和确认其新转增股本的股权原值
其他情形	由主管税务机关按照避免重复征收个人所得税的原则合理确认股权原值

因此，个人股东将代持股权还原时，应以其取得挂牌公司股权的方式，确定其股权原值。若个人转让股权未提供完整、准确的股权原值凭证，不能正确计算股权原值的，由主管税务机关核定其股权原值。

（3）税款缴纳。根据财税〔2018〕137 号文件规定，2019 年 9 月 1 日之前，个人转让新三板挂牌公司原始股的个人所得税，征收管理办法按照现行股权转让所得有关规定执行，以股票受让方为扣缴义务人，由被投资企业所在地税务机关负责征收管理。

自 2019 年 9 月 1 日（含）起，个人转让新三板挂牌公司原始股的个人所得税，以股票托管的证券机构为扣缴义务人，由股票托管的证券机构所在地主管税务机关负责征收管理。

个人股权转让所得个人所得税以被投资企业所在地税务机关为主管税务机关。

2.2.2　法人股东代持还原的税务处理

《国务院关于全国中小企业股份转让系统有关问题的决定》（国发〔2013〕49号）第六条规定，市场建设中涉及税收政策的，原则上比照上市公司投资者的税收政策处理。法人股东代持还原的税务处理按照法人股东将持有的新三板挂牌公司股权转让进行处理，涉及企业所得税。

根据《企业所得税法》及实施条例规定，转让财产收入，是指企业转让固定资产、生物资产、无形资产、股权、债权等财产取得的收入。企业对外投资期间，其进行权益性投资形成的投资资产，投资资产的成本在计算应纳税所得额时不得扣除。企业在转让或者处置投资资产时，投资资产的成本，准予扣除。

《国家税务总局关于贯彻落实企业所得税法若干税收问题的通知》（国税函〔2010〕79号）第三条规定，企业转让股权收入，应于转让协议生效且完成股权变更手续时，确认收入的实现。转让股权收入扣除为取得该股权所发生的成本后，为股权转让所得。企业在计算股权转让所得时，不得扣除被投资企业未分配利润等股东留存收益中按该项股权所可能分配的金额。

2.3　其他税种处理

2.3.1　印花税

根据《财政部　国家税务总局关于在全国中小企业股份转让系统转让股票有关证券（股票）交易印花税政策的通知》（财税〔2014〕47号）的规定，在全国中小企业股份转让系统买卖、继承、赠予股票所书立的股权转让书据，依书立时实际成交金额，由出让方按1‰的税率计算缴纳证券（股票）交易印花税。

本案例中三种股权代持还原的方式，除无偿赠予时实际成交金额为零，均需根据实际成交金额按1‰的税率对出让方征收证券交易印花税。

同时根据《中华人民共和国印花税法》的规定，证券登记结算机构为证券交易印花税的扣缴义务人，应当向其机构所在地的主管税务机关申报解缴税款以及银行结算的利息。证券交易印花税扣缴义务发生时间为证券交易完成的当日。

2.3.2 增值税

根据《财政部　国家税务总局关于全面推开营业税改征增值税试点的通知》（财税〔2016〕36号）附件1《销售服务、无形资产、不动产注释的规定》：金融商品转让，是指转让外汇、有价证券、非货物期货和其他金融商品所有权的业务活动。根据上文分析，新三板挂牌企业的股票属于有价证券，因此转让代持股属于增值税征税范围。

又根据财税〔2016〕36号附件3的规定：个人从事金融商品转让业务取得的金融商品转让收入免征增值税。因此，个人股东转让代持股免征增值税。

企业股东转让代持股应按规定缴纳增值税。根据财税〔2016〕36号附件2第一条第三款规定："3. 金融商品转让，按照卖出价扣除买入价后的余额为销售额。转让金融商品出现的正负差，按盈亏相抵后的余额为销售额。若相抵后出现负差，可结转下一纳税期与下期转让金融商品销售额相抵，但年末时仍出现负差的，不得转入下一个会计年度。金融商品的买入价，可以选择按照加权平均法或者移动加权平均法进行核算，选择后36个月内不得变更。金融产品转让，增值税税率为6%。"

此外，个人和法人股东持有代持股期间的股息红利则不属于增值税征税范围，不需要缴纳增值税。

3. 股权代持的其他法律问题分析

3.1 关于代持协议是否有效的问题

新三板的相关监管规定中明确要求挂牌公司股权清晰，禁止股权代持行为，如《非上市公众公司监督管理办法》第三条规定："公众公司应当按照法律、行政法规、本办法和公司章程的规定，做到股权明晰，合法规范经营，公司治理机制健全，履行信息披露义务。"《全国中小企业股份转让系统业务规则》第二章第一条规定，股份有限公司申请股票在全国股份转让系统挂牌，不受股东所有制性质的限制，不限于高新技术企业，应当符合下列条件："（四）股权明晰，股票发行和转让行为合法合规"。《中华人民共和国证券法》中要求公众公司必须股权清晰，不得隐名代持股权，应如实披露股份权属情况，这些都是对公众公司监管的基本要求。作为非上市公众公司的新三板挂牌公司，理应满足股权清晰的内在要求，否则对公众公司信息披露的要求等监管措施必然无法落地，进而损害广大公众投资者的合法权益，损害资本市场的交易秩序。但由于代持行为的隐蔽性，以及上位法特别是最高人民法院司法解释中对代持的认可①，导致新三板挂牌公司代持股现象屡禁不绝，也导致司法判例中对新三板挂牌公司代持股双方的股权代持协议是否有效观点不一，在一定程度上增加了代持行为的风险。

---

① 《最高人民法院关于适用若干问题的规定（三）》第二十四条第一款规定，有限责任公司的实际出资人与名义出资人订立合同，约定由实际出资人出资并享有投资权益，以名义出资人为名义股东，实际出资人与名义股东对该合同效力发生争议的，如无合同法第五十二条规定的情形，人民法院应当认定该合同有效。合同法第五十二条规定，有下列情形之一的，合同无效：（一）一方以欺诈、胁迫的手段订立合同，损害国家利益；（二）恶意串通，损害国家、集体或者第三人利益；（三）以合法形式掩盖非法目的；（四）损害社会公共利益；（五）违反法律、行政法规的强制性规定。

部分认为“代持协议无效”[①] 的判例，是法院根据《中华人民共和国证券法》《中华人民共和国合同法》及新三板监管相关法律法规、规范性文件等规定综合予以判定的结果。理由为，其一，非上市公众公司股权清晰，股份不存在重大权属纠纷、遵守如实披露信息义务且披露的信息真实、准确、完整、及时，是证券行业监管的基本要求，属于证券交易行业的基本共识。证券交易市场的公共秩序禁止存在股权代持。其二，公众公司必须股权清晰、不得隐名代持股权，如实披露股份权属，均系对公众公司监管的基本要求。可以看出，法院认为作为公众公司的新三板挂牌公司若存在股权代持，涉嫌侵害社会公共利益，因而判定代持协议无效。

也有部分法院认为“代持协议有效”,[②] 理由是实际出资方和代持方在自愿、平等的基础上签署的《代持股协议书》对双方权利义务做了详细约定，在并未违反《合同法》相关规定的前提下，代持协议是合法有效的。同时，虽然《国务院关于全国中小企业股份转让系统有关问题的决定》《全国中小企业股份转让系统有限责任公司管理暂行办法》《非上市公众公司监督管理办法》《全国中小企业股份转让系统业务规则》《全国中小企业股份转让系统投资者适当性管理细则》中均有对于新三板企业投资主体的特殊要求，但这些规定或者层级较低，不属于法律、法规而仅是行政规章、自律规则，或者并不属于效力性强制规范，而属于管理性强制规范的范畴。因此，法院认为双方之间的股权代持协议有效。

3.2 名义股东与实际股东的法律风险分析

除了上述股权代持协议会被认定为无效的法律风险外，名义股东和实际股东仍面临着其他法律风险。

3.2.1 名义股东的出资责任风险

股权登记具有对外公示的法律公信力。代持人即名义股东就是公司的

---

① 北京市通州区人民法院民事判决书（2022）京0112民初1881号。

② https：//bjgy. bjcourt. gov. cn/article/detail/2017/05/id/2863470. shtml.

股东，如果实际出资人出资不到位，名义股东则面临承担公司债权人或其他股东追索的法律风险。如最高人民法院关于适用《中华人民共和国公司法》若干问题的规定（三）第二十七条规定：公司债权人以登记于公司登记机关的股东未履行出资义务为由，请求其对公司债务不能清偿的部分在未出资本息范围内承担补充赔偿责任，股东以其仅为名义股东而非实际出资人为由进行抗辩的，人民法院不予支持。名义股东根据前款规定承担赔偿责任后，向实际出资人追偿的，人民法院应予支持。

3.2.2　实际股东权利被名义股东侵害的风险

名义股东可能在实际出资人不知情的情况下，擅自行使股东权利，如滥用经营管理权、表决权、分红权等权利，甚至将代持股权质押或转让，给实际出资人造成损失。对此，最高人民法院关于适用《中华人民共和国公司法》若干问题的规定（三）对此有保护条款，如第二十五条第二款规定：实际出资人与名义股东因投资权益的归属发生争议，实际出资人以其实际履行了出资义务为由向名义股东主张权利的，人民法院应予支持。名义股东以公司股东名册记载、公司登记机关登记为由否认实际出资人权利的，人民法院不予支持。第二十六条规定：名义股东将登记于其名下的股权转让、质押或者以其他方式处分，实际出资人以其对于股权享有实际权利为由，请求认定处分股权行为无效的，人民法院可以参照《物权法》第一百〇六条的规定处理。名义股东处分股权造成实际出资人损失，实际出资人请求名义股东承担赔偿责任的，人民法院应予支持。

尽管最高人民法院的司法解释对代持予以认可，但对实际出资人的保护仍持较为谨慎的态度，实际出资人需要提供充分有效的代持股协议和其他相关证据证明自己实际股东地位，一旦证据不足，其权利必然无法得到法律保护，面临着极大的风险。

4. 案例启示

第一，税务机关对股权代持与司法机关的处理原则存在差异。最高人民法院从实际重于形式原则，认可和保护实际出资人应享受的股东权利，针对股权代持纠纷结合公司法、民法典、物权法等法律综合进行司法裁定。而对于税务机关来说，股权代持纠纷的法律关系相对复杂，运用实质重于形式原则探究代持关系背后的经济实质在一定程度上超出了税务部门的权力和能力，因此，税务机关或者依据司法机关的裁定处理股权代持的涉税事宜，或者仅依据法律形式进行征税，即以市场监管部门登记的名义股东为依据进行征税，隐名股东与名义股东若有进一步关于税款负担等涉税事项的争议可通过司法渠道解决。

第二，股权代持对代持双方均有风险，既包括税收政策规定不明确的税务风险，也包括股权代持协议有效性不受法律保护的风险，以及税收与其他法律之间处理原则不同的风险。因此，签订一份详细完备的股权代持协议是减少代持双方风险的必要方式。通过股权代持协议，约定双方的权利义务，特别是当前有关新三板挂牌企业代持股税收法规较少时，一些涉税问题尚未明确，税务机关通常依据工商登记公示的股东进行征税，可能引发名义股东和隐名股东就税款承担问题的纠纷。因此，在股权代持协议中，应清晰表明税费承担的主体、承担税款比例等内容以及纠纷解决途径。

第三，新三板挂牌公司宜早根据相关法律规定以及上市规则合法解决股权代持问题，实现公众公司股份权属清晰的内在要求。当前，法律法规尚未对新三板股权代持做出严格禁止性规定，监管部门发现挂牌公司有代持股情况的，基本采取案例中的类似措施，要求公司限时清理，以防止股权纠纷。未来随着法律制度的完善，证券机构和税务机关监管措施和技术手段的提高，股权代持的隐蔽性会越来越低，其暴露的风险也会越来越大，也将成为新三板企业在主板上市的“绊脚石”。因此，新三板挂牌公司应加强自律自查，严格按照监管要求进行信息披露，以减少税收及法律风险，为企业的长久稳健和持续发展保驾护航。

参考文献

文海宣．海淀法院审结一起涉新三板市场的股权合同案．北京法院网．https：//bjgy. bjcourt. gov. cn/article/detail/2017/05/id/2863470. shtml。

主要参考的税收政策

[1]《财政部　税务总局　证监会关于继续实施全国中小企业股份转让系统挂牌公司股息红利差别化个人所得税政策的公告》（财政部　税务总局　证监会公告 2019 年第 78 号）

[2]《中华人民共和国企业所得税法（2018 年修正）》（中华人民共和国主席令第 23 号）

[3]《中华人民共和国企业所得税法实施条例（2019 年修订）》（国务院令第 714 号）

[4]《国家税务总局关于贯彻落实企业所得税法若干税收问题的通知》（国税函〔2010〕79 号）

[5]《国家税务总局关于〈关于个人独资企业和合伙企业投资者征收个人所得税的规定〉执行口径的通知》（国税函〔2001〕84 号）

[6]《国家税务总局稽查局关于 2018 年股权转让检查工作的指导意见》（税总稽便函〔2018〕88 号）

[7] 财政部　国家税务总局　证监会关于上市公司股息红利差别化个人所得税政策有关问题的通知（财税〔2015〕101 号）

[8]《财政部　税务总局　证监会关于个人转让全国中小企业股份转让系统挂牌公司股票有关个人所得税政策的通知》（财税〔2018〕137 号）

[9]《中华人民共和国个人所得税法（2018 年修订）》（中华人民共和

国主席令第 9 号）

[10]《个人所得税法实施条例（2018 年修订）》（中华人民共和国国务院令第 707 号）

[11]《国家税务总局关于发布〈股权转让所得个人所得税管理办法（试行）〉的公告》（国家税务总局公告 2014 年第 67 号）

[12]《国务院关于全国中小企业股份转让系统有关问题的决定》（国发〔2013〕49 号）

[13]《国家税务总局关于贯彻落实企业所得税法若干税收问题的通知》（国税函〔2010〕79 号）

[14]《财政部　国家税务总局关于在全国中小企业股份转让系统转让股票有关证券（股票）交易印花税政策的通知》（财税〔2014〕47 号）

[15]《中华人民共和国印花税法》（中华人民共和国主席令第八十九号）

[16]《财政部　国家税务总局关于全面推开营业税改征增值税试点的通知》（财税〔2016〕36 号）

思考题

1. 请分析股权代持的目的和风险。
2. 通常情况下股权代持的税务处理与司法处理是否一致？为什么？
3. 请分析个人股东股权代持还原的所得税处理。

案例七　医药企业并购的所得税筹划研究

——以吉药控股并购为例

张青　柳蓉

[内容摘要] 吉药控股集团股份有限公司（股票简称：吉药控股，股票代码：300108）并购浙江亚利大胶丸有限公司（简称亚利大）股权的交易，吉药控股以现金2.3亿元收购亚利大100%的股权。两家公司主营业务都是生产和销售医疗用品，因此属于横向并购。通过对比并购前后的相关报表数据，分析并购发生前和并购发生后的企业经营状况，计算相关指标，分析企业因为并购而发生的税负转变。从并购目标企业选择、并购方式、融资方式等环节上，提出并购税务筹划方案。从资产收购和股权收购两种企业并购方式出发，分析一般性税务处理和特殊性税务处理的筹划区别。

1. 问题的提出

税收筹划，是根据一定的税收政策及法规，利用合理的手段和技术，采取合理的税收筹划措施，使税收负担小于其财务负担，以最大化企业利益。税收筹划必须符合法律法规，遵循有关规定，严格执行公平原则，以避免不合理的税收避税行为。并购中的所得税筹划是企业实施并购的一个重要部分，合理的税收筹划可以使受让方企业的税收负担降低，从而更好地促进并购的顺利实施。

由于我国鼓励深化产业结构调整，促进企业并购重组，医药行业受国家政策和市场环境的影响，也在积极响应号召，通过并购重组，整合优势资源。2022年上半年，全国医药企业并购事件140起，交易总额近660亿元，涉及医疗制造、医疗服务机构、医疗流通领域等。在企业并购中，所得税是影响企业成功并购的重要因素。当前，医药行业并购中的税务筹划方案在执行上存在以下典型问题：筹划人员知识储备不足，管理层筹划意识不够，税收筹划方案设计存在错误等。

选取横向并购典型案例，吉药控股集团股份有限公司（股票简称：吉药控股；股票代码：300108）并购浙江亚利大胶丸有限公司（简称亚利大），进行医药企业并购的所得税筹划研究。通过对比并购前后的相关报表数据，分析并购发生前和并购发生后的企业经营状况，计算并测算企业因为并购而发生的税负转变。基于最新的所得税税收政策，对企业并购中的所得税纳税筹划进行方案设计，从并购前的目标选择，并购过程中的并购方式和支付方式选择，并购后的组织形式，另外还有并购前后的相关扣除政策等，提出并购税务筹划方案。

2. 理论分析与政策梳理

2.1 企业并购税收筹划的理论分析

2.1.1 有效税收筹划

有效税收筹划理论是迈伦·斯科尔斯有关企业税收利益最大化的理论研究成果，核心观点在于交易过程需兼顾显性成本、隐性成本和非税成本等，在充分考虑上述因素后得到的优化的税收理论是企业有效的税收筹划。

有效税收筹划理论的核心内容包括三点：一是企业在税收筹划时需要考虑各个税种、各个阶段可能影响企业税收负担的因素。以案例企业为例，吉药并购亚利大的过程中，既要考虑并购这一行为的印花税等，又要考虑后续运营这一可能持续较长时间的过程中的所得税等。二是税收成本只是企业税收筹划时应当关注的一方面，是诸多成本中的一种，有效的税收筹划必须综合考虑显性成本和隐形成本、非税成本与多边契约等，以案例企业为例，吉药要在短期内完成对亚利大的并购，不仅要考虑实际缴纳的税收，也要考虑今后维持此架构所需付出的非税收形式的其他成本等，降低非税成本。三是企业在投融资决策时，还需要考虑隐形税收因素，以案例企业为例，吉药并购过程中债券融资的利息抵税等。

在有效税收筹划理论中，税收成本包括显性税收和隐性税收，直接影响企业缴纳税款的多少。显性税收容易识别，是企业依据税法规定应当缴纳的税款。隐性税收是在同等风险下，不同资产税前投资回报率之间的差额，这种差异主要来自资产享受税收优惠政策与否。非税成本是企业做出税收筹划之后，因为设计架构等而额外增加的非税收形式支出。多数情况下，税收筹划产生的税收成本与非税成本呈负相关关系，此增彼减。税收成本和非税收成本总和的最小化是企业进行有效税收筹划应当关注的问题。因此，案例企业在税收筹划时，要系统性综合考虑，统筹兼顾两方的负担，提升整体效益。

2.1.2　税收协同效应

税收协同效应主要表现为税盾效应、税收挡板、税法的非对称性和税收优惠政策四方面。

（1）税盾效应，主要来源于债券融资。我国税法对债券融资和股权融资支付的利息或股息费用的处理有不同的规定，股权融资支付的股息不影响企业所得税，不得在企业所得税税前列支，而债券融资支付的利息费用作为当期损益，影响企业的利润，通常作为财务费用在税前扣除，也有资本化计入产品成本，再通过折旧扣除的情况最终都对应纳税额有影响，产生利息抵税效果。企业并购的交易金额往往比较大，多数企业自有资金一般难以完全满足需求，即使满足也对企业的资金流动情况不利，此时从外部筹措资金是较好的决策方式。权益融资实现财务目标后，通过债券融资，一方面缓解支付交易对价压力，另一方面可以获得税盾效应，实现税收协同效应。但在实际运用过程中，需要考虑资本弱化和安全港规则等问题，配合更多的政策运用，采用多层级的融资方式，以免造成税务风险。此外，并购企业的资本结构和偿债能力也是需要考虑的重要因素。

（2）税收挡板，一般是通过折旧或者摊销形成的。以案例企业为例，在吉药并购亚利大的过程中，采用一般性税务处理，按照资产的公允价值入账，如果公允价值大于资产的账面价值，即会计上的账面价值小于计税基础，则并购方能够获得两个价值差额的折旧抵税效应。如果资产在后续过程中转让或者处置，则可扣除取得时的成本。

（3）税法的非对称性，主要是指一家公司的亏损可以结转到另一家公司，后者能在更短时间内抵消，由此产生税收协同效应。我国税法规定，除了高新技术产业和科技型中小企业的亏损可结转弥补 10 年外，其他企业产生的亏损可结转弥补 5 个年度，超过 5 年不可再结转，很多国家都有类似规定。以案例企业为例，亚利大与吉药签订的 3 年对赌协议，只有第一年实现，后两年受疫情影响，并未完全实现，可以利用税法的不对称性，尽量使亏损在相对较短的时期内结转。有些公司甚至将亏损作为并购动因，以充分利用其税收协同效应。

（4）税收优惠政策。目前部分国家或地区由于其优惠性的税收政策而成为避税天堂，这些地区不征收或者征收较少的税收，或者正常征收但是有很多税收优惠政策，能够为投资者带来较多的税收利益，因而许多投资者将这些避税地作为投资的中间控股层，设计架构平台，从而实现并购的税收筹划。

2.2 企业并购方式及税务筹划方法

2.2.1 企业并购方式

医药企业并购可以分为资产并购、股权并购和其他一些并购方式，其中资产并购和股权并购这两种并购方式较为常见。

资产并购，又分为现金收购资产和股权收购资产。现金收购资产是指并购公司使用现金购买目标公司绝大部分资产或全部资产，以实现对目标公司的控制。股权收购资产是指并购公司向目标公司发行并购公司自己的股票以交换目标公司的大部分或全部资产，以达到控制目标公司的目的。

股权并购，又分为现金购买股票和股票交换股票。现金购买股票是指并购公司以现金购买目标公司的大部分或全部股票，以实现对目标公司的控制。股票交换股票的并购方式又称“换股”，一般是并购公司直接向目标公司的股东发行股票以交换目标公司的大部分或全部股票，通常要达到控股的股数。

这两种并购方式都是企业在并购中可以采取的并购手段，也可与税务处理方式，如特殊性税务处理和一般性税务处理结合而实现税务筹划。当然还有一些其他的并购方式：一是债权转股权式企业并购，是指最大债权人在企业无力归还债务时，将债权转为投资，从而取得企业的控制权。二是间接控股，主要是战略投资者通过直接并购上市公司的第一大股东来间接地获得上市公司的控制权。三是承债式并购，并购企业以全部承担目标企业债权债务的方式获得目标企业控制权。

2.2.2 企业并购税务筹划方法

医药企业在并购过程中，可以采用的税务筹划方法主要有以下 10 种。

第一种是税收优惠筹划法。税收优惠筹划法是税务筹划的基本方法之一，包括特殊行业、特定区域、特定行为、特殊时期的税收优惠。税收优惠的形式包括免税、减税、免征额、起征点、退税、优惠税率、税收抵免等。创造条件适用优惠政策也是税务筹划的重要方法之一，通过合理合法的程序，企业可以争取到更多的免税、优惠项目，降低企业的税后利润，提高企业的经济效益。

第二种是税率差异筹划法。利用税率差异技术、选择适宜的产业和地区、寻求稳定性和长期性等。其中，利用税率差异技术是指在合理合法的前提下，利用税率的差异直接节减税务，从而实现企业利润的最大化。这一方法可以最大限度地利用税率的差异，降低企业的税负，提高企业的效益。

第三种是地点流动筹划法。地点流动筹划法，适用于不同地区和行业之间税基、税率、征税对象、纳税人等方面的差异。纳税人可以根据实际情况选择优惠地区进行注册，以减轻企业税务负担，提高经济效益。

第四种是创造条件筹划法。创造条件筹划法是指企业在符合税收优惠规定的前提下，通过创造条件使其符合规定，从而享受优惠待遇。这种方法具有合法性、筹划性、目的性、风险性和专业性，是税务代理机构可从事的不具有鉴证性能的业务内容之一。

第五种是定价转移筹划法。定价转移是企业节税的基本方法之一，是指在产品交换和买卖过程中，根据企业间的共同利益而进行产品定价的方法。转移定价的避税原则一般适用于税率有差异的相关联企业。通过转移定价，使税率高的企业部分利润转移到税率低的企业，最终减少两家企业的纳税总额。

第六种是分离技术。分离技术是指企业所得和财产在两个或多个纳税人之间进行分割而使节减税款达到最大化的税务筹划技术。在应用分离技术时，应合理化分离部分，根据国家的相关政策对企业的所得或财产进行分劈，尽量采用分劈技术使节税最大化。

第七种是延期纳税筹划法。延期纳税筹划法是指在法律允许的范围内，纳税人延期缴纳税款，相对节税的技术。虽然不能使应缴纳的税款减少，但时间的滞延相当于企业拿到了一笔无息贷款。递延纳税筹划法通过推迟确认收入、提前支付费用等方式，实现节税。

第八种是会计政策筹划法。会计政策筹划法是通过分摊筹划和估计筹划，减少企业税收负担。该方法适用于存在多种不确定因素的项目，可以采用选择性进行筹划。通过对有关会计处理方法筹划，可以获取税收收益。

第九种是组织形式筹划法。税务筹划的基本方法包括合理利用企业的组织形式，如独立纳税和汇总纳税，以及选择新的分支机构进行纳税筹划。企业根据自身情况选择不同的组织形式，以达到有效的税务筹划。企业选择组织形式需要考虑分支机构是否享受优惠税率等。

第十种是分立筹划法。分立筹划法是指一家企业将部分或全部资产分离转让给现存或新设立的企业，被分离企业股东换取分立企业的股权，实现企业的依法拆分。分立筹划法利用拆分手段，可以有效地改变企业规模和组织形式，降低企业整体税负。

2.3　相关税收政策

企业所得税相关优惠政策如下：

《企业所得税法》第五条规定，企业每一纳税年度的收入总额，减除不征税收入、免税收入、各项扣除以及允许弥补的以前年度亏损后的余额，为应纳税所得额。

《企业所得税法》第二十六条规定，企业的国债利息收入、符合条件的居民企业之间的股息、红利等权益性投资收益、在中国境内设立机构、场所的非居民企业从居民企业取得与该机构、场所有实际联系的股息、红利等权益性投资收益、符合条件的非营利组织的收入为免税收入。

《企业所得税法》第二十八条规定，符合条件的小型微利企业，减按20%的税率征收企业所得税。国家需要重点扶持的高新技术企业，减按15%的税率征收企业所得税。

《企业所得税法》第三十条规定，企业在开发新技术、新产品、新工艺过程中，发生的研究开发费用或者安置残疾人员及国家鼓励安置的其他就业人员所支付的工资，可以在计算应纳税所得额时加计扣除。

《税收征管法》第四十八条规定，纳税人有合并、分立情形的，应当向税务机关报告，并依法缴清税款。纳税人合并时未缴清税款的，应当由合并后的纳税人继续履行未履行的纳税义务；纳税人分立时未缴清税款的，分立后的纳税人对未履行的纳税义务应当承担连带责任。

根据以上规定，企业在并购过程中缴纳企业所得税，主要享受两个方面的优惠：

第一个是税率优惠。根据企业所得税法的相关规定，高新技术企业可以享受15%的企业所得税税率，基于这一税率，会比普通非高新技术企业少交10个点的税，有着更低的纳税成本。而且国家近年来为了鼓励高新技术企业的发展，在2018年初就提出高新技术企业在运营资质期满后，同时当年尚未完成资质认定，依然可以暂时根据15%的税率来缴纳企业所得税；而如果年末运营资质经核实确认不属于高新技术企业，则需要按照税法规定的要求对资质期满后当年超过15%的税额进行补缴，不会产生任何滞纳金。

第二个是税前扣除优惠。国家针对高新技术企业制定了多个税前扣除优惠政策。

一是国债利息收入，准予在税前扣除。企业购买的国债未到兑付期而销售所取得的收入，应计入应税收入，按规定计算缴纳企业所得税，购买的国债到期兑付所取得的国债利息收入，予以免征企业所得税，但相关费用不得在税前扣除。

二是技术转让优惠政策。在某一纳税年度内，高新技术企业通过技术转让获取的利润在500万元以下，可按照优惠政策免征税收，而若转让技术利润在500万元以上，则针对超过500万元的利润在法定税率上减半征收。

三是研发费用加计扣除的税收优惠政策。《财政部　税务总局关于延长部分税收优惠政策执行期限的公告》（下文简称为《公告》）明确提出，高新技术企业缴纳企业所得税过程中，若是研发活动开展期间产生的一系列研发费用，同时相应费用没有通过无形资产的方式计入当期损益，在完成据实扣除之后，可基于研发费用实际额度75%实现税前加计扣除；若相应费用已经以无形资产的方式计入当期损益，因为《公告》当中提出有时间段要求，即从2018年1月1日一直到2023年12月31日，可按照无形资产成本175%实现税前摊销处置。

四是科技型中小企业研发费用税前加计扣除比例提高到100%，如果属于高新技术企业，又评定为科技型中小企业，那么，单位的研发费用税前加计扣除计入当期损益的，在按规定据实扣除的基础上，自2022年1月1日起，再按照实际发生额的100%在税前加计扣除；形成无形资产的，按照无形资产成本的200%在税前摊销。

3. 案例分析

3.1 案例公司介绍

3.1.1 并购方：吉药控股集团股份有限公司

吉药控股集团股份有限公司（股票简称：吉药控股，股票代码：300108）是深圳证券交易所创业板上市公司。吉药控股成立于2000年1月27日，前身是通化市双龙化工有限公司，主要从事医药的生产和销售服务的提供，2010年在深圳证券交易所挂牌上市，注册资本为666 014 674元。旗下目前有7个子公司，分别为：长春普华制药股份有限公司、通化双龙化工股份有限公司、江西双龙硅材料科技有限公司、吉林金宝药业股份有限公司、浙江亚利大胶丸有限公司、远大康华（北京）医药有限公司、吉药控股（香港）药物研发科技有限公司。

吉药控股并购前5年经营利润情况如表1所示。

表1　吉药控股有限公司并购前5年利润情况　　单位：亿元

时间 项目	2018.03.31	2017.12.31	2016.12.31	2015.12.31	2014.12.31	2013.12.31
营业收入	9.42	7.00	7.47	6.78	3.43	1.65
营业成本	8.76	4.33	4.56	4.30	2.17	1.02
利润总额	2.84	2.54	2.35	1.64	0.70	0.32
应纳所得额	0.71	0.635	0.5875	0.41	0.175	0.08

资料来源：深圳证券交易所披露的数据。

3.1.2 被并购方：浙江亚利大胶丸有限公司

浙江亚利大胶丸有限公司（简称亚利大）成立于2006年7月4日，曾用名新昌县亚利大胶丸有限公司，为个人独资有限责任公司（自然人独资），法人代表王翼，注册资本 206 万元。2012—2013 年，通过几次整体股权转让，公司投资人及法人由王翼变更为王平平。2013 年底，公司注册资本增加到 1 000 万元，更名为浙江亚利大胶丸。公司主要经营范围为：药品生产，销售自产产品，销售胶囊机械，货物进出口。被并购前，亚利大胶丸是国内大型药用空心胶囊生产基地之一，拥有专利 39 项、半自动胶囊生产线 12 条，年生产能力约为 40 亿粒明胶空心胶囊。

亚利大公司经营管理结构如图 1 所示。

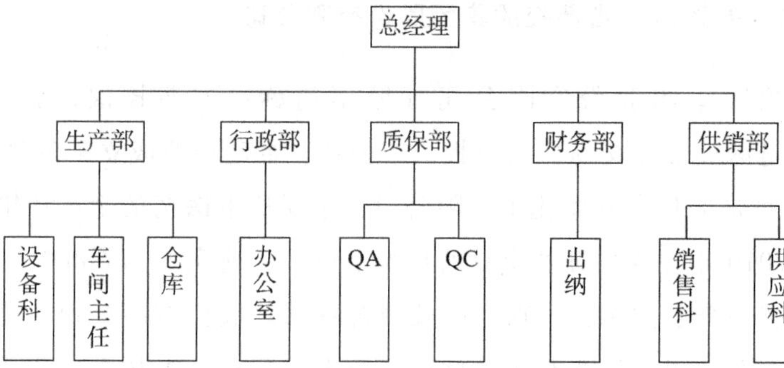

图 1　亚利大公司内部管理结构

亚利大公司股权结构如表 2、表 3 所示。

表 2　亚利大股权结构

序号	股东姓名	持股数（万股）	出资比例（%）
1	梅河口亚利大健康产业投资中心（有限合伙）	1 000	100
合计		1 000	100

资料来源：吉药估值报告书。

表 3　浙江亚利大胶丸有限公司 2015—2018 年 3 月 31 日财务报表和资产负债状况

单位：万元

项目＼时间	2018. 03. 31	2017. 12. 31	2016. 12. 31	2015. 12. 31
资产总额	7 580. 69	7 932. 55	5 844. 36	4 871. 65
负债总额	5 622. 03	6 831. 57	5 573. 72	3 573. 21
所有者权益	1 958. 66	1 100. 98	270. 64	1 298. 44

3.1.3　并购过程

并购事件发生之前，吉药控股有限公司通过与财务顾问合作，依据公司运营情况、企业资产状况以及发展策略判断企业的市场定位，形成并购战略。即开展了大量的并购需求分析、并购目标的特征模式以及对并购方向的选定和安排，最后决定选择亚利大胶丸为并购目标，主要原因是看中了亚利大完善的胶囊产品线，以及其在 2015 年获得的国家高新技术企业认定资质，这一认定资质使得公司适用于 15% 的企业所得税税率，比原来 25% 的企业税负低了 10 个百分点，这将会在一定程度上减少吉药控股的税负。吉药控股第四届董事会第十次会议上，根据《深圳证券交易所创业板股票上市规则》《公司章程》等相关规定，拟以现金收购亚利大 100% 股权的议案，本次股权收购在上市公司董事会审批权限范围内，无需提请上市公司股东大会审议。

亚利大公司为顺利完成本次股权收购，标的公司实际控制人王平平在吉林省梅河口市经济开发区设立有限合伙企业亚利大投资。2018 年 6 月 26 日，王平平将其所持标的公司 100% 股权转让给亚利大投资。

吉药控股与亚利大进行谈判，确定并购的方式为资金收购股权模式。吉药控股联系了北京中锋资产评估有限责任公司，采用成本法和收益法，按照必要的估值程序，对浙江亚利大胶丸有限公司在 2018 年 3 月 31 日的股东全部权益价值进行了估值测算。截止到估值基准日（2018 年 3 月 31 日），浙江亚利大胶丸有限公司账面净资产 1 958.66 万元，经收益法估值，公司股东全部权益价值为 26 347.07 万元，增值额 24 338.41 万元，增值率为 1 245.16%。

2018 年 8 月 3 日并购交易后，吉药控股通过自有资金 2.3 亿元收购了亚利大的全部股权，使之成为吉药控股的全资子公司，吉药控股将对其增资 3 000 万元，主要用于标的公司补充流动资金、完成植物胶囊等新产品的研发。重组后公司的资产总额、净资产、营业收入、净利润大幅增长。

3.2 实际并购税收方案分析

根据企业重组税务处理的相关适用条件，此项收购适用一般性税务处理，对于吉药控股而言，此次现金收购的计税基础以股票的公允价值确定，现金支付部分的计税基础为23 000万元。对于被收购的亚利大胶丸而言，其股权转让所得为21 041.34万元［23 000－（1 958.66×100%）］。因此亚利大需要缴纳的企业所得税为5 260.335万元（21 041.34×25%）。亚利大被并购前几年的利润与所得税情况如表4所示，具体支付方式如表5所示，实际税务支付情况如表6所示。

表4　　浙江亚利大胶丸并购重组前的利润与所得税情况　　单位：万元

项目＼时间	2018年1—3月	2017年1—12月	2016年1—12月	2015年1—12月
营业收入	646.51	4 049.72	3 018.17	3 571.11
营业成本	284.66	1 853.85	2 025.19	2 336.9
营业利润	140.77	1 090.3	233.18	162.42
利润总额	146.73	1 082.36	251.36	204.22
净利润	112.06	830.36	185.44	153.17
所得税	34.67	252	65.92	51.05

资料来源：浙江亚利大胶丸有限公司2018年估值报告书。

由表4亚利大经营状况可以看出，利润总额为正，公司一直处于盈利状态，故没有以前年度亏损可以弥补，由于亚利大是高新技术企业，适用于15%的企业所得税率，因此，亚利大此次并购转让股权所要交的企业所得税为3 156.201万元（21 041.34×15%）。

表5　　交易支付方式

标的股权	现金支付	现金支付占比	股权支付	股权支付占比
浙江亚利大胶丸有限公司100%股权	23 000万元	100%	0	0

资料来源：浙江亚利大胶丸有限公司2018年估值报告书。

表 6　实际并购方式下的税务情况　单位：万元

项目	金额
浙江亚利大胶丸计税基础	23 000
浙江亚利大胶丸转让股权所得	21 041. 34
浙江亚利大胶丸应纳税额	3 156. 20

从表 1 可以看出吉药控股 2018 年的利润收入为 28 372. 11 万元，故应交的所得税为 7 093. 03 万元（28 372. 11 ×25%），亚利大的企业所得税包括转让股权所得和 2018 年 1—3 月利润总额两部分，又使用 15% 的高新企业税率，故企业所得税为 3 178. 21 万元［（21 041. 34 +146. 73） ×15%］。

表 7　2018 年并购应交的所得税　单位：万元

项目	应交所得税
吉药控股	7 093. 03
浙江亚利大	3 178. 21
总计	10 271. 24

由表 7 可以看出，此次并购过程，所得税的内容包含了吉药控股在 2018 年 1—3 月的利润总额乘以 25% 的税率，为 7 093. 03 万元，还包括了亚利大的两部分所得税，共为 3 178. 21 万元，所以，发生此次并购所要交的企业所得税总计为 10 271. 24 万元。

3. 3　优化的并购税收方案分析

税收筹划发生于并购的每一个环节——并购前、并购中以及并购后。会涉及并购前的目标选择，并购过程中的并购方式和并购支付方式的选择，并购后的组织形式选择，另外还有并购前后的相关扣除政策等，每一环节都存在相当大的筹划空间。

3. 3. 1　并购目标选择

吉药控股选择并购目标主要基于以上几点：

一是技术因素。吉药控股看中了亚利大先进的制造工艺和完备的生产线，获得生产胶囊的核心技术，扩大和充实公司的产品线，巩固在行业中的地位。

二是财务指标因素。亚利大以其自身的运营优势、较高的利润和较高的盈利水平，走在本行业的前列，发展前景很好。亚利大公司2015—2017年度的净利润分别是153.17万元、185.44万元、830.36万元，截止到2018年3月，公司的净利润是112.06万元。

三是税务成本因素。亚利大是一家高科技公司，享受15%的优惠税率。不过，从税务成本看，吉药控股可以挑选一家还处在起步阶段的公司。首先，创业初期的公司对资本的需求是巨大的，这一点是上市公司能够给予的；其次，创业初期的公司在过去的几年中都会有一些亏损，可以利用收购公司的盈利来补偿被收购企业的亏损，从而降低其当期应税所得。而亚利大被兼并后盈利为正值，并且每年都有增加，由于不需要补偿上一年度的损失，所以需要缴纳更高的企业所得税。

3.3.2 并购方式和并购支付方式选择

采用何种方式并购重组，也是值得筹划的一部分。案例企业选用的是股权合并的方式，即以100%的股权购买公司股份，亚利大公司在合并后成为吉药控股的独资子公司。除股权并购外，从税务成本的角度看，还有许多其他的并购模式，比如资产并购等。

（1）资产收购。对上市公司资产收购的税收处理与对普通企业资产收购的税收处理基本相同。在购买资产时，如有亏损，可在有关规定的税前予以扣除。

按照《财政部　国家税务总局关于企业重组业务企业所得税处理若干问题的通知》（财税〔2009〕59号）规定，企业股权收购、资产收购重组交易应按以下规定处理：①被收购方应确认股权、资产转让所得或损失。②收购方取得股权或资产的计税基础应以公允价值为基础确定。③被收购企业的相关所得税事项原则上保持不变。

企业重组同时符合下列条件的，适用特殊性税务处理规定：①具有合理的商业目的，且不以减少、免除或者推迟缴纳税款为主要目的。②被收购、合并或分立部分的资产或股权比例符合财税〔2009〕59 号文件规定的比例。③企业重组后的连续 12 个月内不改变重组资产原来的实质性经营活动。④重组交易对价中涉及股权支付金额符合财税〔2009〕59 号文件规定比例。⑤企业重组中取得股权支付的原主要股东，在重组后连续 12 个月内，不得转让所取得的股权。

在上述条件下，受让方企业在资产收购中取得的资产不低于企业总资产的 75%，且受让方企业在资产收购中支付的股权金额不低于支付的交易总额的 85% 的，可按照规定进行特殊税收处理：一是受让方企业取得受让方企业股权的计税基础由受让方资产的原计税基础确定。二是受让方企业的计税基础由受让方资产的原计税基础确定。资产收购的一般性与特殊性税务处理的比较如表 8 所示。

表 8　资产收购的一般性税务处理和特殊性税务处理比较

	一般性税务处理	特殊性税务处理
资产重组	（1）被收购方应确认股权、资产转让所得或损失； （2）收购方取得股权或者资产的计税基础应以公允价值为基础确认； （3）被收购企业的相关所得税事项原则上保持不变	（1）转让企业取得受让企业股权的计税基础以被转让资产的原有计税基础确定； （2）受让企业取得转让企业资产的计税基础以被转让资产的原有计税基础确定

在实际收购中，吉药控股是通过股权收购的方式收购了亚利大。这里假设调整并购方式和并购支付方式选择，吉药控股通过资产收购的方式收购亚利大，那么筹划后的税收负担如下：

资产评估报告显示，亚利大净资产的账面价值为 1 958.66 万元，经收益法估值，公司股东全部权益价值 26 347.07 万元，增值额 24 338.41 万元，增值率为 1 245.16%，吉药控股收购亚利大的资产比例大于 50%，但是以全额现金方式支付的，重组交易对价中涉及股权支付的金额未达到 85%，所以不符合特殊性税务处理方法的规定，因此吉药控股若采用资产收购，适用一般性税务处理，吉药控股与亚利大以转让资产的方式收购，以被收购股权的原有计税基础确定其计税基础。

一是现金支付。在现金收购方式（见图2）下，吉药控股按公允价值26 347.07万元确定亚利大的计税基础。亚利大应按公允价值26 347.07万元与账面价值1 958.66万元之差确认资产转让所得24 338.41万元，由于亚利大是高新技术企业，适用15%的税率，最终亚利大缴纳企业所得税3 650.76万元。

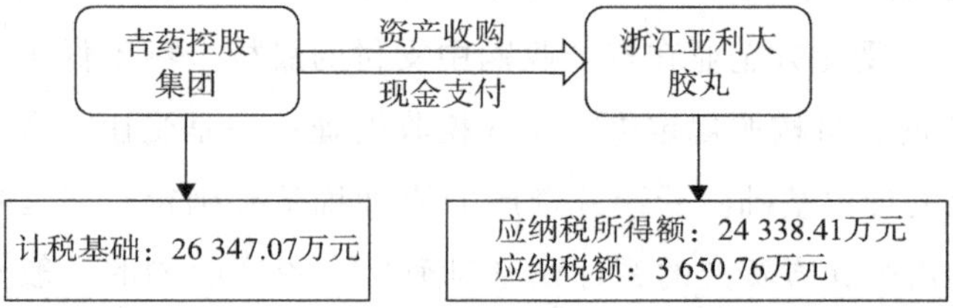

图2 现金支付模式下的资产收购

表9 现金支付方式下的资产收购应交税额 单位：万元

项目	应纳税额
吉药控股	7 093.03
亚利大	3 672.77
总计	10 765.8

如表9所示，若采用现金支付方式收购亚利大的资产，则亚利大需要缴纳的税额为转让资产所得和当年的利润所得共是3 672.77万元（3 650.76+22.01），两企业共缴纳10 765.8万元。

表10 现金支付方式下的资产收购方案对比 单位：万元

项目	应纳税额
原方案	10 271.24
筹划方案1	10 765.8

如表10所示，若采用现金收购资产，则比原方案多交494.56万元（10 765.8－10 271.24）的所得税，故该方案不予考虑。

二是股权支付。在股权支付方式（见图3）下，吉药控股以股权支付对价，亚利大应确认股权转让所得21 041.34万元，适用15%的税率，企业所得税应纳税额为 3 156.20 万元。亚利大同样应确认资产转让所得 24 338.41 万元，乘以 15% 的税率后应缴纳企业所得税 3 650.76 万元。

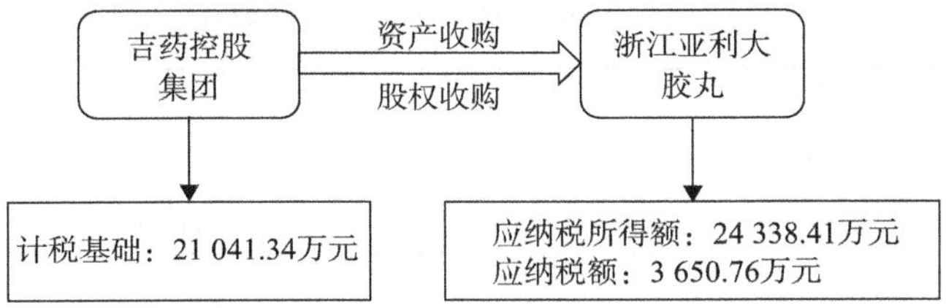

图 3　股权支付模式下的资产收购

在资产重组的过程中，应结合股权支付和现金支付，并使之符合特殊性重组的条件，使用特殊性税务处理。吉药控股对亚利大采取股权收购，在支付时若采用现金和股权支付相结合的方式，就能在减轻企业资金支付压力的同时保持自身股权持有的集中性。吉药控股按照公允价值 26 347.07 万元确定收购亚利大股权的计税基础，现金支付 3 951.07 万元，股权支付 22 396 万元，股权支付比例占 85% 以上，符合特殊性税务处理条件适用特殊性税务处理。股权支付的 22 396 万元不缴纳企业所得税，现金支付的 3 951.07 万元部分需要确认股权转让收益（损失）。非股权支付对应的股权转让所得为：

(26 347.07 − 1 958.66) ×3 951.07 ÷26 347.07 =3 657.34（万元）

股权转让应纳税所得额 3 657.34 万元，适用 15% 的税率，应纳企业所得税为 548.60 万元（3 657.34 ×15%）。

如表 11 所示，此方案下亚利大总共应该缴纳的企业所得税包括股权转让所得税和资产转让所得共 4 199.36 万元（548.60 + 3 650.76），吉药控股需缴纳 7 093.03 万元，总计 11 292.39 万元。

表 11　　股权支付方式下的资产收购应交税额　　单位：万元

项目	应纳税额
吉药控股	7 093.03
亚利大	4 199.36
总计	11 292.39

如表12所示，若采用资产收购，则比原先的方案多交1 021.15万元（11 292.39 - 10 271.24）的所得税，故该方案不予考虑。

表12　　股权支付方式下的资产收购方案对比　　单位：万元

项目	应纳税额
原方案	10 271.24
筹划方案2	11 292.39

所以由表11和表12可以看出，若采用资产收购方式，不管是现金支付还是股权支付，都会比原方案收购亚利大股权要交的所得税多，所以，吉药控股并没有采用资产收购的方式。

（2）股权收购。

一是现金支付。在原有方案中，吉药控股并购浙江亚利大胶丸有限公司，采用的是百分之百现金支付，用2.3亿元现金收购了亚利大百分之百的股权，适用一般性税务处理的方式，而非特殊性税务处理的方式，故此方案并不能称为最优方案。

二是股权支付。在实际操作中，吉药控股收购亚利大百分之百的股权，支付方式为现金支付。此处既分析股权支付的实际情况，也假设现金支付的情况，从而讨论最优的税收筹划方案。

若采用股权支付，这里讨论全部股权支付和股权+现金支付两种方案，以期满足特殊性税务重组的要求，达到纳税筹划的目的。

若吉药控股采用全部股权收购亚利大百分百的股权，满足特殊性税务重组的要求，此时亚利大转让当期的股权不交税，税额为0，只需要缴纳利润产生的税额22.01万元（146.73×15%），吉药控股缴纳2018年当前的利润所得税7 093.03万元，总计7 115.14万元。

如表13所示，若吉药控股采用全部股权收购亚利大全部股权的方式，只需要缴纳7 115.14万元的所得税，比原方案节约了3 156.1万元，故此方案可取。

若吉药控股采取现金支付+股权支付的混合支付方式，则需要股权支付金额达到85%，这里讨论刚好达到85%的情况，即现金支付金额为3 450万元，占比15%，股权支付19 550万元，占比85%。在此种方案

表 13　　全部股权支付下的筹划方案对比　　单位：万元

项目	应纳税额
原方案	10 271. 24
筹划方案 3	7 115. 14
节税情况	3 156. 1

下，亚利大取得非股权支付部分的所得需要缴纳所得税。

亚利大取得非股权支付对价应确认的股权转让所得 =（亚利大公司股权的公允价值 - 亚利大公司股权的计税基础）×（收到的现金补价/亚利大被转让股权的公允价值）=（26 347. 07 - 21 041. 34）×（3 450 ÷ 26 347. 07）= 5 305. 73 × 0. 13 = 694. 76（万元）

按照亚利大 15% 的税率，应缴纳所得税为 104. 21 万元（694. 76 × 15%）。吉药取得亚利大股权的计税基础为现金加股权收购部分 5 114. 86 万元（3 450 + 1 958. 66 × 85%）。

如表 14 所示，若采用混合支付方式，吉药控股缴纳的税额为 7 093. 03 万元，亚利大需要另外缴纳现金支付方式下的所得税，共计 126. 22 万元（104. 21 + 22. 01），此时两方共需要缴纳 7 219. 25 万元的所得税。

表 14　　混合支付方式下的应纳税额　　单位：万元

项目	应纳税额
吉药控股	7 093. 03
亚利大	126. 22
总计	7 219. 25

如表 15 所示，若吉药控股采用全部股权收购亚利大全部股权的方式，只需要缴纳 7 219. 25 万元的所得税，比原方案节约了 3 051. 99 万元，故此方案可取。

表 15　　混合支付方式下的应纳税额对比　　单位：万元

项目	应纳税额
原方案	10 271. 24
筹划方案 4	7 219. 25
节税情况	3 051. 99

假设四种方案下的其他成本都一样，最为理想的筹划方案即为吉药控股以百分之百的股权收购亚利大百分之百的股权，利用股票的锁定期进行递延纳税，减轻所得税负担，如表16所示。

表16 四种筹划方案对比 单位：万元

项目	应纳税额
筹划方案1	10 765.8
筹划方案2	11 292.39
筹划方案3	7 115.14
筹划方案4	7 219.25

通过对比4种税收筹划方案（见表16）可知：

若采用筹划方案1，即现金收购资产，需缴纳10 765.8万元；

若采用筹划方案2，即股权收购资产，需缴纳11 292.39万元；

若采用筹划方案3，即股权收购股权，需缴纳7 115.14万元；

若采用筹划方案4，即现金+股权收购股权，需缴纳7 219.25万元。

对比可知，吉药采用股权并购亚利大百分百股权是最理想的方案。

3.3.3 并购企业组织形式的选择

企业发展到一定规模，可以考虑在不同地区设立不同种类的分支机构，如分公司或者子公司。

根据《中华人民共和国公司法》第十四条的规定，公司可以设立子公司，子公司具有法人资格，依法独立承担民事责任；公司也可以设立分公司，设立分公司应当向公司登记机关申请登记，领取营业执照。分公司不具有法人资格，其民事责任由总公司承担，这是法律上两种公司的不同。在税收上，子公司以独立法人的身份在新的注册地投资，可以享受当地政府提供的各种税收优惠政策，而分公司不具有独立法人资格，只是作为总公司的组成部分派往外地，因而无法享受当地政府给予的各种税收优惠政策。

根据《国家税务总局关于规范汇总合并缴纳企业所得税范围的通知》（国税函〔2006〕48号）的规定，经国家税务总局审批，独立核算的分公司可以由总公司汇总缴纳企业所得税，在这种情况下，根据《国家税务总局关于汇总（合并）纳税企业实行统一计算、分级管理、就地预交、集中清算所得税问题的通知》（国税发〔2001〕13号）的规定，总公司和分公司分别计算盈亏，年终由总公司集中清算，合并缴纳企业所得税。

由此可见，如果作为分公司，其盈亏主要在于总公司最后计算的合计盈亏，并不存在分别盈亏这一说法，所以可供其筹划的范围并不大。分公司的收入、成本费用等财务数据都需要汇总入总公司账目，进行实时汇总纳税申报，可以实现盈亏互抵，减少整体应纳税额。如果预计分支机构亏损，则应将该分支机构设立为分公司，充分发挥亏损的抵税效应；如果预计分支机构盈利，则应将其设立为子公司，充分享受当地的税收优惠政策。

案例中，亚利大是吉药控股旗下的一家全资子公司，作为一家子公司，对吉药未来的发展将会是个很大的帮助。但是，坏处就是，如果亚利大公司经营不当，出现了亏损，吉药公司就不能弥补这个损失了。如果是分公司的话，虽然可以弥补吉药集团的损失，但却不能享受到地方政府的优惠。

此次并购完成后，亚利大作为吉药控股的全资子公司要自主经营，自负盈亏。根据2019年吉药控股的母公司财报数据披露显示，2019年全年实现净利润为－12.70亿元，利润为负，吉药控股无需缴纳企业所得税。为了明显看出分公司和子公司所得税负的差距，这里假设吉药控股和亚利大都盈利，吉药控股的应纳税所得额为300万元，亚利大应纳税所得额为200万元，适用的所得税税率为25%。

若亚利大为分公司，则公司当年应缴纳企业所得税125万元［（300＋200）×25%］，若将亚利大设为子公司，作为高新技术企业，可以单独享受15%的低税率优惠。则当年共应缴纳的企业所得税如下：

吉药控股应缴纳的企业所得税＝300×25%＝75（万元）

亚利大应缴纳的企业所得税＝200×15%＝30（万元）

当年共交企业所得税75＋30＝105（万元）

两种组织形式的所得税相差25万元（125－105）。具体如表17所示。

表 17　　不同组织形式下的交税情况　　单位：万元

组织形式	应纳税额
设立分公司	125
设立子公司	105
税收筹划情况	20

由此可见，如要对企业所得税进行更好的筹划，第一种方法是，吉药控股可以设立不同的子公司，利用各个国家和地区之间的差异，将母公司的盈利分配到低税率子公司，这样可以减少企业所得税的缴纳。第二种方法是，用合理的方式，将成本分摊，把原属于母公司的利润转移至子公司，从而能降低母公司的所得税负担。第三种方法对于吉药控股很实用。由于吉药控股旗下有众多全资子公司，对于一些亏损较大的子公司，可以将其亏损利用起来，对其他盈利子公司进行抵扣，从而降低整体企业所得税的负担。

但若亚利大作为吉药控股的分公司，其亏损和盈利都和母公司息息相关。

通过以上分析，可以看到，公司将亚利大作为其独资子公司，如果筹划得当，将会为公司带来更多的利益，从而为公司在这一阶段进行所得税筹划发挥积极作用。

3.3.4 相关扣除政策的选择

并购前后的相关费用也存在一些筹划空间，如融资方式和费用、研发成本、销售费用、国债利息收入以及环境保护税等，这些费用，如果筹划得当，都是可以在税前扣除的，减少企业所得税的税基。

（1）融资方式。在实际案例中，吉药控股公司采取了增发股份的方式，使用该方法，公司不需要向外部借款，也不需要利用公司内部的盈余来支付，因此，公司的资金可以投入到更多的研究和开发中去。与债务融资相比，使用这种方式没有偿债压力。但是，从税收成本的角度来看，与利用内部留存收益或是增发股票的方式获得资金相比，债务融资的优势在于，企业贷款或者发行债券所产生的利息计入财务费用，按照企业所得税法的规定，是可以在税前扣除的，从而可以抵减应纳税所得额，相应的减少当期应纳税额。在企业资产负债率不算高的情况下，从税收成本的角度来考虑，选择债务融资方式所得税筹划效果更好。从整体角度来看，由于上市公司属于医药行业，在未来的经营管理过程中，企业需要在研发项目上投入大量的资金。因此，选择增发股票的方式，虽然会花费额外的融资成本，但是，融资成本的支出也是通过增发股票来获得的，如果企业没有资金流出，那么就可以成功获得融资，稀释股权，而实际控制权属没有发生变化。与此同时，上市公司通过发行股份募集资金，能够向公司股东、债权人和投资者释放良好的盈利信号，公司日后的经营状况会越来越好。已知企业所得税税率为15%，吉药控股2018年1—3月的税前利润为146.73万元，这里假设银行借款利率为10%，需要筹集债务筹资与股权筹资共160万元，以下设计出3种不同的筹划方案，具体不同资本结构的筹划对比结果如表18所示。

表18 不同资本结构下的税务筹划结果

项目	资本结构（债务资本：权益资本）		
	A（0：100）	B（20：80）	C（60：40）
税前利润（万元）	146.73	146.73	146.73
利率（%）	10	10	10
利息（%）	0	3.2	9.6
息后税前利润（万元）	146.73	143.53	137.13
企业所得税税率（%）	15	15	15
所得税税额（万元）	22	21.53	20.57
息税后利润（万元）	124.73	122	116.56

这里只假设了三种资本结构，由表18可知，当权益资本比例逐渐降低而债务资本比例逐渐上升时，吉药控股的应纳税所得额不断减少，这说明负债比例的提升有利于增强节税效果。当吉药采用C方案时，企业的应纳税额比A方案减少了8.17万元，因此，若在融资环节筹划，吉药控股可以选择债务融资占据较大比重。

（2）融资成本。实际方案中所选择的现金支付金额为100%，合计为2.3亿元。但是，使用现金进行交易，需要对并购双方目前的财务状况进行全面考量。在使用现金交易的时候，一方面，并购双方的营运资金会因为现金支出或税收支出而被占用。另一方面，并购方因为并购所要支付的现金额很大，所以不好支付，因而需要筹资，筹资费用会产生一定的筹资成本。融资成本是指企业为筹集资本而支付的各项费用，包括利息支出、汇兑损失和金融机构费用等。在实际案例中，吉药控股在向特定投资者进行非公开发行时，需要投入 4 200 万元的资金来筹集资金，但公司在这段时间内并不需要额外的现金流。当然，从融资成本的角度来看，吉药如果把与发行股份有关的融资成本的货币资金，用来投资或者是用来生产和运营，那么就可以得到更多的利润。在进行并购时，涉及现金支付的比例越高，在企业资金不足的情况下，融资成本和融资所带来的机会成本也就越大。所以，从融资成本的角度来看，在并购重组过程中，应减少现金支付。吉药控股应该尽量避免通过中介机构进行融资，这样可以降低额外的融资成本。如果企业内部留存收益足够，在股东大会的同意下，企业可以充分利用内部资金，与此同时，还可以从公司内部发掘新的资金来源，例如可以利用自有资金、企业应付税款或利息等。此外，在并购重组中，所涉及的现金交易部分，在采用分期付款方式的情况下，并购方可以减轻短期现金流的压力，这样就不需要为了筹集资金而产生不必要的筹资成本，而筹资成本也会产生相应的机会成本。另一方面，在采用分期付款的情况下，并购双方还可以推迟缴纳企业所得税，从而享受税收递延所带来的税收收益。综上所述，从融资成本的角度出发，企业使用增发股票的方式可以迅速获得资金，但是会产生大量的筹资成本。因此，建议企业可以考虑从内部发掘资金，或通过分期付款的方式，一方面可以减少不必要的成本，另一方面也可以起到税收递延的作用。

（3）研发费用的投入。对于企业研发费用税前加计扣除政策有关问题，财政部、税务总局公告 2023 年第 7 号显示，为进一步激励企业加大研发投入，更好地支持科技创新，除烟草、住宿和餐饮业、批发和零售业、房地产业、租赁和商务服务业、娱乐业等以外，其他行业均可享受，即在企业开展研发活动中，实际发生的研发费用，未形成无形资产计入当期损益的，在按规定据实扣除的基础上，自 2023 年 1 月 1 日起，按照实际发生额的100%在税前加计扣除；形成无形资产的，自2023年1月1日起，按照无形资产成本的200%在税前摊销。吉药控股在2018年完成对亚利大胶丸的并购后，其2019年的年度披露报告显示，研发费用由2018年的1 484.42万元增加至2019年的9 186.71万元，同比增长518.87%，研发投入占营业收入的比例也从2018年的1.89%增长至8.83%，年度报告显示主要为2018年下半年新收购子公司导致合并范围变化所致，这一研发费用可以在计算企业所得税时，在税前进行扣除，全部进行费用化处理。根据加计扣除政策，2019年可少交1 378.01万元的企业所得税。

（4）销售费用。吉药控股在完成并购后，大力发展营销，产生了较高的销售费用。2019年的销售费用达到了1.38亿元，而2018年的销售费用仅仅是3 781.58万元，同比增长263.66%，主要增加体现在销售人员的职工薪酬和咨询服务费以及宣传费。2018年和2019年的职工薪酬、咨询服务费和宣传费对比如表19所示。

表19　　销售费用支出对比　　单位：万元

项目	2018年	2019年
职工薪酬	32.31	2 089.43
宣传费	316.26	2 857.53
咨询服务费	0	3 523.145 172

由表19可以看出，2018年和2019年产生的销售费用中，以上三项增长幅度较大，尤其是咨询服务费，并购发生后，吉药控股发生的咨询服务费从无到有快速增加，给公司带来了巨大的支出。因此，企业可以采用非货币性福利办法，为职工提供福利性支出，如为职工免费提供宿舍、交通补贴、教育福利、外出学习考察机会等，上述支出由企业替个人支付，享受税前扣除政策，以加大企业所得税的税前扣除。

从表20可以看出，在并购发生前，吉药的销售费用仅有3 781.58万元，而并购成功后的一年，销售费用上升到了1.38亿元，占营业收入的比重也从4.01%上升到了12.95%，由此可以看出，销售费用具有很大的筹划空间，如可以降低咨询服务费和广告宣传费，发生的广告宣传费是每年纳税调增比较大的一部分内容。在计算应纳税所得额时，广告宣传费的扣除标准是按照当年销售收入的15%扣除，超过部分向以后结转，而对于医药企业则是扣除其公司一年销售额的30%的部分。由此可见，如果可以减少广告宣传费，将会明显降低吉药控股的企业所得税。

表 20　　并购前后销售费用占营业收入的比重对比

财务指标	2018 年	2019 年
销售费用	3 781.58 万元	1.38 亿元
营业收入	9.42 亿元	10.66 亿元
销售费用占营业收入比重	4.01%	12.95%

（5）不征税的国债利息收入。对国债利息收入免征企业所得税是一项已执行多年的政策，1992 年国务院发布的《中华人民共和国国库券条例》（国务院令第 95 号）第十二条规定，国库券的利息收入享受免税待遇。《企业所得税暂行条例实施细则》第二十一条也规定：纳税人购买国债的利息收入，不计入应纳税所得额。吉药控股作为医药企业，其年度报告中并没有披露购买国债的信息，可见其并没有在购买国债上花心思。与其他大多数国家一样，为了支持和鼓励企业购买国债，我国对企业持有国债取得利息收入免征企业所得税。由于国债利息具有巨大的免税效应，对国债投资进行有效筹划，将会明显降低公司的实际税负水平。企业可以选择贴现国债与非贴现国债，以及分期付息和到期一次还本付息的国债，如果利用一部分资金去购买国债，得到的收入即为纯收入，无需缴纳企业所得税，这对企业来说，即为一笔营业外收入。

（6）可以考虑环境保护税。《企业所得税法》规定，企业从事国家重点扶持的公共基础设施项目的所得，自项目取得第一笔生产经营收入所属纳税年度起，第 1 年至第 3 年免征企业所得税，第 4 年至第 6 年减半征收企业所得税。吉药控股和亚利大所从事的医药行业，在研发新产品时应该及时开展环保税的征收和申报工作，避免时间和资金投入的浪费，同时也应该做好相关的排污监测、污染防治等环保工作，建立环保品质的企业形象。当然，企业在开展环境保护的同时，也需要反思自身的商业模式，改变传统的产业发展模式，推行绿色和可持续发展的生产方式。企业可以通过环保设备的升级改造、原材料采购的变革等方式，降低环保税的负担。

4. 案例总结与思考

企业并购的最终意义在于发挥 1 +1 >2 的效果，而不是止步于简单的两家公司的合并，将两个不同的企业本身，在同一套系统的管理下，让有限的资源得到充分的利用，减少一些无效成本支出，将企业的内部管理做到最优，才是企业并购成功的标志。上文通过对吉药控股和亚利大两家公司的并购交易做了分析，且从并购目标、并购方式和支付环节、融资环节、并购后组织形式及相关的融合成本等方面，对吉药控股并购亚利大做出具体分析，指出每个环节都可以筹划的相关要点。

第一，在并购发生前，目标企业的选择是需要考虑的。优先选择高新技术企业和处于初创期的企业，这样可以享受减按 15% 的企业所得税税率，或者通过初创型企业的亏损来弥补并购后的企业净利润，减少企业所得税的缴纳。

第二，在并购发生的过程中，并购方式和并购支付方式的选择也很重要。原方案采用的是全部现金支付亚利大的全部股权，经上文分析，吉药控股若采用全部股权收购全部股权的方式，筹划效果最好。因为当股权支付达到一定比例时，同时满足税法规定的其他条件，就可以用特殊性税务处理方式，这与一般性税务处理方式相比，会更容易降低企业的所得税，但使用条件极为严格，企业需要提前准备符合条件的材料，以备随时审查。使用特殊性税务处理方式是一种充分利用税收优惠政策的体现，这是每个企业在并购的过程中必须要考虑到的税务筹划方式。

第三，在完成整个并购流程后，选择分公司还是子公司会给公司带来不一样的筹划空间。在总公司盈利，分支机构亏损的状态下，全资子公司的形式会比分公司筹划效果好。若被并购方为分公司，不作为独立法人，那么其交税状态与总公司一致，即总机构盈利交税，分支机构不管为盈利或是亏损，都需交税；但若分支机构为独立法人的子公司，其是否交税并不完全取决于总机构。

第四，整个并购过程中，可以考虑税前扣除的费用有很多。吉药控股选择全部用现金支付亚利大的股权，这种选择是不利于节约纳税成本的，经过上文的分析，推荐使用债务融资方式，可以有效增加吉药控股当年的净利润，债务融资产生的手续费，根据企业所得税法是可以税前扣除的，所以选择债务融资占据较大比重筹划效果会比较好。在融资成本环节，增发股票可以减少使用现金，会比其他方式筹划效果更好，但容易增加筹资成本，最终建议从内部留存收益，或者采用分期付款的方式，减少不必要的成本，实现递延纳税。然后是建议增加研发费用、减少销售费用，利用企业所得税法的税前加计扣除政策，减少税基，以减少相应的企业所得税。最后建议增加购买国债的行为，利用国债利息收入，为企业带来一笔营业外收入，以备企业的不时之需。

参考文献

[1] 于赫，王晓颖．技术并购对企业创新能力的影响——来自医药企业的实证研究［J］．工业技术经济，2021，40（12）．

[2] 幸晓雨．我国医药行业并购财务风险分析［J］．生产力研究，2010（06）．

[3] 黄黎明．企业并购过程中的税收筹划［J］．涉外税务，2002（04）．

[4] 贾一梦．企业所得税筹划思路［J］．全国流通经济，2021（30）．

[5] 周利芬．民营医药企业海外并购的战略动因与风险［J］．对外经贸实务，2019（07）．

[6] 杜彬．关于企业并购重组中的所得税政策及其完善的研究［J］．现代商业，2017（36）．

[7] 杨健，钟红英．浅谈企业并购的税务筹划［J］．税务与经济（长春税务学院学报），2001（05）．

[8] 张宝玲．非营利性医疗机构税务筹划研究——以许昌市中心医院

为例［J］. 财会通讯，2018（35）.

［9］王婷婷. 迪瑞医疗并购瑞源生物所得税筹划方案改进研究［J］. 财会通讯，2018（32）.

思考题

1. 在目标企业选择阶段，基于税收成本视角，应该优先选择哪类企业？

2. 比较现金支付、股权支付、现金和股权的混合支付方式面临的不同税收成本。

3. 如何进行融资方式选择进行不同资本结构下的税务筹划？

案例八　海南自贸港建设进程中的H房地产公司税收筹划案例分析

王聪　云昱夫

[内容摘要] 当前是海南自贸港建设的关键阶段，在政府出台的多项税收优惠政策及其他地方政策的影响下，当地房地产企业的经营面临机遇与挑战。如何根据相应政策规定，适应地方发展需求，制定房地产企业税收筹划计划，对于合法范围内保证企业经营利润最大化和地方财政税收收入都具有重要意义。本案例在梳理海南自贸港建设进程及当地房地产发展现状的基础上，以海南H房地产公司为例，探索其基于税收优惠政策尤其是海南特定政策背景下的税收筹划可行性，并给出4个主要税种的筹划方案。案例表明，房地产企业税收筹划工作的展开受到经营活动过程中内外部环境因素的影响。本案例对于类似工作的展开有一定的可借鉴意义。

自2015年起，海南省政府为摆脱地方经济对房地产行业的过度依赖，陆续出台了诸多调控政策。2018年，习近平总书记在海南提出建设海南自由贸易港的指导方案；2020年，海南自由贸易港企业所得税优惠相关政策出台，标志着海南自贸港的建设进入了一个快速发展的新时期。当前正值建设海南自由贸易港的关键阶段，在政府的管控政策与企业优惠政策的双重影响下，房地产企业的生产经营既面临着机遇，也面对挑战。

房地产行业在我国所有产业当中，属于税负压力较大的一部分行业。房地产企业作为地方乃至国家经济的重要支柱，如何根据国家政策以及地方政策规定，适应地方发展需求，制定房地产企业税收筹划计划，在合法范围内保证企业的经营利润最大化，并保证地方财政税收收入具有重要意义。

本案例将税收筹划置于特定时代背景下，研究海南H房地产公司的可能税收筹划方案。

1. 理论分析

随着企业和居民的涉税事务不断增加，如何在合法的框架下使自己承担的税负最小化，是每一个纳税人的所想。在西方发达国家，税收筹划活动开展得相当普遍。在我国，随着税收对经营、投资等经济活动的影响加大，纳税人对税收政策的关注度在提高，税收筹划也逐渐成为纳税人减轻或规避税收负担的主流形式。

根据梁俊娇（2021）的定义，税收筹划指的是在纳税行为发生之前，在不违反法律、法规的前提下，通过对纳税主体的经营活动或投资行为等涉税事项作出的事先安排，从而达到少缴税或者递延纳税的一系列谋划活动。税收筹划具有合法性、事前性、目的性、风险性、专业性等特点。

税收筹划的基本方法有以下几种：

第一，对纳税人进行筹划。实质是对纳税人身份的合理界定或转化，使纳税人承担的税收负担尽量减少，或者避免成为某税种的纳税人。纳税人的类型主要包括个体工商户、个人独资企业、合伙企业和公司制企业，通过对纳税人类型进行选择和在不同纳税人之间转换，实现较低的税率或征收标准，从而达到避税的目的。

第二，计税依据的筹划。计税依据即税基，在税率一定的情况下，应纳税额的大小与计税依据成正比，因此对应纳税额的控制可以通过对计税依据来实现。具体方法包括控制和安排税基的实现时间，合理分解税基，以及将税基总量合法降低。

第三，对税率的筹划。在税基一定的情况下，应纳税额和税率呈正向变化关系。不同税种适用不同税率，纳税人可以利用征税对象界定的不同进行筹划，或者通过改变税基分布调整适用税率，从而达到降低税负的目的。

第四，税收优惠政策的筹划。税收优惠是国家为达到一定的社会政治或经济目的，利用税收杠杆进行经济调控的一种手段。包括税额式优惠、税率式优惠、税基式优惠和税收递延式优惠四种基本形式。企业在进行税收筹划时，可以通过熟悉税收优惠政策，合理合法享受国家税收优惠政策，降低税收负担。

第五，会计政策的筹划。企业所采用的会计政策不同，会形成不同的财务结果。在存在多种可选择的会计政策时，选择有利于税收收益最大化的会计政策组合模式，是纳税人进行税收筹划所要考虑的一个重要方面。具体包括折旧方法的选择、存货计价方法选择、成本和费用的分摊与列支等。

企业在进行税收筹划时，应注意要综合考虑对交易各方的税收影响，密切关注税收法律以及政策的变化，不能仅从税收角度考虑，要结合自身业务的发展，以利润的可持续增长为最终目标。

2. 政策背景

2.1 海南自贸港建设

2018 年 4 月 10 日，中共中央总书记、国家主席习近平在博鳌亚洲论坛 2018 年年会开幕式上发表主旨演讲，提出“探索建设中国特色自由贸易港”；2020 年 6 月 1 日，中共中央、国务院印发《海南自由贸易港建设总体方案》（以下简称《方案》）。《方案》提出两个目标：到 2025 年，初步建立服务于自由贸易港政策制度体系（以下简称自贸港）；到 2035 年，自由贸易港制度体系和运作模式更加成熟，成为我国开放型经济新高地。

至 2019 年底，园区以占全省土地面积不足 1% 的经营面积，达成了贡献税收额度超过全省税收总额的 30% 的成绩。2020 年至 2022 年，自贸港 11 个重点园区经营建设情况取得了明显成效。从表 1 中可以看出，自贸港 11 个重点园区营业收入、园区总纳税金额、园区固定资产投资金额均呈现增长态势，受到了广大企业的认可，在 2021 年表现为爆发式增长。2022 年增速比全省投资同比增长率（ -4.2%）高出 10.8 个百分点，拉动全省投资增长 2.0%。11 个重点园区 2022 年投资总额占全省投资总额的比重超过 30%，占比提高 3.5 个百分点。

表 1　　2020—2022 年海南 11 个重点园区经营建设情况

项目	园区总营业收入（亿元）	营业收入同比增长率（%）	园区总纳税金额（亿元）	纳税金额同比增长率（%）	固定资产投资（亿元）	固定资产投资同比增长率（%）
2020 年	5 067.82	49.80	395.38	13.30	675.91	—
2021 年	13 555.5	134.00	585.63	47.73	1 173.38	73.60
2022 年	18 246.43	31.60	700.32	19.58	1 261.48	6.60

2.2　海南自贸港房地产企业发展情况

根据政府统计数据，2018—2022 年，自贸港地方 GDP 稳步增长，自贸港房地产企业在国际旅游岛及自贸港双重身份的加持下，尽管受到诸多政策上的限制和管控，同时受到疫情影响，整体上依旧保持着房地产投资数额的相对稳定。我们通过对比海南房地产投资发展情况与地方财政情况得到如表 2 所示的对比情况。从房地产企业税收收入占比和房地产投资开发占比两个比例关系可以看出，政府坚持经济健康发展、良性循环的指导方针，在税收征管方面逐步摆脱地方财政税收对于房地产企业的过度依赖。为了保证自贸港建设的稳步推进，在对当下房地产住宅存量出台具体管控措施的同时，也在积极开展保障相关高新技术人才的住房需求工作。

表 2　　海南省房地产与地方财政情况对比

指标	海南省财政税收收入（亿元）	海南省房地产企业税金及附加（亿元）	海南省地区生产总值（亿元）	海南房地产开发投资额（亿元）	房地产企业税收收入占比（%）	房地产开发投资/地区GDP（%）
2018 年	628.68	137.65	4 910.7	1 715.04	21.90	34.92
2019 年	653.25	220.15	5 330.8	1 336.18	33.70	25.07
2020 年	559.82	194.07	5 566.2	1 341.67	34.67	24.10
2021 年	742.93	216.90	6 504.1	1 379.62	29.20	21.21
2022 年	609.33	166.38	6 818.2	1 158.37	27.31	16.99

资料来源：国家统计局相关数据。

3. 案例分析

3.1　案例公司介绍

3.1.1　基本信息

1998 年，海南 H 公司于深圳证交所正式挂牌，自 2001 以来，该企业一直坚持以多元化的发展策略，以房地产开发建设、酒店服务等为主要业务。H 公司旗下的一系列品牌在海南地区具有较大的区域影响力，是一家具有较强知名度的品牌企业。H 公司经过多年经营发展，已逐步建立起一个以“海南××”为主要商标的商标体系，并已具备一定的知名度。

2022 年，海南房地产市场政策总体趋稳，以刺激需求端和稳经济为调控主线，有序推进海南自由贸易港建设。公司在保持现有业务稳步发展的同时，积极布局新业务领域，公司经营持续稳定向好。2022 年，H 公司及时调整原有经营业务的市场重心和营销策略，多措并举开拓市场。房地产项目销售逆势而上，创新营销方式，灵活调整营销方案，R 水城项目实现收入 13 053.68 万元。酒店业务加大营销力度，开展专项促销活动，也取得了不错的成绩。此外，围绕战略发展目标，H 公司紧抓市场机遇，推动重大项目落地实施，大力发展文旅产业布局、海洋休闲运动产业，体旅融合项目取得了阶段性进展。

2022 年，H 公司努力克服疫情、政策调控等诸多不利因素影响，完成营业收入 1.69 亿元，同比增长 33.38%；实现利润总额 3.09 亿元，同比增长 218.74%。

3.1.2　财务信息

根据海南 H 公司 2020—2022 年企业年报，整理可得如表 3 所示主要财务数据指标，从中可以看出：

表 3　　2020—2022 年 H 公司主要财务指标　　单位：万元

项目	2022 年	2021 年	2020 年
资产总额	337 432.78	314 990.41	322 657.02
负债总额	34 410.95	32 196.86	39 284.38
所有者权益总额	303 021.83	282 793.55	283 372.64
营业收入	16 916.31	12 683.09	12 023.82
营业成本	7 540.50	2 958.78	2 453.19
管理费用	10 235.28	9 800.87	8 413.24
销售费用	2 983.40	1 610.88	971.53
财务费用	-5 031.79	-3 531.74	-3 211.41
净利润	24 957.40	5 128.08	9 269.40
应交税费	10 516.05	8 238.51	7 579.94

资料来源：海南 H 公司 2020—2022 年企业年报。

注：应交税费本年发生额为根据年报中应交税费的期末余额、期初余额与已交税费计算得出。

（1）资产负债率。国家统计局数据显示，2022 年我国房地产开发企业平均资产负债率为 79.1%，而 H 公司 2022 年资产负债率仅为 10.2%，远低于行业平均值，说明公司具有较好的偿债能力、较低的投资和经营风险。

（2）销售毛利率。H 公司 2020—2022 年毛利率分别为 79.60%、76.67%、55.42%，位于行业均值（约 40%）以上，说明公司盈利情况良好。

（3）应交税费。H公司近3年应交税费呈增长趋势。与当年营业收入比较可以看出，该公司实际综合税负比较大，通过对税收优惠政策的梳理，有一定的税收筹划空间。

3.1.3 涉税情况

（1）主要税种、税率。H公司开发房地产项目及相关的经营活动涉及的税种，主要以增值税、土地增值税和企业所得税为主。这三个税种的税收负担占公司税费的绝大部分。由于房地产开发项目分为前期准备、开发建设、销售和持有四个阶段，各阶段涉及税种不同，依据的法律政策也不同，税务筹划过程要考虑。通过查询企业年报信息，我们得到如表4所示的H公司在生产经营活动中涉及的主要税种，同时列举了计税依据以及适用税率。

表4 H公司主要税种及适用税率

税种	计税依据	税率
增值税	适用简易计税方法的，按销售额和征收率计算应纳增值税税额；适用一般计税方法的，按税法规定计算的销售货物和应税劳务收入为基础计算销项税额，在扣除当期允许抵扣的进项税额后，差额部分为应交增值税	13、9%、6%、5%、3%
城市维护建设税	实缴流转税税额	7%、5%
企业所得税	应纳税所得额	20%、25%
土地增值税	转让房地产所取得的增值额	30%—60%

资料来源：H公司2022年度报告。

（2）应交税费。表5展示了H公司2021年和2022年税金及附加情况，结合表6中2022年应交税费的期末余额，可以看出，在H公司所需缴纳的税费中，占比最大的三个税种分别是企业所得税、土地增值税和增值税，占企业总税额比重超过80%，且企业所得税依旧存在上涨趋势。从整个项目开展的环节来看，公司在各生产环节上的税收负担明显不均衡，这为税收筹划工作指明了方向——企业所得税、土地增值税和增值税等是

H 公司开展税收筹划的重点税种。

表 5　　H 公司应交税费当期发生额　　单位：万元

税种	2022 年	2021 年
增值税①	1 834. 21	1 270. 82
企业所得税②	6 337. 67	4 327. 15
土地增值税	1 883. 74	1 965. 37
城市维护建设税	115. 06	85. 62
教育费附加	91. 71	67. 11
房产税	149. 97	165. 26
土地使用税	794. 97	821. 35
车船使用税	2. 40	2. 60
印花税	10. 12	8. 34
营业税	—	71. 38

资料来源：H 公司年度报告，表 6 同。

表 6　　2022 年 H 公司应交税费③　　单位：万元

项目	期末余额	期初余额
增值税	557. 92	329. 22
企业所得税	2 833. 99	1 839. 17
个人所得税	7. 70	12. 71
城市维护建设税	38. 44	21. 04
房产税	56. 79	61. 37
城镇土地使用税	208. 02	223. 35
土地增值税	8 285. 91	7 424. 91
印花税	1. 37	1. 72
教育费附加	26. 45	14. 84
合计	12 016. 59	9 928. 32

---

① 企业年报中并没有体现增值税的当期发生额，此处为通过教育费附加推算而得，即：增值税 = 教育费附加/（3% +2%） - 营业税

② 企业年报中为当期所得税费用，属于损益类费用支出性科目，指企业经营利润应缴纳的所得税。

③ 上市公司年报中应交税费一般只披露当年期末余额与期初余额，其中税种与税金及附加有部分重合，要注意的是表 5 中为“当期发生额”，与表 6 中不同。

3.2 税收筹划分析

3.2.1 税收优惠政策及税收筹划空间

（1）企业所得税。

①根据财政部、税务总局《关于实施小微企业和个体工商户所得税优惠政策的公告》（财政部、税务总局公告2021年第12号）和《关于进一步实施小微企业所得税优惠政策的公告》（财政部、税务总局公告2022年第13号）规定，2021年1月1日至2022年12月31日，对小型微利企业年应纳税所得额不超过100万元的部分，减按12.5%计入应纳税所得额，按20%的税率缴纳企业所得税；2022年1月1日至2024年12月31日，对年应纳税所得额超过100万元但不超过300万元的部分，减按25%计入应纳税所得额，按20%的税率缴纳企业所得税。基于该项税收优惠政策，房地产企业可以通过成立符合条件的小微企业，进行业务经营，税率的降低可以帮助企业减轻部分税收负担。

②根据财政部、税务总局《关于海南自由贸易港企业所得税优惠政策的通知》（财税〔2020〕31号）规定，2020年1月1日至2024年12月31日，“对注册在海南自由贸易港并实质性运营的鼓励类产业企业，减按15%的税率征收企业所得税”。其中“鼓励类产业企业”，是指以海南自由贸易港鼓励类产业目录中规定的产业项目为主营业务，且其主营业务收入占企业收入总额60%以上的企业。所称“实质性运营”，是指企业的实际管理机构设在海南自由贸易港，并对企业生产经营、人员、账务、财产等实施实质性全面管理和控制。针对该项税收优惠政策，H公司可在保证房地产开发主营业务正常开展的情况下，通过投资设立符合条件的子公司，实质性运营鼓励类产业，这样子公司在独立核算的情况下，可享受15%的企业所得税优惠税率，提高集团企业总体的企业价值。文件同时还提出，“对在海南自由贸易港设立的旅游业、现代服务业、高新技术产业企业新增境外直接投资取得的所得，免征企业所得税”。

关于固定资产或无形资产的税务处理，根据财税〔2020〕31 号文件规定，对在海南自由贸易港设立的企业，新购置（含自建、自行开发）固定资产或无形资产，单位价值不超过 500 万元（含）的，允许一次性计入当期成本费用在计算应纳税所得额时扣除，不再分年度计算折旧和摊销；新购置（含自建、自行开发）固定资产或无形资产，单位价值超过 500 万元的，可以缩短折旧、摊销年限或采取加速折旧、摊销的方法。基于该项税收优惠政策，房地产企业在会计年度内能够通过合理购买固定资产和无形资产，来调整该年度内的会计利润，减少纳税支出，从而将更多的企业经营效益保留在企业内。同时该政策的提出能够帮助房地产企业对于老旧设备进行更新换代，使企业在未来的生产经营中更具创造力。

（2）个人所得税。根据财政部、税务总局《关于海南自由贸易港高端紧缺人才个人所得税政策的通知》（财税〔2020〕32 号）和海南省人民政府《海南自由贸易港享受个人所得税优惠政策高端紧缺人才清单管理暂行办法》（琼府〔2022〕31 号）的有关规定，自 2020 年 1 月 1 日起至 2024 年 12 月 31 日，“对在海南自由贸易港工作的高端人才和紧缺人才，其个人所得税实际税负超过 15% 的部分，予以免征”。享受优惠政策的条件包括：一个纳税年度内在海南自由贸易港累计居住满 183 天；属于海南省各级人才管理部门所认定的人才或一个纳税年度内在海南自由贸易港收入达到 30 万元以上（海南省根据经济社会发展状况实施动态调整）。对在海南自由贸易港工作并享受优惠政策的高端人才和紧缺人才实行清单管理。

在建设自贸港进程中，结合 H 公司所涉业务，对照《海南自由贸易港紧缺人才行业需求目录》，公司可能会需要如现代服务业技术人才、旅游业技术人才等。在个人所得税政策优惠期间，公司通过雇佣相关高端紧缺人才，一方面能够适度降低公司人力成本，另一方面则可以引进更多的外来稀缺人才。

（3）增值税。

①根据财政部、税务总局《关于支持个体工商户复工复业增值税政策的公告》（财政部、税务总局公告 2020 年第 13 号）、《关于延长小规模纳税人减免增值税政策执行期限的公告》（财政部、税务总局公告 2020 年第

24 号)、《关于延续实施应对疫情部分税费优惠政策的公告》（财政部、税务总局公告 2021 年第 7 号)、《关于对增值税小规模纳税人免征增值税的公告》（财政部、税务总局公告 2022 年第 15 号）规定，自 2020 年 3 月 1 日至 2022 年 3 月 31 日，对除湖北省外，其他省市的增值税小规模纳税人，适用 3% 征收率的应税销售收入，减按 1% 征收率征收增值税；自 2022 年 4 月 1 日至 2022 年 12 月 31 日，增值税小规模纳税人适用 3% 征收率的应税销售收入，免征增值税。

②根据《国家税务总局关于小规模纳税人免征增值税征管问题的公告》（国家税务总局公告 2021 年第 5 号）规定，小规模纳税人发生增值税应税销售行为，合计月销售额未超过 15 万元（以 1 个季度为 1 个纳税期的，季度销售额未超过 45 万元，下同）的，免征增值税；小规模纳税人发生增值税应税销售行为，合计月销售额超过 15 万元，但扣除本期发生的销售不动产的销售额后未超过 15 万元的，其销售货物、劳务、服务、无形资产取得销售额免征增值税，自 2021 年 4 月 1 日起施行。

③根据财政部、国家税务总局和海关总署印发的《关于深化增值税改革有关政策的公告》（财政部、税务总局、海关总署公告 2019 年第 39 号）及相关规定，自 2019 年 4 月 1 日至 2021 年 12 月 31 日，允许生产、生活性服务业纳税人按照当期可抵扣进项税额加计 10%，抵减应纳税额（以下简称加计 10% 抵减政策）；根据《财政部　税务总局关于明确生活性服务业增值税加计抵减政策的公告》（财政部、税务总局公告 2019 年第 87 号），2019 年 10 月 1 日至 2021 年 12 月 31 日，允许生活性服务业纳税人按照当期可抵扣进项税额加计 15%，抵减应纳税额（以下简称加计 15% 抵减政策）。根据财政部、税务总局印发的《关于促进服务业领域困难行业纾困发展有关增值税政策的公告》（财政部、税务总局公告 2022 年第 11 号）相关规定，生产、生活性服务业增值税加计抵减政策，执行期限延长至 2022 年 12 月 31 日。

若房地产企业集团中有符合以上政策规定内容的子公司，可以结合具体的税收政策进行纳税申报，享受降低税率或进项税额加计抵减的税收优惠政策，降低企业的整体税收负担。

（4）土地增值税。按照现行《中华人民共和国土地增值税税法》规定，纳税人建造普通标准住宅出售，增值额未超过扣除项目金额 20% 的，免征土地增值税；增值额超过扣除项目金额 20% 的，应就其全部增值额按规定计税。普通标准住宅，是指按所在地一般民用住宅标准建造的居住用住宅。但对于纳税人既建造普通标准住宅，又建造其他房产开发的，应分别核算增值额；不分别核算增值额或不能准确核算增值额的，其建造的普通标准住宅不能享受免税优惠。房地产开发企业如果既建造普通标准住宅，又从事其他房地产开发的，分别核算与不分别核算两种情形下土地增值税额可能差别较大。在分别核算的情况下，若能把普通标准住宅的增值额控制在可扣除项目金额的 20% 以内，就能免征土地增值税。

房地产开发企业越来越多销售精装房，关于装修费用，现行《土地增值税税法》规定，“房地产开发企业销售已装修的房屋，其装修费用可以计入房地产开发成本”进行扣除。在《国家税务总局海南省税务局土地增值税清算审核管理办法》（2021 年第 7 号）中进一步明确，装修费应符合以下情形之一，即在销售合同或补充协议中明确了装修费包含在房价中；或销售发票中包含了装修费的；或签订销售合同时捆绑签订装修合同的。房地产企业应基于自身情况，按照管理规定进行操作。

3.2.2　H 公司税收筹划的方案设计

（1）关于企业所得税的筹划。

①利用当前税收优惠政策，降低企业所得税适用税率。根据前文有关小微企业的企业所得税优惠政策，当前 H 公司旗下 Y 假期旅行社有限公司，在 2022 年 1 月 1 日至 12 月 31 日，年应纳税所得额不超过 100 万元的部分，减按 12.5% 计入应纳税所得额，按 20% 的税率缴纳企业所得税。因该政策在 2022 年 1 月 1 日至 2024 年 12 月 31 日，对年应纳税超过 100 万元但不超过 300 万元的部分，减按 25% 计入应纳税所得额，按 20% 的税率缴纳企业所得税。H 公司可设立其他符合条件的小微企业作为子公司，经营部分集团业务，在政策期限内最大程度享受税收优惠政策。

此外，根据财税〔2020〕31 号文件对鼓励类产业目录的有关规定，当下 H 公司可以通过新建或对现有建筑业子公司进行变革，适用产业目录中“建筑”所提及的高新技术项目作为主营业务，并使其主营业务收入占总收入比重达到 60% 以上。或者 H 公司可对旗下旅游子公司主营业务进行调整，使之符合产业目录中“旅游业”所列项目，并同时符合主营业务收入占总收入 60% 以上。通过类似调整，子公司在独立核算的情况下，可享受 15% 的企业所得税优惠税率。

②设立境外子公司对国内子公司进行投资。根据财税〔2020〕31 号文件规定，2020 年 1 月 1 日至 2024 年 12 月 31 日，对在海南自由贸易港设立的旅游业、现代服务业、高新技术产业企业新增境外直接投资取得的所得，免征企业所得税。其中旅游业和现代服务业符合海南 H 公司的主要业务类型。按照相关税法规定，投资境外子公司应选择税率不低于 5% 的地区设立。通过境外子公司取得的营业利润，或从持股比例超过 20%（含）的境外子公司分回的，与新增境外直接投资相对应的股息所得直接享受免征企业所得税的优惠。

③合理购置或自建固定资产或无形资产。根据财税〔2020〕31 号文件规定，2020 年 1 月 1 日至 2024 年 12 月 31 日，海南自贸港设立的企业，新购置（含自建）单位价值 500 万元以内的固定资产或无形资产，可以一次性计入当期成本。在此期间，H 公司可以尽可能基于企业生产经营或产业转型的需求，根据需要购置固定资产和无形资产，冲抵当期费用成本，减少企业所得税的应纳税所得额，进行税收筹划，提升企业当期利润。

（2）关于个人所得税的筹划。企业在生产经营过程中，对于员工的应付职工薪酬也属于企业的经营成本。基于海南自贸港的个人所得税的优惠政策，有关企业应该重点根据财税〔2020〕32 号通知的有关规定，对符合要求的企业员工优惠后的个税进行代扣代缴工作。个税的优惠政策一方面有利于个人在企业给出同等薪资待遇的情况下，增加个人税收收入，进而吸引更多的外来人才；另一方面从企业的角度出发，能够在企业员工获得同等收入待遇的情况下，通过减少支付个人所得税从而降低整体的用工成本。

当前在中国大陆地区，个人所得税的征收管理普遍采用 7 档“超额累进税率”。举例进行比较，假设 H 公司在 2022 年初雇用一位符合个人所得税优惠政策条件的高端紧缺人才，其年应纳税所得额为 100 万元。若没有优惠减免，根据国家现行个人所得税政策，其个人所得税年终汇算清缴时应缴纳个人所得税为 268 080 元（1 000 000 ×45% －181 920），可推测其个人所得税实际税负远超过了 15%，基于当下海南个人所得税税收优惠政策，能够适用超过 15% 的部分免征个人所得税。

（3）关于增值税的筹划。主要可通过利用税收优惠政策，一是使用降低税率或免征增值税的方法来进行增值税的税收筹划。根据前文所述，H 公司的子公司中的增值税小规模纳税人，如海南 J 物业服务有限公司、Q 大酒店有限公司等为增值税小规模纳税人，其适用 3% 征收率的应税销售收入，在 2020 年 3 月 1 日至 2022 年 3 月 31 日可减按 1% 征收率征收，在 2022 年 4 月 1 日至 2022 年 12 月 31 日则可免征增值税。又如 H 公司的子公司 W 旅游投资有限公司，自 2021 年 4 月 1 日起，有销售货物、劳务、服务、无形资产等月销售额未超过 15 万元的，可免征增值税。二是增加进项税额的抵扣。基于生产、生活性服务业的加计抵减政策，2020—2022 年，H 公司集团中的该类子公司可按照当期可抵扣进项税额加计 10%—15% 抵减应纳税额。如子公司 Z 信息科技有限公司、J 物业服务有限公司等适用 10% 的生产性服务业加计抵减政策，Y 假期旅行社有限公司、J 大酒店有限公司等适用 15% 的生活性服务业加计抵减政策。

（4）关于土地增值税的筹划。

①推迟土地增值税清算时间点。土地增值税作为房地产开发企业税种成本的主要构成部分，对于土地增值税进行税收筹划对房地产企业增加经营利润，缓解资金周转压力，提升企业开发新项目的能力具有显著作用。房地产企业应在开发房地产项目时与税务部门积极沟通，争取税务部门批准延缓清算时间点的申请。在实际业务操作过程中，假设存在多处房地产项目需要缴纳土地增值税的情况，此时应该通过横向对比法，优先缴纳土地增值税金额较小项目的税款，延缓土地增值税税负较重的项目税额的缴纳。

根据税收机关要求，房地产项目已转让建筑面积达到可售建筑面积的

85%，或在取得最后一张销售（预售）许可证满3年仍未销售完毕的，房地产企业纳税人需要对土地增值税进行纳税申报。然而根据房地产楼盘取得预售证的相关规定，并未要求在该楼盘所有楼房竣工后统一申请预售证，因此在实务中H公司可以针对未来即将开发的××二期楼盘进行逐步推进修建的办法，在完成部分房屋的修建后申请预售许可证，通过此方法加速企业资金回流，同时适当放慢整体楼盘的建造进程，并保留部分在售房屋，在合理范围内延后土地增值税的清算时间，从而能够更好地将企业资金暂时保留以用于业务开展。

②结合运用增值率临界点，合理增加可抵扣项目。当前我国土地增值税的征收采用四级超率累进税率，通常房地产开发企业可以通过合理增加可抵扣项目的金额，从而降低土地增长率，尽可能套用更低一级的税率。房地产开发公司能够通过调整一般商品房可抵扣项目的金额，使得增值率控制在20%以内，则可享受免除缴纳土地增值税的优惠政策。若难以调整房屋可扣除项目金额，还可以通过改变销售金额的方法来降低土地增值率。

③签订不同类型购房合同。在房地产出售环节，要注意对房产类型进行区分。如建造的房屋包含了一定的装修，一是要注意对装修费进行规定（包含在销售合同或补充协议，或体现在销售发票上），这样可以在计算开发成本时进行扣除；二是可以与客户分别签毛坯房买卖合同和房屋装修合同。根据税法规定，销售装修服务只需要缴纳增值税、企业所得税，不会涉及土地增值税。通过这种税收筹划方式，可以有效降低土地增值税的税基与增值率，减轻企业税负。

④通过合并申报多个房地产项目，降低土地增值税适用税率。对房地产开发公司来说，可能会同时开发不同档次的房地产项目。在进行税收筹划时，H公司可将项目做合并开发处理，即在办理相关证件时统一规划、统一上报。这样可以对增值额进行合并计算，从而降低土地增值税的使用税率，减轻公司税收负担。

⑤通过增加流转环节，降低土地增值税适用税率进行节税。根据土地增值税征收管理有关规定，企业在进行土地增值税清缴的时候土地增值率

越高，所适用的税率就越高，税收负担越重。房地产企业可以针对土地增值率较高的房地产项目，增加流转环节，通过降低单一环节内的增值率来适用更低的税率，从而有效减少土地增值税额。

（5）税收筹划小结。通过对前文税收优惠政策进行梳理，本部分制订了海南 H 公司为代表的房地产企业税收筹划计划，主要针对房地产企业在日常经营业务中所涉及的占比较大的税种。立足海南自贸港建设这一大背景，对建设进程中推出的具体税收优惠政策进行分析，借鉴一般企业税收筹划方法，结合房地产企业业务特点，对 H 公司进行了四大税种的税收筹划方案设计。

4. 案例总结

目前在海南省政府的政策引导下，从宏观层面对于房地产企业的管控逐步加强。通过对海南省相关财政数据梳理可以看出，政府财政收入和地区生产总值中关于房地产开发投资的比重已在逐渐降低。在政府管控加强、企业利润缩水的情况下，房地产企业为了谋求盈利，压缩成本成了为数不多的可行方案之一。由于房地产企业的特殊性，税收成本占企业成本的比重较一般企业明显更大，因此做好税收筹划对当下海南房地产企业的生存发展尤为重要。税收筹划作为企业在合法范围内争取企业利益的经济行为，在房地产行业内具有较大的调控空间。对房地产企业进行合理有效的税务筹划，可以帮助企业减轻税负，提升企业竞争力，同时规避税务风险。

通过探究海南自贸港建设进程中的相关税收政策，借助常规房地产企业税收筹划方法，结合当下市场情况，可对房地产企业进行税收筹划。本部分以海南 H 公司为例，在对经营状况和涉税情况梳理的基础上，明确主要纳税筹划机会点，结合当下海南自贸港建设背景下提出的企业税收优惠政策，进行税收筹划方案设计。得出以下结论：

第一，房地产企业税收筹划工作展开受到企业经营活动过程中企业内外部环境因素的影响。随着海南自贸港建设逐步进入新阶段，海南省政府在重点园区建设方面尤为重视，同时为摆脱地方经济对于房地产行业的依赖，又需要保证引进人才的住房需求，政府对于房地产的管控逐渐变得更加严格且全面，2020 年之后海南房地产开发的节奏逐渐减慢。房地产企业在进行税收筹划的时候应该在关注企业内部情况与业务需求的同时，高度关注市场以及政府的政策制定情况，做出适应企业内部和外部环境的筹划方案。

第二，房地产开发企业税收筹划工作有一定的相通性。房地产企业税收成本方面，企业所得税、土地增值税和增值税占比较大，可以针对纳税负担较重的税种重点展开税收筹划的设计，将财务与税务进行有机结合，利用政府给予的税收优惠，在保证财务、税务双低风险的情况下最大程度减轻企业税收负担，增加企业收益。

参考文献

[1] 包关云，贝苗儿．土地增值税在企业所得税税前扣除的思考 [J]．财务与会计，2021 (01)：67－70.

[2] 包家龙．增值税税率变动对房地产开发企业税负的影响 [J]．财务与会计，2019 (19)：52－54.

[3] 计金标．税收筹划（第八版） [M]．北京：中国人民大学出版社，2022.

[4] 梁俊娇．税收筹划（第九版） [M]．北京：中国人民大学出版社，2021.

[5] 彭乔依，彭晓洁，李欣芸．土地增值税实施中若干问题探析 [J]．税务研究，2021 (12)：44－49.

思考题

1. 进行税收筹划对房地产企业经营有什么影响？

2. H 公司在进行税收筹划时应注意哪些问题？

3. 海南预计 2025 年实现“封关”，届时在这个特定区域内将实现高度的“自由”——贸易自由便利、投资自由便利、跨境资金流动自由便利、人员进出自由便利、运输来往自由便利。请查阅相关资料，谈一谈你认为海南封关对该地企业税收筹划的可能影响。

案例九　甲上市公司税务风控案例分析

胡海生　施天骏　王紫彤

[内容摘要] 首先，利用风险管理理论、税收遵从理论和内部控制理论知识，结合甲公司所在行业发展趋势，归纳并总结行业税务风险特征，如增值税的账外销售、虚开农产品收购发票等。通过对甲企业基本信息、经营情况、业务流程、会计报表进行初步分析，设计了一套纳税风险评估指标，并与同行业其他相关企业的纳税指标进行对比。其次，逐一对甲企业税务风险指标进行分析，主要包括：出口收入增长率、增值税税负率、资产负债率、发票开具情况等。最后，在以上分析的基础上，结合企业实际调查走访情况，得出企业涉税风险的相关结论。

1. 引言

1.1 案例背景

纳税风险管理作为税务领域新兴业务，是运用风险管理理论，通过对不同纳税人的遵从风险进行分析识别，结合有限征管资源，采取不同的应对策略，持续提高纳税遵从度的管理过程。中国对于风险管理的研究开始于20世纪80年代，一些学者将风险管理和安全系统工程理论引入中国，在少数企业试用中感觉比较满意。近年来，风险管理在中国政府管理、企业管理、财务管理、审计、金融、保险等领域日益受到关注。

本纳税风险案例是从企业纳税遵从度评价的角度来观察、分析、判断企业涉税处理是否合理、是否存在税收风险点，学习如何通过风险指标、风险特征模型的运用，结合各类数据获取及验证的经验和方法来指导企业业务组织、纳税管理，同时也通过这个过程，培养学生依法进行涉税处理和业务合理安排的法制观念、成本意识、全局视野。

本案例以企业上报的财务报表数据分析为基础，运用纳税评估相关指标、结合大型轻工业企业特点展开分析，查找可能存在的税收风险点，利用出口收入增长率、出口销售毛利率、增值税税负率等筛选指标，结合纳税人经营及纳税情况对比，进行案头分析。

1.2　相关理论

1.2.1　风险管理理论

20 世纪 80 年代末，金融主体逐渐崛起，频频出现的经济危机使得企业对风险管理的研究目标聚焦到影响经济行为的不确定因素上，现代风险管理理论的研究由此开启。现代风险管理理论更加注重资产市值与风险的比例，侧重于测算评估风险，同时也出现了第一个风险管理标准，即澳大利亚/新西兰风险管理标准。这一标准提出风险是对于企业目标而言的不确定性，风险管理不仅能够减少甚至避免利益损失，而且利用机会可以创造收益。

2004 年，随着《COSO 企业全面风险管理——综合框架》在美国出台，全面风险管理阶段开始了，该框架整合了概念、内容和风险管理体系，以内部控制和控制纯粹风险为核心实现全面风险管理，并将其分为三个维度：目标体系、管理要素和主体单元，多维立体的框架加强了风险管理的横向深度和纵向深度，使企业能够更全面地理解控制和管理目标，解决复杂的风险问题。

风险管理是指如何在项目或者企业一个肯定有风险的环境里把风险可能造成的不良影响减至最低的管理过程。首先，风险管理必须识别风险。风险识别是确定何种风险可能会对企业产生影响，最重要的是量化不确定性的程度和每个风险可能造成损失的程度。其次，风险管理要着眼于风险控制，公司通常采用积极的措施来控制风险。通过降低其损失发生的概率，缩小其损失程度来达到控制目的。控制风险的最有效方法就是制订切实可行的应急方案，编制多个备选的方案，最大限度地对企业所面临的风险做好充分的准备。当风险发生后，按照预先的方案实施，可将损失控制在最低限度。最后，风险管理要学会规避风险。在既定目标不变的情况下，改变方案的实施路径，从根本上消除特定的风险因素。例如，设立现代激励机制、培训方案、做好人才备份工作等，可以降低员工流失的风险。

1.2.2 税收遵从理论

税收遵从是研究企业、个人对税收的遵从性。税收遵从理论是一种把人的行为模式和税收政策结合的理论，它可以帮助政府更好地了解、预测和改善税收遵从行为。

税收遵从理论一般是指纳税人与征税人双方遵守税收法律法规，在发生涉税行为之后自觉行使征税权利、履行纳税义务，共同保障国家税收收入，维护市场税收环境，促使市场经济健康发展的一种道德约束。本文从纳税人角度讨论税收遵从，可以发现企业在信息不对称的前提下，通过与征税机关之间相互博弈，在涉税交易实施后时会出现纳税遵从和纳税不遵从两种结果。纳税遵从主要指纳税人依法履行纳税义务，同时做到经济交易活动发生时及时申请纳税、准确核算纳税金额和依据税收征收管理法相关规定在正确的纳税期限缴纳税款三步流程。纳税人若违反三步流程中的任何一个，则视为纳税不遵从。纳税遵从取决于外部因素和内部因素，外部因素主要是税务机关征管力度、征收税款的手段、税收政策等，内部因素一般指企业高层管理者对于履行纳税义务的积极度、员工的纳税意识以及企业内部控制机制的执行等。对于企业纳税风险管理而言，企业内部因素对纳税遵从的影响更加重要，确保企业纳税遵从度是企业实现纳税风险管理的基础。

1.2.3　内部控制理论

随着股份制企业开始逐渐形成规模，两权分离的管理模式开始在企业中大量应用，为了确保各部门分工明确并发挥其职能，企业开始实施一系列监控经营活动的方法，企业进行的自我监督活动是内部控制理论形成的雏形，重点是控制企业的管理和会计。1949 年，美国会计师协会提出内部控制也应当重视审计工作，所以补充了成本、预算以及经营报告等部分，内部控制内容逐渐丰富。20 世纪 70 年代，随着企业财务信息造假现象的加剧，发现内部环境也会影响内控的结果，从而重新调整内控框架，即内控环境、会计控制、内控程序三部分。

1992 年，COSO 对内部控制有了较为完整的界定，即企业董事会、管理层和其他职工共同参与的，为企业能够达到经营效率和目标、提供可信赖的财务报告、正确遵守法律法规等目的而提供合理保证的一种过程。COSO 提出了能够促进内部控制发挥功效的五大要素：其中内部环境是基础，主要指企业内部对待内部控制的意识与态度；风险评估可以具体分为风险的识别、分析和评价；控制活动是核心，制定针对性的应对策略以达到降低风险的目的；信息与沟通是桥梁，只有完全掌握信息企业才能够做出正确判断；监督是保障，维持内部控制秩序。内部控制与风险管理是企业内部相互作用的机制，在确定内部控制目标的背景下加入风险预测、评估和应对等一系列风险管理环节，能够有效地促进目标的实现并且避免风险的暴发对企业造成危害。

2. 案例所在行业特征

2.1　甲公司所处行业类型

甲公司主要从事以羊绒为原料的水洗绒、无毛绒（分梳山羊绒）、绒条、纱线、羊绒制品的生产及销售。根据国家统计局制定的行业分类标准，属于纺织行业中的毛纺织子行业，并专注于毛纺织行业的分支行业——羊绒纺织。

2.2 行业发展现状及趋势

2.2.1 行业概况

山羊绒简称羊绒，是山羊为抵御严寒而在山羊毛根处与皮层之间生长的一层细密丰厚的绒毛，具有纤细、弹性强、柔软保暖等特性。从全球范围看，产绒山羊主要分布在北纬35—55度、东经5—120度的高寒、半荒漠区域。由于地域和产量原因，羊绒属于稀有的动物纤维，是一种价值量很高的纺织原料，素有“软黄金”和“纤维钻石”之称。

世界山羊绒的主要生产国家有中国、蒙古、伊朗、阿富汗、哈萨克斯坦、吉尔吉斯斯坦、巴基斯坦、土耳其等。中国是山羊绒原绒产量最大、品质最高的国家，近十年来世界原绒产量稳定在16 000吨左右，其中中国平均每年生产原绒约12 000吨，约占全球总产量的75%。目前，世界上超过90%的羊绒原料在中国完成初加工处理，中国羊绒及制品加工数量居世界第一，生产能力世界第一，出口量世界第一，世界羊绒消费市场有四分之三以上的商品产自中国。英国、意大利、日本、美国等国家是世界上较大的山羊绒进口国。20世纪50年代以前，我国山羊绒全部以原料形式廉价出口国外；70年代，我国开始批量加工生产分梳山羊绒，但主要还是以原料形式出口国外；80年代后，我国羊绒加工业开始由初、粗加工向深、精加工发展。近年来，随着国内羊绒产业的发展，原绒出口比例下降，羊绒制品出口增加。

目前，我国羊绒产品种类已经由无毛绒发展到羊绒纱、羊绒衫，从针织制品发展到梭织制品和圆机一次性成衣；产品结构由粗纺、纯纺延伸到精纺和多元混纺；产品技术含量逐步提升，羊绒产品向高支精纺、轻薄型四季服装转变。羊绒制品的应用范围进一步拓宽、技术含量不断提升、产品档次稳步提高、产品出口创汇逐年增加。我国在拥有羊绒资源优势的同时已经逐步形成特色产业优势。

2.2.2　行业基本特征

（1）周期性特征。羊绒是高档服装的主要原料，而人们对高档服装的消费需求与经济的持续增长、人们生活水平的提高、对生活品位的追求等密不可分，因此，羊绒行业的周期性特征与经济总体的周期性具有较高的相关度。

（2）季节性特征。羊绒企业主要生产材料为山羊原绒。山羊绒一年一产，羊绒生长期为每年的秋季至第二年4月，因此羊绒企业原绒采购主要集中在每年的4—9月。同时，由于羊绒本身具有良好的保暖功能，羊绒制品的销售旺季主要集中在气候较为寒冷的秋冬季节。因此，羊绒企业具有明显的季节性特征。

（3）区域性特征。产绒山羊主要分布在北纬35—55度、东经5—120度的高寒、半荒漠区域。产绒山羊的地域分布特点导致我国羊绒纺织行业也具备明显的地域特征，相应形成了内蒙古自治区、河北清河、宁夏灵武等几大羊绒产业集群。

其中，宁夏回族自治区大力发展羊绒产业，宁夏灵武羊绒工业园区以精品羊绒著称，粗、初加工及深加工均具备较强实力，形成了明显的产业集群优势，并于2008年入选中国产业集群品牌50强；内蒙古是我国主要羊绒产区之一，劳动力成本低廉，为羊绒产业发展带来便利条件；河北省清河县是全国最大的羊绒初级加工及绒毛集散地之一，已形成比较完善的梳、纺、织羊绒工业生产体系。

此外，浙江桐乡及湖州也形成了一定规模的羊绒产业集群，但主要产品结构以终端产品为主，缺乏原料优势。

（4）资金密集型行业。羊绒纺织及制品加工属于资金密集型行业。由于羊绒本身价值量较高，同时具有明显的周期性，羊绒纺织企业需要充足的资金进行集中大批量采购，提前预付采购款的情况也较为普遍。此外，由于羊绒采购季节与接受订单、生产及销售的周期存在时间差，导致当年采购的部分羊绒需留存用于次年的订单签订以及生产和销售，即当年采购的原绒需至少满足次年的生产销售需要。这导致羊绒企业存在库存较大的行业特点。价值量大、季节性集中采购以及存储和营业周期较长等经营特点也决定了羊绒加工企业对营运资金的需求量较大，属于资金密集型行业。

（5）兼具劳动密集型和技术密集型的特征。羊绒纺织及制品加工兼具劳动密集型和技术密集型产业的特点。其中，产业链前端的山羊原绒分选、水洗、复选，以及产业链末端的羊绒制品加工等工艺流程无法完全实现机械及自动化，部分环节需依靠手工工艺，具有劳动密集型产业特征；羊绒无毛绒分梳、制条、羊绒纺纱、染色、制版等产业链中间工艺环节则完全实现了自动化加工，对于加工工艺及生产设备的先进程度、加工工艺以及技术人员的技术及操作水平要求较高，具有技术密集型产业特征。

（6）资源依托型行业。目前，山羊原绒产量稀少，全球每年产量仅在16 000吨左右。同时，由于羊绒优良的品质和特性，具备较高的使用价值，交易中以克论价，属于稀缺资源。羊绒资源的占有直接决定着羊绒企业的发展，行业具有资源依托性的特征。

2.2.3 与上、下游行业之间的关联性

甲公司从事的主营业务羊绒纺织，实现了从原绒采购、无毛绒、水洗绒初加工、羊绒纱线及羊绒制品生产及销售的全产业链覆盖。因此，公司主营业务的上游产业为绒山羊养殖所对应的畜牧业，下游行业主要面向中间商及终端消费者。

羊绒纺织行业的主要原料为山羊绒，属稀缺资源。山羊绒产量、质量的变化将影响羊绒制品的产量及品质；山羊绒价格的波动，将直接影响羊绒纺织企业的原材料储备量和生产成本，从而影响到羊绒纺织企业资金周转、盈利水平和经营业绩。具备全产业链覆盖的羊绒纺织企业可以通过产品结构调整，部分化解由于羊绒产量及质量变化带来的不利影响；部分具备品牌优势的企业具有终端市场价格的控制能力，可以将原材料上涨的压力部分或全部转移给终端消费者。

羊绒纺织行业的终端是包括羊绒衫在内的羊绒制品生产及销售，主要

面向中间商及终端消费者。其中，中间商主要包括代理商和经销商，与羊绒制品制造企业是相互制约和共同发展的关系。一方面双方需要共同维护品牌的价值，并协调生产、批发和零售等环节实现共同盈利；另一方面在营销管理、批发零售价格、产品质量等方面制造商和经销商相互制约。

此外，对于终端消费者，宏观经济状况、可支配收入状况、心理和消费偏好等因素都将直接影响消费者对服装的消费需求，进而影响本行业的价格水平和市场容量。

2.3　行业存在的一般税务风险

2.3.1　增值税高征抵扣客观存在，引发虚开风险

纺织企业原材料成本约占企业总成本的70%，企业生产的服装产品适用13%的增值税税率。企业从农户手中直接收购其自产的棉花，开具农产品收购发票，则以发票上注明的农产品买价的10%的扣除率计算进项税额。相较一般工业企业进、销税率相同而言，纺织企业天然地存在增值税高征低扣的现象，增加了企业整体税收负担。

增值税高征低扣下，小部分企业通过虚开手段以减轻税收负担，致使虚开风险爆发。由于现行政策对农产品收购发票采取了“事先申领、自开自抵、留存备查”的税收征管制度，税务机关在企业申领环节仅要求提供“税务登记证”副本、“营业执照”“企业申请购买收购发票审批表”等一般材料，因此，部分不法分子利用该项税收优惠政策，通过伪造购销合同、过磅单、农户身份信息、自产自销证明等材料，在取得虚假的农产品收购发票后，或自行抵扣，或对外虚开牟利，严重影响纺织行业的健康发展。

而导致对农产品收购发票监管漏洞的原因在于：一是收购对象认定难，在收购业务中，一些纺织企业是从大商贩处采购，为防止税务机关检查收购业务的真实性，企业还能相应的提供一些农业生产者的姓名、住址、身份证号码和出售棉花的时间、数量、价格等相关资料，在这种情况下税务机关要区分和查实农业生产者和非农业生产者费时费力；二是收购

价格监控难，由于同一种农产品品质差别大，即便细微差别也大大影响价格，给企业虚抬高收购价格留下空间，税务机关难以全面监控。

2.3.2 账外销售、虚假申报偷逃企业所得税

由于一些纺织企业将生产的棉纱销往地方个体工商户，其不需要纺织企业开具发票，加之税务机关对部分地区、对个体工商户的税收管理相对较松，这些纺织企业就采取体外循环的方法，购进原材料不入账、销售收入也不入账，而生产产品的人工费、水电费、折旧费等全部挤进成本，通过账外销售的方式，多列支出、少列收入，进而虚假申报偷逃企业所得税。

2.3.3 农产品收购发票虚开波及出口退税

虚开查处的牵连作用对各行业的影响巨大。就纺织行业而言，因产业链条长，发票的开售牵涉面较广，辅之以公安机关全链条式的查处模式，一旦链条中的收购企业被定性为虚开，风险则会向全链条传导，甚至影响产品出口与出口退税。

由于我国是纺织产品出口大国，东南沿海地区也是纺织生产大省的集中地，从事出口的企业不在少数，出口退税对这些出口企业的重要性不言而喻。一旦出口企业被查出农产品收购发票虚开作假，不仅退税不能实现，甚至面临骗取出口退税的刑事责任风险。

3. 案例企业纳税申报基本情况

3.1 企业基本信息

3.1.1 甲公司基本信息表

表1为甲公司基本信息情况表。

表 1　　甲公司基本信息表

企业名称	甲有限责任公司		
法定代表人	李春春	注册资本	426 187 万元人民币
登记状态	存续（在营、开业、在册）	实缴资本	180 504 万元人民币
统一社会信用代码	9164882276834567882F	成立日期	1998 - 09 - 15
注册号	640000245678419	纳税人识别号	9164882276834567882F
企业类型	股份有限公司	组织机构代码	22768386 - 2
核准日期	2020 - 08 - 06	所属行业	纺织业
曾用名	SXR 股份有限公司	英文名	JIA Cashmere Co. , Ltd.
人员规模	50—99 人	参保人数	89
营业期限	1998 - 09 - 15 至 2058 - 09 - 15		
进出口企业代码	6488227683862		
羊绒及其制品、毛纺织品、棉纺织品、各种纤维的混纺织品及其他纺织品的开发、设计、生产和销售；轻工产品、土畜产品的销售；自营和代理除国家统一联合经营的 16 种出口商品和国家实行核定公司经营的 14 种进口商品外的其他商品及技术进出口业务；经营进料加工和“三来一补”业务；经营对外贸易和转口贸易；国内贸易（国家专营专控商品必须提供专项审批文件及许可证），仓储业务；实业投资（依法需取得许可和备案的项目除外；不得吸收公众存款、不得非法集资）；投资咨询；企业管理咨询与服务（依法须经批准的项目，经相关部门批准后方可开展经营活动）			

3.1.2　公司主要税种和税率

甲公司主要税种和税率情况如表 2 所示。

表 2　　甲公司适用税率

税种	计税依据	税率
增值税	羊绒及制品销售收入	13%
城市维护建设税	应交流转税额	7%
企业所得税	应交流转税额	*
教育费附加	应交流转税额	3%
地方教育费	应交流转税额	2%

续表

税种	计税依据	税率
水利建设基金	上年营业收入	0.7‰

* 甲公司子公司DK服饰公司、AL公司执行25%的企业所得税税率，子公司原料公司免征企业所得税，中国香港公司执行16.5%的公司利得税率，英国邓肯公司执行21%—28%公司所得税率（累进税率），日甲公司营业额在800万日元以下时执行18%所得税税率、营业额在800万日元以上时执行30%所得税税率，美国公司执行15%—28%的企业所得税率（累进税率），柬埔寨公司执行9%所得税税率。

3.1.3 税收优惠及批文

（1）根据某地开发领导小组办公室宁西办〔2012〕124号文件《关于确认甲公司符合国家〈产业结构调整指导目录（2011年本）〉鼓励类目录内资企业的函》及某地方税务局《关于落实第二轮西部大开发企业所得税优惠备案工作有关事宜的通知》，甲公司按15%的税率征收企业所得税。

（2）根据该地税务局2013年2月7日“税收优惠事项备案通知书”通知，甲公司子公司原料公司符合《享受企业所得税优惠政策的农产品初加工范围（试行）（2008年版）》第二类第五项规定，享受企业所得税减免优惠政策。

3.2 企业经营情况及业务流程

3.2.1 公司采购模式

甲公司主要生产原材料为山羊原绒，采购期主要在每年的4—9月。因此公司每年年初根据订单和意向情况，综合当年羊绒市场的产量、价格、质量等因素，公司总经理办公会初步拟定当年全年的原绒收购计划，并从四五月起开始陆续采购至少满足一年订单所需的原料。

由于羊绒制品本身的季节特性，导致其采购、生产和销售期存在一定时间差，因此，公司须库存部分羊绒原料，以确保第二年客户下单意愿和公司的接单能力，同时适量的库存羊绒也是公司提高议价能力的保证。

公司目前已在国内六大主要原绒产区建立原绒采购点，每个采购点配备2—3名精通羊绒专业知识、行业经验丰富的采购人员，进行原绒市场的调研与协调工作。公司一直以来重视与羊绒产区羊绒商及牧民的关系，与主要羊绒产区的羊绒经销商及牧民建立了长期的互信关系，对采购价格已经形成了一定的影响力。公司制订了《甲公司质量管理体系》，明确了包括采购在内的公司生产质量控制体系；并针对物资采购制定了《采购控制程序》，规范采购行为。在原料公司成立前，甲公司原料部负责原绒采购工作。

甲公司目前羊绒采购流程如下（见图1）：

（1）甲公司根据多年来在行业中的经验以及合作对象的资金实力，选择符合条件的羊绒供应商作为合格供方，并将其分成12个专职采购小组，每组确定一个组长，负责不同产区的原绒收购，由原料公司与这些羊绒供应商小组分别签订羊绒收购框架性合同。

（2）原料公司根据其对市场的研究、生产和销售情况初步确定羊绒收购基准价。羊绒供应商根据公司下达的收购任务及收购基准价到牧区开展收购，由原料公司派出采购人员对羊绒供应商采购活动以及资金的使用进行配合、监管。

（3）在收购完成后，羊绒供应商将收购的原料运送至原料公司。原料公司利用英国SGS检测设备对羊绒的出绒率进行检测。

（4）原料公司根据检测结果开具原绒收购入库单、质检凭证并支付货款。在原料收购和入库环节，公司制定了《原料采购制度》《原料质检和计量制度》《原料入库制度》《原料付款财务审批制度》《风险抵押金制度》等；在无毛绒的生产环节，制定了《原绒领料、使用、盘点及退库制度》《生产环节控制制度》。在内部控制流程上：收购、质检、仓储和生产环节分别产生收购合同、质检报告、入库单、磅票、审批单等多套流转单据，各个流程既相互依存，又相互独立、相互制约。

甲公司的原绒收购体系的参与者除了包括牧民、羊绒供应商及公司派出收购人员，还包括公司的质检部门、原料库部门以及财务部门，实现了多部门、多人员的监控和制约，实现了对采购、生产和销售全过程监督、

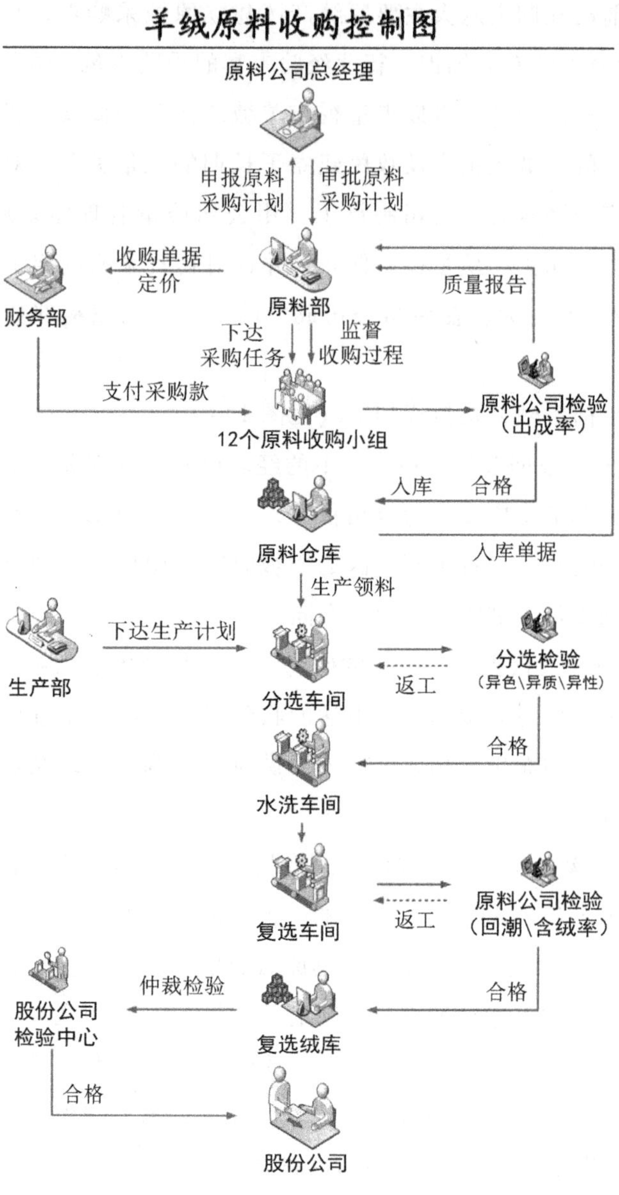

图1　甲公司原料采购流程

考核和控制，最大限度地防范了各个环节的舞弊和道德风险。

除采购原绒外，甲公司需要采购的原材料还包括一部分无毛绒，以弥补生产过程中由于规格或产能原因所形成的原料缺口。甲公司所处的灵武羊绒产业集群具备较强的原绒收购和初加工优势，因此集群内采购即可满足无毛绒原料需求。公司根据整体销售计划及销售订单及意向情况制订采购计划并进行采购。公司在灵武羊绒产业集群内择取质量、信誉、价格较好的羊绒初加工企业作为相对固定的供应商。

3.2.2　公司生产模式

甲公司目前生产模式以自行生产为主，现已达到年分选、水洗原绒5 000 吨、分梳无毛绒 1 100 吨、羊绒条 300 吨、羊绒纱 700 吨，羊绒衫150 万件的生产能力。除自行生产外，公司也采取委托加工的模式弥补产能缺口。

甲公司实现了从原绒收购、无毛绒及绒条羊绒初加工乃至羊绒制品生产及销售全产业链覆盖，其主要产品有优质白无毛绒、青无毛绒、紫无毛绒；优质高端白绒条、青绒条、紫绒条；羊绒粗纺纱线；羊绒衫、羊绒大衣、围巾等制品。

（1）山羊原绒经过分选、水洗等工序后可生产成为水洗绒；

（2）水洗绒经过复选、分梳等加工处理后，可生产成为无毛绒；

（3）无毛绒用于生产粗纺羊绒纱线，粗纺羊绒纱线可进一步用于羊绒衫等羊绒制品的生产；

（4）长度和细度等级较高的无毛绒可加工成为绒条，并进一步制成精纺纱线和羊绒面料，用于高档羊绒制品的生产。高品质羊绒条主要出口英国、意大利等欧洲国家。

水洗绒、无毛绒、绒条以及纱线既是生产原料，用于产业链下游产品的生产，同时也可以作为产成品进行销售。

3.2.3　公司销售模式

公司目前的销售方式主要包括外销和内销两种模式，其中自行报关、直接出口到国外（含香港特区）为外销，其他为内销。

（1）外销模式。在外销方面，公司在无毛绒、绒条、纱线以及羊绒衫方面均居于出口企业前列。其中无毛绒及绒条出口量已连续 8 年位居国内出口企业首位；羊绒衫出口量已于2010年跃居国内出口企业第二名；公司羊绒纱线销售业务虽然起步晚，但2011年出口量已跃居全国第五位。目前，公司已是国际市场主要的精品羊绒产品供应商，主要客户多是拥有百年历史的国际著名羊绒厂商，在国际高档服装、面料市场有稳定的市场份额。公司采取“以销定产”的生产和销售模式，即根据市场需求情况确定原绒收购和产品销售计划，具有一定的向下游转移成本的能力。

（2）内销模式。公司内销的羊绒产品，一是针对大客户销售：为国内的羊绒生产厂商提供无毛绒和纱线，或者为国内部分经销商代工生产羊绒衫；二是自有品牌羊绒制品销售：自2009年起公司推出自行创立的羊绒衫品牌，并逐渐扩大其在销售中的比例，目前公司自有品牌内销模式主要采用向代理经销商供货以及直营店经营，直接面对终端顾客的方式对外销售。

（3）销售定价模式。目前，公司各产品的定价方式主要是在总成本基础上综合考虑市场价格及供求关系与客户协商定价。由于公司在羊绒原料采购方面的地位优势以及公司多年诚信经营所积累的质量和品牌优势，已具备一定的定价主动权。

3.3 企业的财务会计报表

表3—表5是甲公司两年财务报表情况。

表3　　甲公司资产负债表　　单位：万元

	20×1年报	20×2年报
上市前/上市后	上市后	上市后
报表格式	一般企业	一般企业
报表类型	合并	合并
原始货币	CNY	CNY
流动资产：		
货币资金	71 059.29	44 940.60
应收票据及应收账款	81 353.48	86 201.69
其中：应收票据	9.16	159.01
应收账款	81 344.32	86 042.68

续表

	20×1 年报	20×2 年报
预付款项	48 758.93	27 080.64
其他应收款合计	4 393.21	1 715.32
其他应收款	4 393.21	1 715.32
存货	330 196.69	232 105.81
其他流动资产	863.49	493.67
流动资产合计	536 625.09	392 537.72
非流动资产：		
长期股权投资	82.00	82.00
固定资产合计	119 983.26	77 460.73
其中：固定资产	119 983.26	77 460.73
在建工程合计	172 783.73	29 050.84
其中：在建工程	172 783.73	29 050.84
无形资产	18 126.14	3 676.43
商誉	401.29	52.15
长期待摊费用	2 504.82	742.33
递延所得税资产	3 300.34	1 614.31
其他非流动资产	46.08	41.58
非流动资产合计	317 227.65	112 720.38
资产总计	853 852.75	505 258.11
流动负债：		
短期借款	429 521.02	250 780.42
应付票据及应付账款	57 818.42	23 446.99
其中：应付票据	5 453.99	—
应付账款	52 364.43	23 446.99
预收款项	4 028.96	6 643.09
应付职工薪酬	177.03	161.06
应交税费	-15 715.43	-4 325.61
其他应付款合计	1 337.84	1 129.33
其他应付款	1 337.84	1 129.33
一年内到期的非流动负债	23 757.91	1 700.00
其他流动负债	359.75	—
流动负债合计	501 285.50	279 535.27

续表

	20×1年报	20×2年报
非流动负债：		
长期借款	118 282.45	49 984.49
长期应付款合计	23 155.00	455.00
专项应付款	23 155.00	455.00
其他非流动负债	14 191.63	3 539.43
非流动负债合计	155 629.08	53 978.91
负债合计	656 914.58	333 514.19
所有者权益（或股东权益）：		
实收资本（或股本）	71 885.12	71 885.12
资本公积	54 069.93	54 364.35
盈余公积	5 016.30	2 648.26
未分配利润	68 298.48	42 551.38
外币报表折算差额	-2 740.63	-1 165.15
归属于母公司所有者权益合计	196 529.20	170 283.97
少数股东权益	408.97	1 459.95
所有者权益合计	196 938.17	171 743.92
负债及股东权益差额（合计平衡项目）	0.00	0.00
负债和所有者权益总计	853 852.75	505 258.11

表4　　　甲公司利润表　　　单位：万元

	20×1年报	20×2年报
上市前/上市后	上市后	上市后
报表格式	一般企业	一般企业
报表类型	合并	合并
原始货币	CNY	CNY
一、营业总收入	311 065.20	242 606.04
其中：营业收入	311 065.20	242 606.04
二、营业总成本	291 901.61	218 905.72
其中：营业成本	244 337.11	181 996.29
税金及附加	17.35	687.61
销售费用	9 594.51	6 853.76
管理费用	12 322.55	9 369.19

续表

	20×1 年报	20×2 年报
财务费用	24 708.84	18 225.14
投资收益	4.10	9.84
资产减值损失	921.25	1 773.73
三、营业利润	19 167.69	23 710.16
加：营业外收入	12 713.35	8 609.60
减：营业外支出	63.80	30.03
四、利润总额	31 817.24	32 289.73
减：所得税费用	3 698.98	4 353.26
五、净利润	28 118.26	27 936.48
归属于母公司所有者的净利润	28 115.13	28 057.09
少数股东损益	3.13	-120.61
扣除非经常性损益后的归属母公司股东净利润	23 680.79	25 268.78
六、每股收益：		
（一）基本每股收益（元）	0.39	0.47
（二）稀释每股收益（元）	0.39	0.47
七、其他综合收益	-1 605.22	922.62
八、综合收益总额	26 513.03	28 859.10
归属于母公司股东的综合收益总额	26 539.65	28 978.68
归属于少数股东的综合收益总额	-26.62	-119.57

表 5　　甲公司现金流量表　　单位：万元

	20×1 年报	20×2 年报
上市前/上市后	上市后	上市后
报表格式	一般企业	一般企业
报表类型	合并	合并
原始货币	CNY	CNY
一、经营活动产生的现金流量：		
销售商品、提供劳务收到的现金	326 043.24	221 527.12
收到的税费返还	15 272.61	9 745.40
收到其他与经营活动有关的现金	10 967.56	10 295.70
经营活动现金流入小计	352 283.41	241 568.23

续表

	20×1 年报	20×2 年报
购买商品、接受劳务支付的现金	367 610.44	256 727.07
支付给职工以及为职工支付的现金	16 684.81	11 943.28
支付的各项税费	9 838.17	5 576.23
支付其他与经营活动有关的现金	11 591.07	7 690.39
经营活动现金流出小计	405 724.48	281 936.97
经营活动产生的现金流量净额差额（合计平衡项目）	0.00	0.00
经营活动产生的现金流量净额	-53 441.07	-40 368.75
二、投资活动产生的现金流量：		
取得投资收益收到的现金	4.10	9.84
处置固定资产、无形资产和其他长期资产收回的现金净额	—	0.23
收到其他与投资活动有关的现金	34 371.70	1 525.68
投资活动现金流入小计	34 375.80	1 535.75
购建固定资产、无形资产和其他长期资产支付的现金	191 717.28	49 203.97
投资支付的现金	2 262.08	—
支付其他与投资活动有关的现金	8 713.19	—
投资活动现金流出小计	202 692.55	49 203.97
投资活动产生的现金流量净额差额（合计平衡项目）	0.00	0.00
投资活动产生的现金流量净额	-168 316.75	-47 668.22
三、筹资活动产生的现金流量：		
吸收投资收到的现金	—	61 021.84
取得借款收到的现金	681 119.39	321 476.67
收到其他与筹资活动有关的现金	8 512.50	1 615.67
筹资活动现金流入小计	689 631.89	384 114.18
偿还债务支付的现金	412 036.42	258 166.72
分配股利、利润或偿付利息支付的现金	26 355.71	20 173.75
支付其他与筹资活动有关的现金	24 397.27	14 275.06
筹资活动现金流出小计	462 789.40	292 615.53

续表

	20×1 年报	20×2 年报
筹资活动产生的现金流量净额差额（合计平衡项目）	0.00	0.00
筹资活动产生的现金流量净额	226 842.49	91 498.64
四、汇率变动对现金及现金等价物的影响	-1 979.53	41.95
五、现金及现金等价物净增加额	3 105.14	3 503.63
加：期初现金及现金等价物余额	23 517.84	20 014.21
六、期末现金及现金等价物余额	26 622.97	23 517.84
补充资料：		
1. 将净利润调节为经营活动现金流量：		
净利润	28 118.26	27 936.48
加：资产减值准备	921.25	1 773.73
固定资产折旧、油气资产折耗、生产性生物资产折旧	8 232.64	5 014.60
无形资产摊销	278.76	109.10
长期待摊费用摊销	416.10	106.10
处置固定资产、无形资产和其他长期资产的损失	-30.78	-9.89
财务费用	22 017.71	17 415.41
投资损失	-4.10	-9.84
递延所得税资产减少	-1 686.03	421.16
存货的减少	-98 516.35	-26 589.10
经营性应收项目的减少	-26 971.63	-48 654.92
经营性应付项目的增加	13 871.38	-18 226.14
其他	-88.28	344.57
经营活动产生的现金流量净额	-53 441.07	-40 368.75
2. 不涉及现金收支的重大投资和筹资活动		
3. 现金及现金等价物净变动情况		
现金的期末余额	26 622.97	23 517.84
减：现金的期初余额	23 517.84	20 014.21
现金及现金等价物净增加额	3 105.14	3 503.63

3.4 纳税风险评估指标设计与对比

从表6和表7初步可知，20×2年甲公司的增值税税收负担率几乎为零，严重低于预警值；成本费用率仅14.87%，低于30%的成本费用利润率预警值；年其他应付款变动率和年其他应收款变动率也在15.77%和37.89%，高于预警值10%。故甲公司有超过四个指标满足预警情况，属于税务高风险企业。

表6 纺织业纳税风险评估指标设计

指标	预警值
增值税税收负担率	<2.25%
成本费用利润率	<30%
出口销售毛利率	>50%
年营业成本与营业收入弹性系数	>110%
年其他应付款变动率	>10%
年其他应收款变动率	>10%
投入产出率推算销售收入	>报表中反映的收入
年耗电量增长率	>销售收入增长率
一般纳税人增值税税负率	<3.50%
一般纳税人税负率偏离度	>20%
年管理费用增长率与营业收入增长率弹性系数	>20%
主营业务收入费用率	>20%
农产品收购发票进项税额占比	>36%
营业成本增长率	>本企业营业收入增长率
年预收账款变动率	>10%
年其他应付款变动率	>10%
年其他应收款变动率	>10%
年存货周转率	变慢（且低于3）
年进项税额增长率	>销项税额增长率
年销项税额增长率	<销售收入增长率
进项税额变动率和销项税额变动率弹性系数	>10%
年营业成本与营业收入弹性系数	>110%

表7　　　甲公司与同行业公司主要纳税风险评估指标对比

20×2	指标	预警值	A公司	B公司	C公司	甲公司
	增值税税收负担率	<2.25%	0.16%	0.23%	1.30%	0.00%
	成本费用利润率	<30%	19.00%	67.30%	24.77%	14.87%
	出口销售毛利率	>50%	44.44%	18.76%	24.77%	24.77%
	年营业成本与营业收入弹性系数	>110%	99.55%	94.70%	85.35%	80.50%
	年其他应付款变动率	>10%	32.99%	26.00%	33.29%	15.77%
	年其他应收款变动率	>10%	57.17%	-4.21%	40.09%	37.89%
20×1	增值税税收负担率	<2.25%	0.50%	0.60%	0.94%	0.07%
	成本费用利润率	<30%	18.27%	15.15%	28.96%	10.93%
	出口销售毛利率	>50%	46.64%	25.39%	32.27%	22.72%
	年营业成本与营业收入弹性系数	>110%	1.38%	1.46%	-21.69%	1.21%
	年其他应付款变动率	>10%	10.30%	-79.24%	42.40%	18.46%
	年其他应收款变动率	>10%	-36.29%	4.17%	-2.28%	1.56%

4. 案例企业税务风险评估分析

4.1 税务风险指标分析

4.1.1 出口收入增长率快速增长

（1）指标明细：出口收入增长率。

（2）风险特征模型明细：20×1年、20×2年公司出口销售快速增长，明显高于国内销售。

（3）涉及税种：增值税（增值税出口退税）。

根据表8数据可知，20×1、20×2年甲公司的出口销售呈快速增长趋势，且都高于国内销售，可能出现没有实际出口，但却制造虚假出口明细只为骗取退税的“假出口”的税务风险。

表 8　　甲公司近两年国内外销售金额　　单位：万元

	20×2 年报	20×1 年报
营业收入	311 065. 20	242 518. 88
国内	121 571. 97	110 869. 48
国外	188 412. 67	131 649. 39

出口收入增长率 =（本年出口收入总额/上年出口收入总额 -1）×100%

结论：出口收入增长率的异常波动说明企业可能以“假出口”骗取增值税出口退税。

4. 1. 2　增值税税负率过低

（1）指标明细：增值税税负率。

（2）风险特征模型明细：20×1—20×2 年增值税税负明显异常，20×2 年增值税税负过低，可能存在虚增成本、虚增费用现象。

（3）涉及税种：增值税。

根据表 9 数据可知，20×1—20×2 年增值税税负明显异常，20×2 年增值税税负过低，可能存在虚增成本、虚增费用现象。

表 9　　甲公司近两年增值税税负　　单位：万元

	20×2 年报	20×1 年报
增值税	121. 67	5 676
教育费附加	3. 65	170. 28
收入	311 065. 20	242 518. 88
增值税税负（%）	0. 04	2. 34

增值税 = 教育费附加/0. 03

增值税税负 = 增值税/营业收入

4.1.3　存在虚开发票、采购发票等情况

2005 年，出口退税征管首次出现“备案单证”的管理规定，备案单证制度的立法目的旨在防范骗取出口退税。2005 年至 2012 年，我国备案单证的管理处于摸索阶段，2012 年财政部、国税总局整合了众多出口退税文件，出台了财税〔2012〕39 号文等规范出口退税的基础性管理规定，对备案单证的管理重新作出明确。国家税务总局公告 2012 年第 24 号公告要求，出口企业应在申报出口退（免）税后 15 日内，将购货合同、出口货物装货单、出口货物运输单据按申报退（免）税的出口货物顺序，填写《出口货物备案单证目录》，注明备案单证存放地点，以备主管税务机关核查。实务中，不少出口企业往往不重视单证的备案和出口文件的存档管理，对出口退税单证备案规定认识不到位，出现备案单证虚假或不齐的情况。近几年，部分税务局已开始将备案单证的核查作为出口退税评估和税务稽查的范畴，从备案单证核查企业交易和出口是否真实、备案是否合规、准确等。我们所服务的客户中因单证不齐、单证虚假面临被税务局追缴税款、滞纳金、罚款的企业很多，出口企业应高度重视备案单证管理。

甲公司在 20×1—20×2 年签订了合计 489 份虚假的出口销售合同。实际不提供资金和产品，仅借用上市公司的出口资质，假报出口业务，通过虚假收汇，提供虚假资料，在没有实际出口贸易的情况下，骗取完成海关验收的出口货物报关单后，向税务机关申请退税。合计虚假报关出口金额为 1.19 亿美元，骗取出口退税款为 1.20 亿元。其中，20×1 年骗取 5 585.37 万元，20×2 年骗取 6 447.70 万元。

4.1.4　存在开票单位与收款单位不一致的情况

现在出口退税领域，有自营出口、委托代理出口、外综服代办退税三种模式，为了预防骗取出口退税违法犯罪行为的高发，行政机关要求企业要严格按照正常的贸易程序开展出口业务，禁止以“假自营、真代理”方式出口申报退税。从形式上看，出口企业以“自营”名义出口、签订的购销合同、开具的增值税专用发票，以及报关、收汇等证明交易和出口的资

料均显示是出口企业，税务机关在税收征管中本着“谁出口、谁收汇、谁退税、谁负责”的原则，一旦出现如追缴出口退税款、暂不办理、视同内销征税等不利后果，通常都由名义上的出口方来承担。即使有真实的货物和出口，不存在骗税的行为，一旦被税务局查处出是“假自营、真代理”出口，对于外贸企业来说，难以通过行政救济途径进行权利的救济，只能通过民事救济途径向委托方公司追偿。“假自营、真代理”出口模式申报退税本身违规以外，往往还伴随着虚开、备案单证虚假、不齐等其他风险。对于从事“假自营、真代理”模式出口的企业来说，风险极高。

大量查阅甲公司的增值税发票开票单位与收款单位后，发现存在前后不一致的情况，具有骗取退税的风险。

4.1.5 资产负债率异常

（1）指标明细：资产负债率。

（2）风险特征模型明细：资产负债率越来越高，企业偿还贷款能力下降。

甲公司20×1年资产负债率为66.01%，同年行业大多数公司的资产负债率在20%—50%，相对资产负债率偏高，20×2年该公司资产负债率甚至达到了76.94%。

通常，公司的资产负债率应控制在50%左右。从公司债权人的立场来讲，公司的资产负债率越低越好，这样，公司的偿债能力有保证，借款的安全系数就高。从公司投资者的角度来看，如果公司总资产利润率高于借款利息率，则资产负债率越高越好；反之，则越低越好。而从公司经营者角度来看，如果资产负债率过高，超出债权人的心理承受程度，公司就借不到钱；如果公司资产负债率过低，这说明公司在经营过程中比较谨慎，不轻易借款进行投资，或者是自有资金比较充足，暂时还不需要大规模的举债，而甲公司连续两年资产负债率超过50%，20×2年净利润增长率同比只增加了0.21%，利润总额同比减少了1.46%，反映了给企业带来的负面影响，增加企业税收方面出现问题的风险。

4.1.6　农产品收购发票进项税额占比异常

（1）指标明细：农产品收购发票进项税额占比。

（2）风险特征模型明细：农产品收购发票进项税额占比越来越高。

（3）涉及税种：增值税（进项税额）。

甲公司属于纺织行业，农产品收购量较大，而农户并不一定会开具发票证明，所以可能存在一定的农产品收购发票虚报，以减少需缴纳的税款。

4.1.7　工资薪金里潜在的涉税风险

工资薪金包括的是现金形式以及非现金形式所有的劳动报酬、福利的物资发放，都需要计入工资薪金，扣缴个人所得税。可能存在以“误餐补助”“差旅费”等名义入账，实际属于工资薪金的，以此来少计工资，少缴个税；存在超过当地标准的“通讯补贴”“交通补贴”等其他补贴，津贴等未计入工资薪金所得等情况。

4.1.8　虚列成本、费用、扩大税前扣除范围

甲公司在20×1年至20×2年，营业收入增长过快，年营业成本与营业收入弹性系数由80.50%增长至121%，超过预警值110%，可能存在多列成本、费用、扩大税前扣除范围问题。其中，该公司20×2年员工福利显著增多，管理费用也大幅增加，可能涉及以各种补贴的名义，额外列支工资性费用，加大工资成本；任意扩大工资总额，多提福利费，虚列人工费用等虚列直接人工费用的行为。

4.2　实地调查

经过分析，企业确认收入和成本核算环节有可能存在问题。评估小组根据需要到该企业审核有关账簿凭证，经分管局长批准，评估小组对企业进行了实地调查核实。由于该企业20×1年的财务数据不正常，我们对其

20×1—20×2 年的账务也进行了查看，发现该企业近几年财务通过核算，在纳税申报上较为完整，申报及时，无申请延期申报、延期缴纳税款事项，公司在取得预收工程款时到税务机关开具正式发票并按票预征了 2% 的企业所得税。但企业项目部在工人工资的发放上未能提供工人与企业的聘用合同，联系方式以及存在领用工资代签名的情况。

（1）在核实过程中发现 20×1 年度发生罚款支出 3 000 元。

（2）在管理费中列支了以前年度的招待费 21 017 元，应在年终调整企业所得税应纳税所得额，无其他调增项目。

（3）20×1 年度按工程进度少结转主营业务收入 3 5750 033.90 元，主营业务成本 31 460 268.43 元，经调整后 20×1 年企业应纳所得税为 805 087.56 元，企业实际已缴 793 062.76 元，应进行补缴。

（4）20×2 年度少扣缴个人所得税 40 000 元。

（5）20×1 年 1—6 月年度估算少结转主营业务收入 35 050 173.19 元，主营业务成本 31 780 008.49 元，经调整后应预缴企业所得税 924 370.95 元，企业实际已预缴企业所得税 904 580 元。

4.3 评估结论

经过调查评估发现企业存在以下情况：

（1）三家外销客户为皮包公司，甲公司与三家香港特区客户业务真实性存疑；

（2）利用进出口报关公司虚增出口业务骗取出口退税；

（3）五家内销客户存在关联关系或控制关系。

依照《税收征收管理法》等相关法律法规的有关规定，针对其骗取国家出口退税款 12 033.06 万元的行为，处以追缴税款 1 023.12 万元的行政处理，处以罚款 12 033.06 万元的行政处罚。

本案例划归于纺织服装行业，纺织工业是我国国民经济的传统支柱产业和重要的民生产业，也是我国参与国际竞争的优势产业，在繁荣市场、扩大出口、吸纳就业、增加居民收入、促进城镇化发展等方面发挥着重要作用。在分析案例时分别使用增长率，出口销售毛利率，增值税税负率，存货周转天数等指标分析其风险点，并根据风险点和后续税务局的判决、约谈举证、实地调查的结果推断出该公司可能存在的账外销售、虚假申报偷逃企业所得税，虚开农产品收购发票骗取出口退税等问题。

参考文献

[1] 刘永格．X建筑公司纳税风险管理研究［D］．河北地质大学，2023.

[2] 陈沁．税收评定制度：构建现代税收管理新模式［J］．江西社会科学，2013，33（08）：227－230.

[3] 樊勇，李昊楠．税收征管、纳税遵从与税收优惠——对金税三期工程的政策效应评估［J］．财贸经济，2020，41（05）：51－66.

[4] 傅钟漩，武辉，朱洪坤．建立税收内外风险防控协作机制的实践与思考——以国家税务总局山东省税务局为例［J］．税务研究，2021（08）：123－128.

[5] 何辉，侯伟．我国纳税评估存在的问题与路径选择［J］．税务研究，2013（02）：75－77.

[6] 何家凤，何少武．大数据时代的纳税评估信息采集模式［J］．财经理论与实践，2015，36（03）：95－98.

[7] 黄哲．《税收征管法》对纳税评估制度的规制［J］．税务研究，2013（05）：47－50.

[8] 黎涛，谢琛．研发费用加计扣除涉税风险探析［J］．税收征纳，2021（06）：16－18.

[9] 李晓安，马然．风险管理视角下的税收评定制度构建［J］．税务研究，2022（04）：75－81.

[10] 李旭．集成电路企业所得税风险管理研究［D］．东北财经大学，2023.

[11] 刘尚希，孙静，王亚军．大数据思维在纳税评估选案建模中的

应用［J］. 税务研究，2015（10）：7－11.

［12］刘新华. 完善纳税评估工作的思考［J］. 税务研究，2015（07）：85.

［13］王明世. 税额确认制度建构研究——兼议税收征管法修订［J］. 税收经济研究，2021，26（02）：71－75.

［14］王宁. 高新技术企业纳税风险管理研究［D］. 兰州财经大学，2023.

［15］吴武清，汪成杰，蒋勇等. 高维数据选元：方法比较及其在纳税评估中的应用［J］. 管理评论，2013，25（08）：10－20.

［16］颜宝铜. 基于集成理念的大数据时代税收风险管理探析［J］. 税务研究，2021（07）：98－103.

思考题

1. 农产品收购企业常见的涉税问题一般包括哪些？为什么？
2. 如何仅根据上市公司公开材料，计算企业增值税税负？
3. 出口退税企业哪些指标需要重点关注？为什么？
4. 企业毛利率异常可能存在哪些涉税风险？

案例十　A 企业集团税务风险管控分析

于谦龙　薛　文　韦　叶

[内容摘要] 近年来，随着税务征收机关的“放、管、服”改革以及“金税”三期等数字化征收的发展，企业集团的外部税务监管环境不断趋严。企业如何在自身规模不断扩张的同时，加强税务风险管理是新时期国有企业集团需要关注的重点领域。本文以国有大型企业集团——A 企业集团为例，就其存在的主要税务风险问题进行剖析，发现 A 企业集团存在：税务风险防控的制度缺失、相关专业财税人员的能力较弱以及海外企业税务风险管理不足等问题。本文解析了产生这些问题的原因，并且给出了破解上述税务风险问题的管控建议，为国有企业集团的税务风险问题的发现、动因分析与解决思路提供了参考。

1. 引言

企业集团在当前的经济发展中担当了主力军的重要角色，国有企业集团是我国国民经济的中坚力量。国有企业集团主要分布在关乎国家安全、国防建设和与人民生活息息相关的支柱行业和民生领域。企业集团通常由一个母公司、成百上千个子公司或子子公司合并组合而成，其资产规模由千万元至数千亿元不等，企业员工数量庞大。根据财政部披露信息，截至

2022 年末，全国国有及国有控股企业营业总收入达 825 967.4 亿元，国有企业利润总额 43 148.2 亿元，国有企业应交税费 59 315.7 亿元。如此庞大规模的国有企业群体，为我国实现新时代“两个一百年”奋斗目标，须要进一步强化企业集团自身的公司治理能力与抵御风险能力，为高质量发展保驾护航。

随着国资国企改革步伐的逐步加快与深化，集团化、规模化的国有集团公司数量越来越多。虽然集团化的运作能够为企业带来规模效应，实现集团整体“一盘棋”的统筹考量，但是在复杂多变的市场经济环境中，企业面临的风险也较过去明显增加，管理难度大幅度提升、市场风险的多变等规模不经济的经营风险被同时放大。党的十九大以来，党中央在多次会议中强调一定要拥有“坚持底线”的思维、一定要拥有“防范化解重大风险”的能力。早在 2019 年，国有资产管理委员会就已经提出了进一步加强风险管控必须列为大型国有企业当年的重要任务来予以重视（逯敏，2021）。

企业风险一般具有三方面的特征：不确定性、损失性和客观性。就企业的税务风险而言，贯穿于企业经营的整个过程。而集团化公司又具有行业多、产业链条长、涉及税目杂等特点，综合而言必将增加税务风险的防控管理难度。如何在当下经济全球化高速发展的时代，税收改革提速发展的背景下，为国有企业集团挖掘适应当下新形势的税务风险管理方法？本案例通过研究 A 企业集团的税务风险现状，分析风险的成因，并提出改进意见，帮助企业加速完成战略转型，管理升级。

本案例一方面研究了目前税务征收现状及发展趋势，将近年来的税务改革这一企业税务风险防范的关键外部环境作为研究背景。另一方面，伴随着“金税”三期、“金税”四期税收征管方式的改变，征管手段趋严，研究了新时代数字化、智慧化征税背景下国有企业集团的税务风险防范管理问题，试图有效地降低企业集团的税务风险，规范企业集团的税务管理水平。

2. 理论分析

2.1　概念界定

2.1.1　企业集团的界定

企业集团是由多个法人主体联合组成的大型经济实体。他一般以一个或多个实力雄厚并且市场地位极高的企业为核心，以多个具有相关经济利益或受到核心企业直接或间接控制、影响的企业组成的群组，以产品、技术或相关产业链为纽带，拥有共同目标，追求整体企业价值最大化的企业群落。

我国《企业集团登记管理暂行规定》里列示，设立企业集团应具备三个主要条件：一是母公司的注册资金在5 000万元及以上，并至少拥有5个子公司；二是母公司及子公司的注册资金总计在1亿元及以上；三是各成员单位均具有独立法人资格。

2.1.2　税务风险及其管控的界定

税务风险存在于企业的各类经营活动中。从企业的设立、商品的采购与销售，到资本的扩张、股权的交易，甚至跨国经营活动等所有的涉税行为都会为企业带来税务风险。可将税务风险概括定义为：一类是因企业税务人员不了解掌握相关税务政策、条款，税金计算错误或没有运用税收优惠政策而产生的多缴或少缴税的税务风险。另一类是因企业自身的主观原因，违反了相关税收法律法规政策，故意少缴、漏缴税产生的税务风险。主观形成的机会主义思想给广大中小微企业带来更多的税务风险，相对中小微企业而言，大型国有企业集团的税收遵从意愿更高，此类企业的税务风险往往来源于其本身税务管理能力的薄弱。

税务风险管控指的是企业为避免因税务风险产生损失，根据自身的战略目标、经营目标制定的税务风险管控策略、提供的风险管控技术支持、内部风险控制保障机制等体系化的税务管控工作。对于企业集团公司，大体量的公司规模，多层级的管理链条，需要规范的税务风险管控架构来应对税务风险。

2.2 相关理论

2.2.1 风险管理理论

美国反虚假财务报告委员会下属的发起人委员会（COSO）发布了新版（2017 年版）的企业风险管理框架：《企业风险管理——与战略和业绩的整合》。相较于 2004 年发布的首版框架《企业风险管理——整合框架》有较大的改进。新框架包括五大要素及其对应的二十项原则。企业可以参照该框架的体系进行税务风险管理。

我国的《中央企业全面风险管理指引》（国资发改革〔2006〕108 号）中把风险一词解释为未来的各类不确定因素对于企业管理经营目标的影响程度。同时根据是否在将来不确定的时刻给企业带来的有利或不利影响分为纯粹风险和机会风险。纯粹风险指的是肯定了未来只会给企业带来不利影响，即损失。机会风险指的是未来给企业带来有利或不利的影响，两者皆有可能。

风险管理理论主要研究风险发生的规律和如何控制此类规律。该理论认为，任何组织形式的企业都需要对可能面临的风险给予全方位、全过程的管理。风险的全流程管理主要可分为几个步骤，分别是目标设定、风险评估、策略制定、方案实施和绩效评价。

2.2.2 委托—代理理论

委托—代理理论最早由 20 世纪 30 年代的美国经济学家伯利和米恩斯提出，该理论强调企业的所有者与经营者的分离，形成了委托代理关系，因两者之间存在的契约关系，极大可能造成两者的目标不同，决策的出发点不相同，最终形成的决策也不一致，设置怎样的监督激励机制是该理论的核心要点。

委托代理的关系已被运用到社会中的各个方面，公司股东与职业经理人、国有资产管理委员会与国企的领导层、外部利益相关者与审计师事务所都是各种形式的委托代理关系。在现代企业治理中，企业规模日益上升，委托代理关系自然而然地被采用，通过契约、激励和监督等方法，经营者为股东创造企业价值的最大化。

2.2.3 信息不对称理论

信息不对称理论的研究表明，因人们获得信息的时间、渠道等因素的差异产生了相关各方获得信息内容的不对称，信息在市场经济中对企业显得尤为重要，信息及时、有效地传递对于帮助企业避免损失、获取利益，发挥了巨大的作用。

我国法律以成文法为主体，它的主要特点就是对法律责任的判定一般基于执法者对法律的理解。对税收法律条款的最终解释权，往往都归税务机关所有。尽管近年来的税务改革、信息公开、税务政策的推广宣传力度较之前有了大幅度的改善和提高，但相对复杂的税收政策、各个条款之间的组合运用对于企业来说仍然犹如大海捞针，处于信息的弱势地位。

3. 政策分析

我国在税收体制方面经历三次跨越式的重大变革。第一次变革是2012年，营改增工作拉开帷幕，从上海地区交通运输业和6类现代服务业开始试点工作；第二次变革是2018年，全国人大通过了国家行政机构改革方案，随后国务院办公厅公布了税务机构改革，实施国税、地税“大合并”；第三次变革是2021年，“金税”三期工程的验收完成，我国税收征管手段开启了数字化管理的时代篇章。

3.1 税收征管的现状

3.1.1 "金税"三期在税收征收管理上的应用

建设全国统一的税收征管体系，集中全国所有的税收征管数据，监控全行业税收征管信息，及时、准确地获取决策和管理所需要的信息，以上目标成为建设"金税"三期的总目标。2014 年，"金税"三期第一阶段在 6 个省（市、直辖市）成功上线运行，工程验收；2017 年末，全国范围内上线"金税"三期系统。

"金税"三期的主要特点有四个方面：第一，统一的业务规范及税务管理规范，只有统一标准化的文书、财务报表、纳税申报表，才能对数据加以利用分析，反之抓取的数据质量将值得商榷。第二，各税种数据全覆盖，如果说"金税"一期、二期以增值税专用发票的监管为主要切入点，那么"金税"三期则覆盖了全国各个税种征收信息集中、融合，可提高税务数据相互佐证的可信度。第三，增强税收遵从的风险管理，利用网络信息化的数据分析手段，及时监控纳税人的涉税材料，提出风险预警，有效地降低纳税人的税务成本及税务风险。第四，打造税务信息数据共享以及与外部有关部门的数据互联、信息联网，以税务征管信息为基础，外部网络信息为补充，在优化纳税人办税流程上提供技术辅助，简化办税过程，提高办税效率。

3.1.2 大企业集团税收征管的相关规制

从国家税务总局到各省的税务局，都设有大企业税收管理机构。比如，国家税务总局设有大企业税收管理司，上海市税务局设有第一税务分局（大企业税收服务和管理局）。2004 年，经济合作与发展组织（OECD）发布了《遵从风险管理：管理和改进税收遵从》，提出了较为系统的税收风险管理模型，即建立模型运行背景、风险识别、风险评估、分析遵从行为、确定处理策略、计划并实施策略，为风险管理的税收应用提供了指引和范本。2009 年国家税务总局发布了《大企业税务风险管理指引（试行）的通知》（国税发〔2009〕90 号），该指引旨在引导大企业合理控制税务风险，防范税务违法行为，依法履行纳税义务，避免因没有遵循税法可能遭受的法律制裁、财务损失或声誉损害。2011 年，国家税务总局印发的《国家税务总局大企业税收服务和管理规程［试行］》中提到：大企业税收服务和管理工作，提供针对性的纳税服务，以风险为导向，实施科学高效、统一规范的专业化管理；通过有效的遵从引导、遵从管控和遵从应对，防范和控制税务风险，提高税法遵从度，降低税收遵从成本。2021 年中共中央办公厅、国务院办公厅印发了《关于进一步深化税收征管改革的意见》中，提到了“探索实施大企业税收事先裁定并建立健全相关制度”。上述专门服务大企业集团的税收征管机构的设立，以及相关文件的发布足见政府对大企业集团纳税问题的重视。

3.2　税收征管的发展趋势

如果说“金税”三期代表了税务监管的“智能化”，那么“金税”四期就是智慧税务的代名词。“金税”三期是用一个软件来实现税务监管的高效与高质量，“金税”四期就是用一整个系统来对纳税人勾画纳税图像，精准地勾勒出每一次的业务交易所触发的纳税条件。

2022 年 9 月，时任税务总局局长王军在“一带一路”税收征管合作论坛上多次提到数据融合的“金税”四期工程建设已启动。数字化的现代税务建设是“金税”四期工程的核心亮点，税务监管由原先的标准化服务到今天的精细化、个性化服务，发生了本质的改变。新时代大数据在税务领域的运用更有利于税务数据的比对分析，牵一发而动全身的古话在今天的税务画像上得到了印证，税务机关已实现了全面、真实地掌握纳税人经济领域的数据。由系统做出税务风险提示预警，更能人为地后期干预，实现以数据监管的高效性和保障了新时代税务监管工作的公正性。

4. A 企业集团税务风险管控案例分析

4.1 案例基本情况

4.1.1 A 企业集团简介

（1）公司发展历程。A 企业集团前身是由上海市国资委在 1995 年批准设立的非公司制法人的国有企业，注册资本近 15 亿元。后续经过多轮法人和经营范围的变更等，于 2004 年，公司改制为有限责任公司，完成了公司制法人的工商变更登记，取得《企业法人营业执照》，注册资本近 25 亿元。经过多轮国资重组后，A 企业集团注册资金已增至近 45 亿元，成为涵盖乳业、肉业、蔬菜、米、面、油、糖、酒和水产等一系列主副食品产业的“全产业链”食品集团。

（2）公司股东结构及实际控制人情况。截至 2021 年末，A 企业集团股东持股比例如图 1 所示。

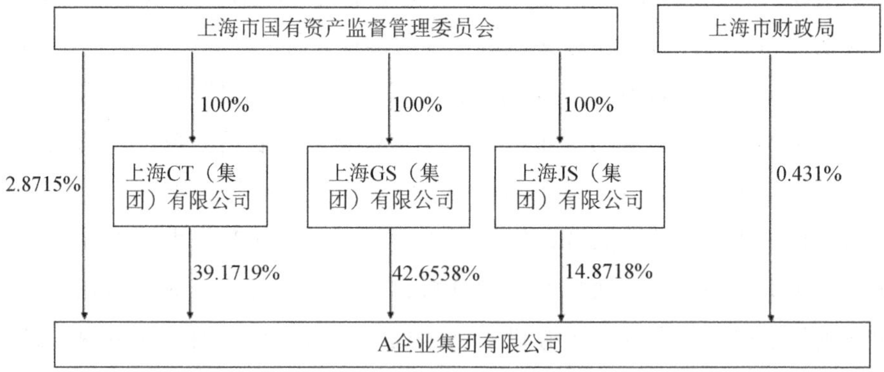

图 1 A 企业集团公司股权关系

（3）公司治理结构。A 企业集团具有规范的法人治理结构，公司建立了股东会、董事会、监事会以及在董事会领导下的经营团队，公司内设党委工作部、计划财务部、合规风控部等 9 个职能部门。截至 2021 年 12 月末公司内部组织结构参见图 2。

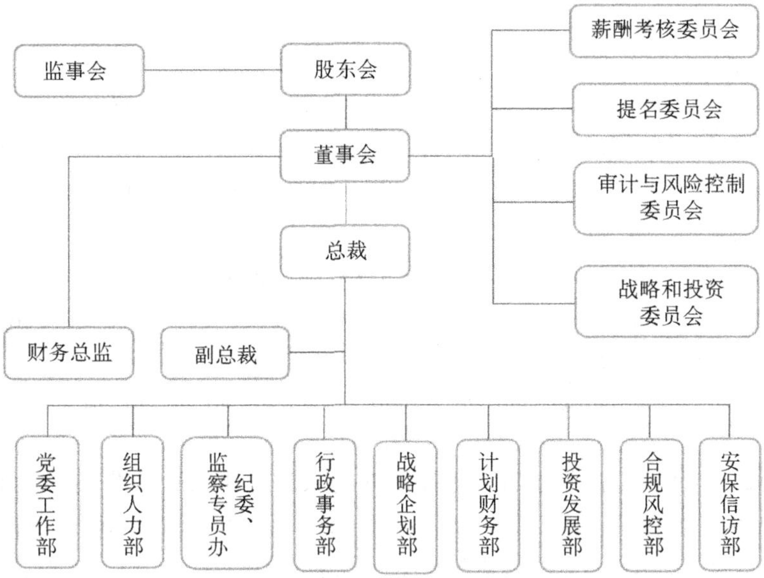

图 2　A 企业集团公司组织架构

4.1.2　A 企业集团经营情况

（1）经营产业分布情况。A 企业集团探索实践了一条改革的新模式，聚焦“两大引擎、六大支柱、两大基础”的产业发展新优势，为上海市提供主副食品的重要保障。从 2019—2021 年近 3 年的板块收入分析，集团的两大引擎营业收入占集团公司整体的比重分别 38.22%、41.36%、45%，3 年平均 41.53%，详见表 1。

表 1　A 企业集团近 3 年营业总收入情况

项目	2019 年度		2020 年度		2021 年度	
	金额（亿元）	占比（%）	金额（亿元）	占比（%）	金额（亿元）	占比（%）
乳业	354.3	22.01	387	24.35	428.81	27.67
肉业	260.99	16.21	270.4	17.01	268.47	17.33
糖业	155.65	9.67	157.62	9.92	164.1	10.59

续表

项目	2019 年度		2020 年度		2021 年度	
	金额（亿元）	占比（%）	金额（亿元）	占比（%）	金额（亿元）	占比（%）
城市厨房	86.63	5.38	86.16	5.42	37.92	2.45
城市保供	147.91	9.19	157.03	9.88	53.45	3.45
海洋食品	39.86	2.48	33.78	2.12	32.46	2.09
品牌食品	241.27	14.99	228.67	14.39	182.52	11.78
花卉	12.93	0.8	12.72	0.8	13.82	0.89
现代农业	125.21	7.78	96.88	6.1	68.71	4.43
资产经营管理	184.97	11.49	159.32	10.02	299.22	19.31
小计	1 609.72	100	1 589.58	100	1 549.48	100
其他（抵消）	-54.53		-32.1		-41.18	
合计	1 555.19		1 557.48		1 508.30	

2021 年度，A 企业集团实际控制并纳入国资年报合并范围的企业户数共 921 户。其中，本级 1 户，二级公司 29 户，三级公司 277 户，四级及以下企业 614 户。按行业类别统计，A 企业集团涉及种植业、养殖业、农副产品加工、批发零售、房地产开发、财务及信息服务等近 200 个行业小类；按地区统计，国境内企业主要分布在上海、江苏、四川、香港特区等 28 个地区，国境外企业主要分布在欧洲的意大利、大洋洲的新西兰等 6 大洲近 20 个国家和地区。截至 2021 年末，A 企业集团拥有 6 家上市公司，其中 5 家为中国 A 股上市公司，1 家为新西兰主板上市企业。

（2）A 企业集团经营业绩情况分析。近年来 A 企业集团营业收入的规模基本在 1 500 亿—1600 亿元，2021 年收入规模下降较大主要因执行新收入准则后，部分企业营业收入按净额法确认导致收入、成本同比例下降，剔除该因素的影响，企业的营收规模可实现年均 0.5% 的增长速度。

集团的归母净利润这一盈利能力指标基本稳定在 12 亿元上下，表明了企业近年来稳增长的经营特点，年均增速达 1.5%。期间费用率水平的稳中有降，实现了年均 16.3%，5 年降幅 10.9%，也是对集团“十三五”期间制定的“稳增长、降本控费、提质增效”目标的充分印证，同时也为利润增速做出了巨大贡献。A 企业集团公司近 5 年经营关键指标表及其增长情况如表 2 所示。

表 2　　A 企业集团近五年经营关键指标表

项目	2017 年	2018 年	2019 年	2020 年	2021 年
营业收入（亿元）	1 611.61	1 580.08	1 555.19	1 557.48	1 508.30
营业收入增长率（%）	3.4	-2.0	-1.6	0.1	-3.2
归母净利润（亿元）	12.19	13.22	12.16	12.29	12.38
归母净利润增长率（%）	5.2	8.5	-8.0	1.1	0.7
期间费用（亿元）	272.30	240.98	266.11	266.04	226.94
期间费用率（%）	16.9	15.3	17.1	17.1	15.0

4.2　A 企业集团涉税情况、税务风险识别

4.2.1　A 企业集团涉税情况

（1）集团业务涉税范围。A 企业集团涉及的税率或征收率也分类众多，主要税种与税率如表 3 所示。

表 3　　A 企业集团主要税种及税率

税种	计税依据	适用税率
增值税	按税法规定计算的销售货物和应税劳务收入为基础计算销项税额，在扣除当期允许抵扣的进项税额后，差额部分为应交增值税	免征、0%、1%、3%、5%、6%、9%、13%
消费税	按应税销售收入计缴	适用酒类税目
企业所得税	根据有关税法规定对本年度税前会计利润作相应调整后计算得出的应纳税所得额，本集团其他子公司按照各自应纳税所得额根据各自适用所得税税率计提缴纳企业所得税	中国境内企业免征、10%（非居民企业）、15%（高新技术企业）、20%、25%，香港特区 16.5%，开曼群岛免税；新西兰 28%，以色列 23%、26.5%，新加坡 17%，澳大利亚 30%，西班牙 25%，法国 28%
城市维护建设税	按流转税额计征	1%、2.5%、5%、7%

续表

税种	计税依据	适用税率
教育费附加	按流转税额计征	1.5%、3%
地方教育附加	按流转税额计征	1%、2%
房产税	自用房产按原值扣除 10% ~30% 后的余值计征、出租房产按收入计征	自用 1.2%、出租 12%
土地增值税	按应纳税增值额计征	四级超率累进税率（详略）
土地使用税	按土地面积计征	免征，0.6—30 元/平方米等，按土地所在地税务局的规定征收
以色列地产所得税		23%
河道管理费	缴纳的增值税税额	0.5%、1%
印花税	应纳税凭证记载的金额、应纳税凭证的件数	1‰、0.5‰、0.3‰、0.05‰、5 元每件
新西兰商品服务税	新西兰境内提供商品和服务的收入减可抵扣采购成本后的余额	15%

（2）集团业务享受的税收优惠情况。在关注税收优惠政策方面，企业集团所属各子公司也是结合自身的经营特点，申请、办理和享受了较多税目的税收优惠，不但规避了增加纳税成本，多缴税金的税务风险，而且也有助于企业核心竞争力的提升。

例如，涉及境外经营业务的子公司，合理利用了境外企业所得税减免的地区性政策，将境外平台管理公司注册在了开曼群岛，给企业带来了免缴企业所得税的优惠政策。

下属涉及远洋捕捞业务的子公司，运用相关捕捞商品的税收政策，将自行捕捞运回国内销售的水产品，视同为非进口国内产品予以申报，享受了不征收关税和进口环节增值税；同时利用捕捞的水产品直接用于销售这一经营特点，结合我国关于销售初级农产品的增值税优惠政策，就该业务形成的销售收入，享受免征增值税的优惠政策。

下属子公司在打造自身产业链的同时，向产业上游奶源领域进行项目开发和企业收购，享受到了“西部大开发”的鼓励类产业减按 15% 的税率征收企业所得税的优惠政策。

在提升企业市场竞争力方面，A 企业集团积极开展研发创新科技工作，目前共拥有 6 个市级、3 个企业级科技机构，以及一个市级院士专家工作站。同时，集团下属很多子公司因申请并获得了高新技术企业资质，从而享受到了 15% 的企业所得税优惠税率以及研发费用加计扣除的税收优惠政策。

（3）集团整体的税收缴纳及税收负担情况。根据表 4、表 5，从 2017—2021 年近 5 年的 A 企业集团缴纳的税费情况可以发现，虽然近两年企业的纳税总额有下降趋势，但纳税总量平均可达 60 亿元，其中以增值税与企业所得税占比最高，两大税种的纳税额小计可达总纳税金额的 73.6%。土地增值税、个人所得税、房产税等税种的纳税额 5 年累计，也均超过纳税 3 亿元的总量。近年来，税收监管手段持续增强，税务风险重点监管范围不但保持了原有的增值税、企业所得税等大税种，也逐步向房产税、印花税等原本的小税种发展延伸。同时，结合纳税征收信息，来比对财务报表、社会保险登记、不动产信息登记、工商信息公示公告等多种类互联网信息交叉比对企业税务申报数据，做出税收风险分析及风险提示预警。

表 4　　A 企业集团近 5 年主要税金缴纳情况表　　单位：亿元

项目	2017 年	2018 年	2019 年	2020 年	2021 年	合计
增值税	62.97	37.90	30.38	24.20	28.23	183.68
企业所得税	22.84	28.43	20.65	18.24	19.90	110.06
土地增值税	7.51	5.05	8.17	7.80	7.22	35.75
个人所得税	4.31	4.63	3.84	3.31	2.89	18.98
房产税	1.14	1.33	1.26	1.30	1.29	6.32
土地使用税	0.77	0.78	0.53	0.52	0.46	3.06
其他	8.33	8.66	9.41	8.93	6.15	41.48
合计	107.87	86.78	74.24	64.30	66.14	399.33

表 5　　A 企业集团近 5 年主要税金负担率

项目	2017 年	2018 年	2019 年	2020 年	2021 年	年平均
增值税额（亿元）	62.97	37.90	30.38	24.20	28.23	36.74
营业总收入（亿元）	1 611.61	1 580.08	1 555.19	1 557.48	1 508.30	1 562.53
增值税负担率（%）	3.9	2.4	2.0	1.6	1.9	2.4

续表

项目	2017 年	2018 年	2019 年	2020 年	2021 年	年平均
企业所得税额（亿元）	22. 84	28. 43	20. 65	18. 24	19. 90	22. 01
利润总额（亿元）	54. 15	48. 33	50. 78	49. 87	50. 17	50. 66
企业所得税负担率（%）	1. 4	1. 8	1. 3	1. 2	1. 3	1. 4
营业成本（亿元）	1 264. 67	1 264. 67	1 245. 42	1 274. 11	1 252. 73	1 260. 32
营业毛利率（%）	21. 5	20. 0	19. 9	18. 2	16. 9	19. 3

A 企业集团的增值税负担率，使用了当年已缴纳增值税额与营业总收入的比值计算，增值税负担率年均 2. 4%。企业所得税负担率，使用了当年已缴纳企业所得税额与营业总收入的比值计算，企业所得税负担率平均 1. 4%。

A 企业集团 2017—2021 年毛利率与增值税负担率对比如图 3 所示。近 5 年企业的毛利率水平有所下降，2021 年较 2017 年下降幅度达 21. 3%，但是增值税负担率下降速度更快，5 年降幅近 52. 1%。由此可以发现，在近年营业收入规模基本稳定的前提下，政府税务部门相继出台的增值税税率及抵扣率的调整、逐年递减的政策扶持，给 A 企业集团的增值税税负率的降低带来了明显的有利影响。

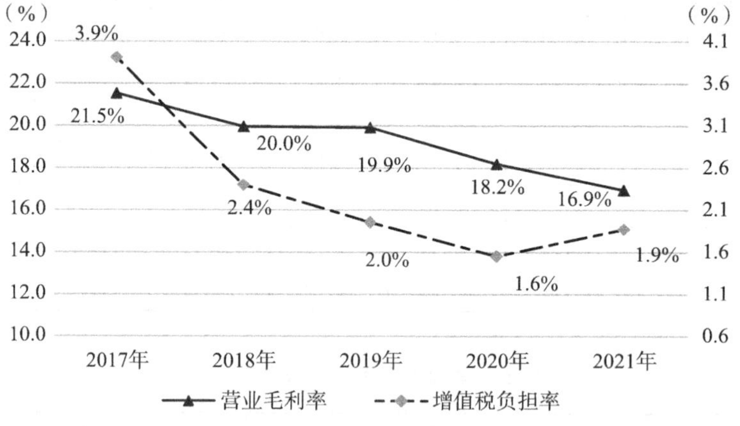

图 3 A 企业集团 2017—2021 年毛利率与增值税负担率对比

值得注意的是，2021 年在剔除执行新收入准则的收入减少因素的影响下，企业的毛利率有所下滑，较 2020 年下降了 1. 3%，可企业的增值税税负率不降反升，2021年当年的增值税税负率较上年上升了0.3%，这一指标的反向变化值得管理层注意，须进一步深入分析关于2021年实际缴纳增值税较上年增加4.03亿元的原因。

2021年实际缴纳增值税较上年增加4.03亿元主要原因有两方面：一方面，以色列的TLW公司在2021年与当地税务局完成了清理过去2016—2019年的税收清缴协议，在2021年当年实际缴纳近1.95亿元的增值税。剔除上述一次性因素外，下属GMDC公司当年已交增值税8.01亿元，同比2020年增加2.8亿元，是集团2021年已交增值税增幅较大的另一方面原因。

A企业集团的高所得税税负率带给企业重重压力，近年来企业的利润总额维持在50亿元的区间，但企业所得税处于平均22亿元的状态，两者的比值接近44%。A企业集团之所以存在居高不下的年度所得税纳税额，是因为可能存在大量的亏损企业负利润，这吞噬了企业集团整体的盈利水平，或者是存在较多的企业所得税纳税事项的调整情况。

4.2.2 A企业集团税务风险识别

A企业集团作为静安区税务局大企业税收服务和管理局的服务对象，2021年下半年，税务征管机关对其集团总部及下属210户成员企业开展了“体检式”的税收风险分析。本次税收风险分析主要以A企业集团2018年至2020年所属年度期间的经营活动涉及税务风险方面为主。本次税收风险分析主要发现了A企业集团五类税种的税务风险，具体如下：

（1）企业所得税。税务征管机关发现下属子公司NN公司2019年度企业所得税汇算清缴的纳税申报表中申报的营业成本为108 265 545.88元，但经查阅当年度的审计报告，审定报表中利润表的全年累计营业成本为101 615 251.20元，存在企业所得税申报的营业成本与利润表中实际数据差异近660万元的情况，A企业集团存在企业所得税多计成本，少缴企业所得税近170万元的风险。

A企业集团总部存在有一处位于上海市崇明郊区的房产因年代久远等历史遗留问题，该房屋资产折旧年限一直按“15年”进行折旧计提，并未根据相关税法的规定“房屋建筑物折旧年限最低20年”的标准予以调整，同时经比对集团总部的年度所得税汇算清缴申报资料，税务征管机关发现A企业集团并未就该折旧年限形成的税收差异做纳税调整，导致A企业集团存在少缴企业所得税的风险。

（2）增值税。税务征管机关发现HJ子公司曾在2018年至2020年将24亿元的货币资金转借集团内AY兄弟企业，AY企业作为短期借款入账，借款合同期限为1年，每年更新借款合同，3年内借款金额累计近72亿元。该笔资金占用费收入计入财务费用——利息收入科目，并未开具增值税发票以及未做增值税及其附加税的纳税申报处理。A企业集团存在少缴增值税和企业所得税风险，按小规模纳税人3%的税率计算，少缴增值税近2亿元。

（3）土地增值税，存在房地产开发企业DZ公司于2018年取得深圳龙华区一处地块，支付土地出让金8亿元，该地块占地面积3.5万平方米，分二期开发，第一期开发2.1万平方米，第二期开发1.4万平方米。DZ公司于当年进行了第一期的项目开发，该地块在2020年项目建成后开始进行销售。DZ公司在计算土地增值税土地成本时分配不规范，取得的该土地实际分二期开发建设销售，但DZ公司从当年度税收费用及资金流出角度考虑，管理层认为只要最终纳税总额不变，各纳税申报期间的时间性差异，不会对企业产生涉税风险，故采用了当年度一次性列支全部的土地成本（含土地附属成本），并未因分期开发将土地成本分期列支计算土地增值税。

（4）印花税。因财税人员的税收意识薄弱少计提和漏计提的问题比较严重。税务征管机关发现YT公司在2018年至2020年有出租一处近2 000平方米的商铺房产，并与承租方签订租赁合同，合同价款为年租金360万元，3年共计1 080万元。该公司类似房屋租赁合同3年内共涉及合同金额近1亿元，存在未按规定逐年申报缴纳租赁合同印花税近1 000万元。

下属子公司LX公司是一家专业从事货物运输的企业，其近90%的收入来源为集团内成员单位提供商品运输服务。为集团内单位提供运输服务，按惯例须签订相关业务约定书，明确托底服务时长及收费标准等信息。该公司在2018—2020年就业务约定书托底金额计算缴纳年度印花税额，故存在同一税款所属期的流转税申报销售额往往大于印花税计税依据，因此存在少申报印花税的风险。

（5）其他税种。KL公司有一处位于上海嘉定区，账龄12年的办公用房产目前处于自用状态，房产账面价值近3 100万元。同时，该建筑物中有一部附属电梯正在使用中，该电梯在账面单独核算价值35万元，此外该房屋对应的土地使用权在账面的价值为415万元，计入了无形资产科目。经检查，税务征管机关发现该公司在计算该处自用房屋所需缴纳的房产税时，企业房产原值采集不足，房产原值未包含房屋附属电梯价值，未将土地价值合并到房产原值计征房产税，故可能存在少缴房产税的风险。

XS公司于2019年末通过公开受让方式取得上海闵行区一处2.1万平方米的土地权属，支付土地出让金21亿元，已于2020年初申报缴纳契税，但公司以该地块尚未开发建设为由，未按规定的时限申报缴纳城镇土地使用税，故存在少缴城镇土地使用税的涉税风险。

4.3　A企业集团现有税务风险的动因

A企业集团是一家成立至今近27年的企业，营收规模达1 500亿元，从业人员近10万人，下属子公司近900户，如此庞大的集团规模，同时涉及品目繁多的行业特性及地区性差异等特点，集团面临的税务风险压力重大。主要的税务风险来源既有外部环境因素产生的风险，也有企业内部管理缺失形成的风险。

4.3.1　风险管理制度不完善

A企业集团拥有完善的组织架构，党委、董事会、总裁机构、监事会等层层把关企业的各项风险管理事务。此外，作为企业管理的基础工作，“建章立制”从框架制定到体系提升，经过不断的积累与更新，以具体事务权责划分和运行管理为基础，分为组织机构运行、企业战略管理、产权代表管理、投资与资产管理、法务与合规管理、行政事务管理、信访与社区管理、人力资源管理、财务管理、信息化管理、安全生产与食品安全管理、科技创新与知识产权管理、党务、公关与巡察管理、审计与稽查管理、纪检监察管理15个方面，共计近170项具体的规章制度。

集团的税务管理工作主要由计划财务部负责。在财务管理与财务风险管理相关制度中，关于“财务管理”，主要涵盖了管理体制与职责、资金管理、资产管理、投资管理、国有权益管理、财务监督等方面内容。关于“财务风险”，主要涉及企业从事的价值波动较大、经营风险较高、易发生较大损失的涉及金融及衍生品交易的各项经营活动，侧重于股票、期权等投资领域的财务风险。

4.3.2 税务专业人员缺乏

A企业集团总部及下属各子公司实际拥有财务人员近2 000人，其中集团总部的财务人员15人，税务管理工作团队主要由部门内分管税务工作的一名副总经理及一名总部费用会计组成。此两人兼任总部税务管理工作和集团整体税务风险管理事务。从集团管理角度出发，即使剔除海外企业，对于拥有如此庞大境内企业数量规模的集团公司，集团整体税务风险工作由两名财务人员兼任，显得税务管理工作管控力度严重不足。

集团下属各子公司在内部组织架构设置上并未设置独立的“税务管理部门”或“税务管理小组”，税务专业人员相对缺乏，相关税务管理工作也基本由财务部代为兼管。个别子公司会在财务部门下设置税务管理专岗，但人员数量相当有限。从A企业集团从上到下的组织架构考量，税务专业人员的数量较少，对集团税务管控力量薄弱。

4.3.3 企业层级多，信息不对称

在企业税务风险管理中风险的识别是关键，税务信息的收集更是税务风险识别的重点。集团下属分公司或子公司内部各部门之间沟通交流不畅也是导致税务风险的一个重要原因。例如，企业的人工成本、职工薪酬、个人所得税的计算统一由人力资源部门负责，但为部分员工购买商业保险

这项工作交由行政办公室办理，这中间的信息沟通的缺位，会造成为员工购买的商业保险未计入个人所得税应纳税所得额中，进而可能产生漏缴个人所得税的税务风险。

从集团企业的整体角度考虑，A企业集团的管理层级最长可达到9级，这会进一步加剧税务数据信息不对称的现象。集团角度，母公司与子公司都具有独立的法人资格，两者的经营者虽都具有创造企业价值最大化的共同目标，但如果相关税务风险信息对子公司经营者所在的企业有利，对集团公司不利，子公司经营者在对具体管理事项、风险事务做出决策判断时会更多地考虑自身企业的实际情况，以及从个人主观风险偏好角度出发做出更有利于自己所在企业的决定，对集团公司隐瞒此不利信息。这样的操作手法会给集团公司带来未知的税务风险。

4.3.4　企业重组事项监管难度大

企业间重组合并具有突出核心主业、缩小管理幅度、优化资源的再分配、规模的迅速扩张等经营战略优势。但企业集团间的重组涉及较多领域的整合，人、财、物的组合是企业重组的核心，同时财和物的资源重组，将牵涉到较为复杂的税务风险问题。

企业集团的重组可分为资产的重组以及股权的重组。资产的重组即资产收购，企业可避免因重组而被动接收重组另一方原本所具有的历史遗留税务风险。对于历史遗留税务风险问题，这在国有企业集团内显得尤为突出，国有企业集团一般具有经营年限长，经历重组改革次数多的特点，经过多年时间的沉积，很多企业自身带有各类税务风险问题。例如，税务登记信息老旧无法更新，历史财税资料缺失不完备，资产权证模糊导致的纳税遗漏等。企业的资产收购依据相关的税收政策，以公允合理的交易价格作为计税基础，可享受一定的税收优惠政策，但若重组的资产涉及房屋、土地等特殊资产而对外转让，往往会因要缴纳高额的土地增值税而让重组计划搁置或放弃。即使资产的重组交易能顺利完成，但与资产相关的权属无法变更，也会形成新的税务风险。

股权重组方式是企业集团普遍选用的整合集团内部业务的处理方式，

但股权重组同时也会给企业带来较多的税务风险。随着国资国企改革步伐的加快，企业集团之间的重组也变得更为频繁。以A企业集团近两年的集团内部股权重组事项为例：2020年，经董事会决议通过，将A企业集团持有的二级子公司E公司、F公司、G公司100%股权无偿划拨给二级子公司D公司（经过此轮重组，D公司账面归属于母公司净资产规模由20亿元增加至50亿元），完成此次重组后E公司、F公司、G公司成为A企业集团的三级子公司（见图4）。

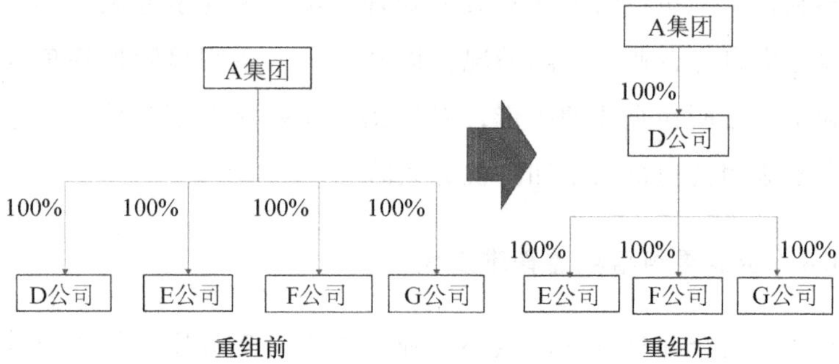

图4 A企业集团2020年内部重大股权重组架构变动

2021年，经董事会同意，二级子公司B将其持有的三级子公司C的100%股权（C子公司重组日账面归属于母公司净资产规模近32亿元），无偿划转给A企业集团，完成此次重组后C公司成了A企业集团的二级子公司（见图5）。

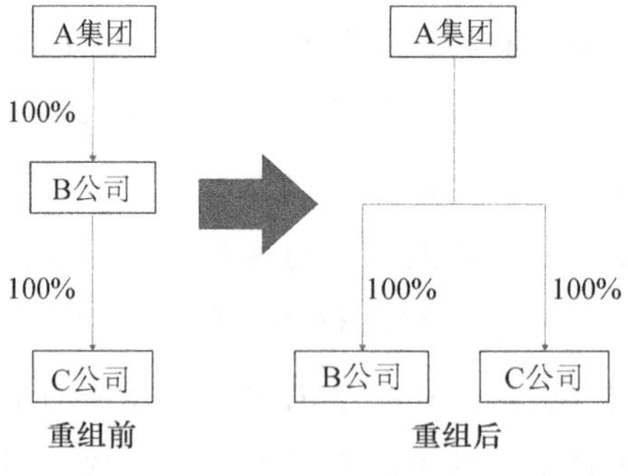

图5 企业集团2021年内部重大股权重组架构变动

从以上两项内部重组方案可以发现，集团内部的重组事项涉及的企业众多，因重组双方单位的注册地不同，牵涉的税务机关也不一，并且重组项目拥有涉税资金、资产体量巨大等特点。

4.3.5 内部交易内容复杂且金额巨大

A企业集团的内部交易主要集中在内部成员单位之间采购、销售商品或服务业务，房屋、土地等资产租赁使用，以及内部资金拆借等往来交易行为。集团内成员单位之间关联方交易的发生是对集团企业内部资源的充分利用，达到资源配置最优，增强产业供应链关联性与协作性以及增加上下游企业应对行业风险承受能力的目的。各类品目繁多的关联方交易类型以及不同业务类型的涉税事项各不一样，在一定程度上也放大了企业面临的税务风险。

例如，A企业集团涉及最大资金交易量的“关联方资金拆借”交易业务，据公开的年度审计报告数据显示，2019年关联方拆入资金2.97亿元，2020年关联方拆入资金10.26亿元，2021年关联方拆入资金24.34亿元。目前集团内部每年已拥有上亿元的资金拆借规模，今后随着内部协同的增加与频繁，未来拆借资金的规模有递增趋势。

A企业集团有下属独立的财务公司，其主要职责就是优化配置集团内部闲置资金，提高集团整体资金利用率。同时，集团总部计划财务部内设有专职资金管理岗位，注册地在香港特区的平台管理公司，主要负责海外企业的资金管理工作。

按集团内部拆借资金的来源进行分类，主要可分为两类——自有资金以及借款资金。其中以自有资金为主要资金来源，即集团成员内单位因周期性经营周转需要应对短期的大额资金缺口，此时通过成员间的资金调拨，对其提供临时性的资金使用支持。但资金拆借所形成的收益与成本会涉及纳税调整，如果以高额的资金拆借金额作为计税的基础，因财税人员对相关增值税、企业所得税等税收政策不熟悉、不掌握，外加不规范的纳税操作，就会给企业带来巨大的纳税调整及税务处罚风险。

4.3.6 海外企业面临的境外税收风险

A企业集团的子公司遍布全球6大洲，近20个国家和地区，海外子公司面临的境外税务环境往往因政治、经济等不稳定因素而使得税务风险防控难度加大。例如，2016 年意大利税务机关在对集团下属注册在当地的子公司进行突击税务检查，发现该公司向其美国和英国地区的两家三级子公司提供的专业服务收入未进行纳税申报，且在 2010 年至 2011 年为列入当地黑名单的公司提供服务的成本不可予以抵扣，就此两条内容判定在意大利当地注册的公司补缴税款 300 万欧元。该公司管理层就该项检查结果向当地法院提起上诉，截至 2021 年末，法院尚未对该诉讼做出判决。

集团下属有些在南美国家的子公司本身日常管理工作不够规范，财税资料不齐全或档案缺失严重，在面对税务检查时也处于弱势地位，同时上级集团母公司在境内办公，境内外母子公司的沟通因时差或其他原因而难以通畅，集团母公司往往也无法及时提供有利的专业支持与协助。境外子公司在应对税务稽查时表现出的不专业或业务内容解释不够充分，常会导致公司税务风险的增加，使公司面临大额的补税、罚款和税收滞纳金等负面结果。

就之前分析 A 企业集团 2021 年增值税同比变动情况时了解到，集团下属以色列公司 2021 年缴纳的增值税同比增加近 1.95 亿元，主要因与税务机关就过去 3 年的历史税务清缴工作签署了结算协议，一次性结算了大额税收，这一结算清缴协议的签署，也标志着该企业与当地税务机关过去历年的税收分歧达成一致，在一定程度上降低了集团海外税务风险不确定性的影响因素。反之，如果海外企业与当地税务监管机关的涉税分歧继续积累，会使企业的税务风险随着时间的推移不断上升，让税务风险管理工作面临巨大压力。

境外企业面临的税务风险受制于财税人员对当地税收政策的理解与国际政治环境因素影响，原本对海外子公司管控力度就不够的集团母公司，因境外公司税务风险的增加，将会带来无法控制和预计的损失。

4.4 A 企业集团税务风险的防控措施

4.4.1 建立与更新风险管理体系

（1）建立健全税务风险防控管理制度。企业不仅需要把税务风险管理融入日常的经营管理工作中，还需要在营造风险管理环境以及制定风险管理制度建设上做出努力。A 企业集团税务风险防范制度建设的缺失是税务风险管理薄弱的核心要素问题。建立健全集团内部税务风险管理规章制度，是风险防控的基础工作之一。

A 企业集团的税务风险管理制度可先从制定契合企业自身经营特点的税务风险管理工作的顶层制度设计开始。在税务风险管理制度的顶层设计中，务必要将相关的追责条款记入其中，所有制度设计的目的是对流程予以梳理规范，风险给予把控，将企业可能发生的损失降至最低。缺乏追责机制的风险防控制度，会降低风险的防范效果。具体的风险管理工作将难以真实落地。一旦发生风险，企业的领导是第一责任人，相关的经办人员也应受到连带责任处罚。因风险给企业带来损失的程度有所不同，对相关联人员进行追责，也需根据情节轻重程度进行追责的等级划分。

相关具体税务管理工作方面也需制定相应的工作操作手册。例如税务基本信息登记管理制度，在新设立、注销清算子公司，或子公司办理税务迁移时，相关的税务登记工作可纳入税务风险管理工作中。因为根据相关的税收政策优惠程度的不同，以及税收征收范围的局限，集团总部税务管理部门可对子公司的登记设立或变更给予指导与协调，推荐合适的国家或地区进行注册登记。对于注销清算的子公司，需按规定的流程依次进行资产清算、税务注销，完成前述工作后，最后操作工商登记注销步骤。

税务档案包括日常的纳税申报表、税务证件、税收鉴定报告、税务机关批复文件、税务检查的风险问题清单、所得税汇算清缴时申报的资产损失报告及其他税务资料。企业应及时、完整地将企业的税务报表及相关资料进行整理、装订成册并编号归档处理，制订税务档案管理制度，日常工作中严格遵守。

（2）建立跨部门合作联动税务风险管理机制。A 企业集团总部的日常工作内容更多体现了集团公司层面对下属子集团公司的统筹协调管理职能，与常规的具有实体经营业务的生产贸易型企业公司并不完全相同。在集团内部各部门之间建立有效的信息共享及沟通的跨部门联动机制，对于应对因信息不对称等原因引起的税务风险有着极大的帮助作用。

相比于一般的中小型企业，特殊经营业务活动在集团型企业事务管理中变得更为常见。对于企业重组等重大改革方案往往由公司战略企划部门负责，从相关产业发展政策研究，至被重组企业的选择，合并重组方案的制订，到改革方案的落地实施，以及最后对被重组企业的改革后经营状况进行一系列的重组闭环分析与总结。一项完整的企业重组方案由于涉及的子公司规模数量众多以及产权结构复杂等特性，过程中会产生增值税、企业所得税、印花税等不同税种交叉影响的税务风险。

这就需要改革方案的制订部门与税务部门一起积极参与整个重组方案过程，从改革的源头对接开始，理解改革的背景及目的，对改革的对象进行企业或相关资产的涉税信息收集、整理和分析。涉及特殊复杂情况的税务重组还需积极与外部税务机关保持沟通与交流，正确理解和掌握相关税收政策，避免因政策理解偏差导致的税务风险，进而提高税务风险管理质量与效率。最后对改革成果形成税务风险管理工作小结，描述涉税风险节点、涉税政策依据以及采取的应对措施等方面，为今后的特殊重组工作避免税务风险做出工作提示。

（3）建立税务风险管理机构，明确工作职责。完善的大型企业集团风险管理体制一般都应设置独立的税务风险管理机构，同时明确机构的职责与权限。但结合 A 企业集团目前的实际情况，在计划财务部门中内设税务管理中心，将集团总部的日常税务工作与整个集团的税务管理工作相互独立分开，更具有可操作性和可实现性。

经综合考量，A 企业集团总部层面的税务管理中心主要职责界定为：是为集团整体的税务风险制度建设、风险事项协调和重大决策涉税风险事项的支持；采用直线式的母子公司税务管理工作机制，结合合规风控部门对各子公司税务管理工作的审计检查中发现的税务风险问题，对风险形成的原因进行分析、评价，形成报告并提出整改意见及措施；跟踪并及时梳理完善税务风险管理体系中的各类制度及管理流程，坚持以防范税务风险为导向，提高风险防控管理能力。

4.4.2 提升财税人员专业能力

（1）组织财税人员专业培训教育。企业的税务培训工作应制订详细的培训计划，这包括以下三方面内容：

首先，培训内容应紧盯当前税务业务的热点、难点，聚焦与企业特点或所处行业特性密切相关的科学内容来选择。高质量的专业培训计划，一方面能消除财税人员因基础核算适用政策错误带来的风险，另一方面也能有助于提升税务人员对比较特殊的内部交易等业务的处理能力。

其次，培训的学习形式可分为线上线下相结合的模式。线下的培训需更多地考虑财务人员的工作时间特性，避开工作繁忙的时间周期，小范围组织业务骨干有针对性地进行税务专业课程学习。线上的培训课程可更多地考虑普适性需求，根据最新税务政策，来培训税务人员学习应用指南和基础税务管理工作的学习。

最后，培训效果反馈总结。对于企业组织的各类培训，应在培训结束后开展课程反馈的学习心得交流与问卷调查，总结培训工作的同时，了解广大税务人员的授课体验及相关需求，为下一次的税务人员培训提供更能满足切实需求的课程方向。

（2）建立相关税务风险管理绩效考核机制。企业需同时建立与税务风险管理相关的绩效考核机制，以有效保障风险管理体系的实施和高效运转。税务风险管理绩效考核的范围要覆盖企业的全体员工，既要考核内部财务部门，也要对公司的业务部门进行考核。绩效考核的内容既要考虑到企业风险管理的投入产出比，也要考虑到考核结果给予的奖励与处罚。对考核结果给予的奖励与处罚可与企业年度绩效薪酬考核相结合，将考核的结果作为一定比重的占比权重融入员工或部门的年度考核工作，从而提高考核的员工参与度与积极性，确保风险管理工作的有效落实。

4.4.3　完善税务风险识别与应对方法

（1）利用相关指标分析及识别税务风险。

①利用财务指标识别、分析税务风险。财务报表反映了企业一定时期内资产表现、经营状况和资金流向变动。企业的财务报表主要包括资产负债表、利润及利润分配表和现金流量表这三张主表。企业可以利用相关报表中的财务指标识别税务风险，做出税务风险预警提示。上文分析中在A

企业集团涉税情况中使用的增值税负担率以及企业所得税负担率等相关指标也可用于企业税务风险的识别。其他可做税务风险预警的财务指标做相关补充。

例如，资产负债表中，对企业的“预收账款”“其他应付款”“长期应付款”三个报表项目设置账龄分析，将达到一定时限的客户余额做定期税务风险提示。在日常经营活动中，企业常常会将销售款计入以上三个往来科目的贷方长期挂账而不结转收入，形成贷方余额账龄较长，与正常的经营预收款惯例相悖的情况。也可能存在已发出商品收款但长期未结转收入，从而少确认企业增值税销项税额的风险。

将企业期末库存商品余额与期末增值税进项留抵税额相比较，重点关注库存商品期末余额较小，增值税进项税额留抵金额巨大等两者之间的差异原因，检查是否有存在用于赠送或捐赠等视同销售商品的行为未按规定确认商品销售收入，少计增值税销项税额的税务风险。

②利用非财务指标识别、分析税务风险。除了利用财务数据可对企业的税务风险进行识别与分析外，相当多的非财务数据也可作为税务风险管理的切入点进行风险识别与防范。

A 企业集团及下属近 20 家子公司拥有品目繁多的各类上市公司股票 30 余种。股票的买卖交易记录是非财务领域的金融产品数据，相关的具体操作主要由各公司自身的投资部门进行，企业的财税人员可依据相关的证券账户资金变动情况，以及股票交割单等数据信息对比，将持有股票期间获得的股息收入和股票买卖交易产生的资本投资收益进行区分，分析计算企业当期应缴纳的增值税及企业所得税。

按照税法规定，企业对同一股票持有时间超过 12 个月及以上的，持有时间取得的股息红利可以享受免缴增值税的税收优惠政策，但是对于股票交易而言，无论持有时间是否超过一年，企业均根据卖出价格减去买入价格后的余额确认为增值税应税销售额，计算相关增值税及附加税费。按买卖股票取得的收益纳入企业年度所得税汇算清缴中的收入总额计算企业应纳税所得额，计算缴纳企业所得税。

根据印花税征收规定，股票交易的卖出方需根据在证券市场卖出时的交易金额千分之一计算缴纳印花税。在税务人员关注股票交易业务发生时，这一单边征税的纳税行为会引起他们的重视，避免遗漏缴纳。

就印花税而言，需重点关注从事专业货物运输服务、建设工程服务、仓储服务和房屋租赁等服务的企业，每季度申报印花税时，除了核对企业当季的业务收入、合同台账外，还需结合当期的业务量数据，与提供运输服务的业务订单、仓储及租赁业务台账等比对，以避免印花税的计税基础有所遗漏。

（2）制定统一的财务核算方法，降低税务风险。企业的会计核算管理是财务管理工作的基础，也同时影响着企业的税务风险。对涉及研发创新成本费用支出的企业而言，研发费用和日常运营费用的分开核算，企业应按照国家相关财务制度的核算要求，设立独立的研发费用辅助核算明细账，准确归集并核算当年度可以加计扣除的各类研发费用实际发生金额。

当企业在一个纳税年度内，同时有多个研发项目并行存在时，应按不同研发项目各自独立核算，分别归集允许加计扣除的研发费用。企业应将从事研发项目的人员工作活动情况进行相关记录，区分从事研发活动和非研发活动的各自工作时间，最终将其形成的实际费用利用工时法等方法在研发费用和生产费用之间进行分配，不能准确分配的，不得作为研发费用加计扣除。

对于大企业集团高额的销售费用，允许税前扣除费用的业务真实性、合法性和相关性税务风险巨大。销售费用中占比最大的往往是广告费和业务宣传费，相关的税法规定提到，广告费的核算，需核实广告服务商的资质证明，以及同时提供与业务相关联的真实广告合同，同时确认广告费用是否已实际支付，对于通过无广告资质的媒体来发布企业商品或服务的宣传发生的广告费，一律不得税前扣除。企业财务人员在核算广告费用时对于相关成本费用的划分一定要准确清晰。

企业的固定资产折旧最低年限在核算上一般应遵从相关税法规定，这样较有利于避免因会计核算与税法最低年限规定产生的时间性差异，而引起的纳税调整税务风险。

（3）引入第三方机构，提高税务风险防控能力。第三方机构主要指外部税务师事务所团队给予的外部专业能力的技术支持。因企业的税务专业人员尚不充足，缺乏高端复合型的税务风险管理人才，短时期内加强企业的风险管理能力有一定的难度，这会影响企业的综合抗风险能力以及经济竞争力。此时引入外部专业税务师团队的力量是最快速有效的解决方案。外部税务师事务所拥有专业的税务人才以及专业化的税务风险管理团队，同时因其服务的客户覆盖的行业广泛，涉税经验丰富，具有深厚的风险管理功底，他们能为企业提供独立客观的税务风险识别、分析及合理化的应对解决方案。

4.4.4 加强信息赋能

（1）搭建集团化税务政策基础数据库，实时更新信息。近年来逐步完善的税收征管条例，国家税务总局的税收制度，各地征收机关的地方性条例，将税务政策信息统一纳入一个信息平台集中管理，建设税收法规的政策基础数据库有利于税务人员在工作中对相关政策的检索查询及应用。税务政策基础数据库的搭建，需注意以下三个要点：

首先，政策内容涵盖所有的税种以及全时间段的政策分布信息，包括政策公告、操作指南、政策解读等。尤其是与企业集团有经营业务往来或子公司注册地的当地国家的税收政策。其次，数据库管理按关键字可进行分类检索。有关政策解读的信息条款就关键字与法规原文建立链接，可以在阅读解读条款时，复读政策原文，便于更好地理解政策适用情景。最后，定期更新相关政策法规及政策解读，对于已经废止的政策法规需做特别标记予以提示。

（2）对全员进行不定期的相关政策推送及宣传教育。企业的管理层是公司税务风险管理的领导者，股东委托经营者代理对企业的经营进行管理工作，管理者的风险态度决定了企业的风险等级。为了确保企业的税务风险管理工作覆盖全集团范围，对于不同部门、不同岗位的人员，上至最高的管理层领导，下至普通的一线员工，都应普及最新税务政策及进行警示教育信息的推送。

涉税风险政策的推送宣传应根据企业员工的岗位及工作内容做出适配

性的涉税政策信息推送，同时兼顾利用碎片化的时间段进行消息推送。对于大篇幅的纯税收政策或公告原文，仅推送给财税或审计等专业岗位人员，其他岗位的人员多以图片化信息便于理解和阅读的推送资料为佳。

5. 案例结论与讨论

5.1　结论

本案例基于对税务风险管控概念及风险管理理论、信息不对称理论等，结合近年来税收征管趋势趋严等企业集团面临的税务风险特点，对 A 企业集团税务风险管理工作进行了研究。识别了 A 企业集团的部分税务风险点，及因管理体系不完善等形成的动因，最后根据其税务风险的动因提出了提升相关管理建议及优化措施。根据缺失的风险管理制度，提出了企业的风险管理需从建章立制出发。针对缺少高端复合型税务管理人员的短板，提出了加强税务专业培训，在总部计划财务部门内下设独立的税务管理中心。对财务以及业务数据资料信息的分析利用，构建税务风险指标模型识别风险，制定统一的会计核算方法，以及利用第三方独立的税务专业团队提高企业应对税务风险的能力。提出利用现代化的信息集成手段，建立并应用企业的税务政策基础数据库，实现企业集团税务风险可控的目的。

5.2　讨论

本案例资料主要来源于公开的审计报告、公司公告及一些内部数据的整理，收集和整理资料的过程也有一定的局限性。

一方面，在统计企业历年经营数据时，因无法取得完整以及可同口径比较的过去 10 年的期间数据，仅选取了 2017—2021 年最近 5 年时间形成的经营和纳税数据进行对比分析。另一方面，在对企业经营指标的税收负担率进行分析时，并未就集团各行业、地区以及企业规模的税收负担率加以区分考虑分析，在分析结论上存在一定的区域或企业规模上的局限性。

我国古代著名文人苏轼曾经提到：来而不可失者，时也；蹈而不可失者，机也。面对当代税务改革以及大数据时代的数字化风险管理背景，广大国有企业集团应顺势而为，充分利用现代化的信息技术，完善治理结构，提升专业化的风险管理水平，与外部税务机关保持密切的沟通与交流，学好用好相关税收优惠政策及新时代的税务风险提示清单，让企业在欢歌笑语中度过税收征管中的险滩。

参考文献

［1］逯敏，朱琳琳，任天宝，等．目标导向的特大型企业集团风险管控信息系统构建与应用分析［J］．中国注册会计师，2021（11）：109－113.

［2］王清刚．内部控制与风险管理的十大认知误区［J］．财会月刊，2020（24）：98－101.

思考题

1. 大企业集团税收风险有哪些？如何管控？
2. 如何利用财务指标识别、分析企业集团的税务风险？
3. 如何防范企业集团的境外税收风险？